Fragile

MURIEL ROBIN

Fragile

RÉCIT

J'AI LU

À Nydia et Martine, mes sœurs que j'aime.

J'ai le souvenir que c'est un soir où je suis plutôt joyeuse, un de ces soirs d'avril où Paris se détend parce que le printemps est là, enfin – les Champs-Élysées, que je remonte à moto, parcourus par un vent tiède, le vert tendre des arbres, les terrasses bondées des cafés, le ciel qui se grise à peine, le crépuscule qui tarde à venir… J'ai bientôt trente ans, j'habite Paris depuis quelques mois, je crée des sketches pour Philippe Bouvard et son *Petit Théâtre*. Cette ville qui m'avait paru si hostile durant les trois années du Conservatoire semble soudain s'ouvrir et me sourire. Je gagne décemment ma vie, Philippe Bouvard me présente comme la perle de sa petite troupe, « Muriel Robin, la dernière arrivée, lance-t-il, certainement la plus drôle de toute l'équipe, donc la plus drôle de la télé, donc la plus drôle de France. » Ben voyons ! Je fais rire, mais comme je faisais rire mes sœurs et mes parents à cinq ou six ans déjà, à Saint-Étienne. On me reconnaît ce talent et il arrive désormais que de grands artistes, des gens « connus », me félicitent à l'occasion. Sûrement pas Alain Delon que je n'ai pas encore rencontré et dont je suis amoureuse depuis l'adolescence, depuis que je l'ai vu dans *La Piscine*, mais d'autres, Jean Poiret, Michel Serrault et, bien sûr, Michel Bouquet, mon ancien professeur au Conservatoire, l'homme que j'admire le plus au monde. Enfin, tout cela pour dire qu'après des années difficiles, je me sens plutôt heureuse et confiante, ce fameux soir d'avril.

Si je remonte les Champs-Élysées sur ma Yamaha, la visière du casque relevée pour sentir le vent me caresser le visage, c'est que je guette sur ma gauche la rue de Bassano. Elle débute aussitôt après le célèbre Fouquet's et la station de métro George-V. Tiens, la voilà ! Hôtel Belmont, rue de Bassano, c'est là que descendent traditionnellement mes parents lorsqu'ils viennent à Paris acheter leurs chaussures pour la prochaine saison. Le marathon des achats, deux fois par an. Si tu n'as pas l'intuition de ce qui va plaire, le talon comme ci, la bride comme ça, la couleur – ah, la couleur ! –, tu peux torpiller ton commerce en quelques heures. Ma mère a l'intuition, un sens inné de la mode, de ce que vont porter les femmes l'hiver suivant, jamais elle ne s'est trompée dans ses achats de sorte que la maison Robin, *chausseur à Saint-Étienne*, a formidablement prospéré au fil des années. Je crois pouvoir écrire qu'au début de la décennie 1980, trois Stéphanois sur quatre se chaussent chez nous, à l'enseigne *Robin*, rue Michelet, en plein centre-ville.

Est-ce que je me doute de ce qui va survenir tandis que je gare ma moto sur le trottoir, devant l'hôtel Belmont ? Cette année, exceptionnellement, mon père n'accompagne pas ma mère, il se relève doucement d'un cancer du poumon. « Madame Robin », comme nous l'appelons, est donc venue avec ma sœur aînée, Nydia, qui travaille au magasin depuis l'âge de seize ans. Aujourd'hui, je me dis que si mon père avait été présent, ma mère n'aurait peut-être pas eu ces mots-là, cette violence, ce mépris, et que ma vie en aurait été différente. Tout en sachant que c'est faux puisque jamais notre père ne nous a défendues, nous, ses trois filles, contre les bouffées assassines de notre mère. Jamais. Notre père était un brave homme, une sorte de Gabin, taiseux comme lui mais le caractère en moins, et je ne le vois pas résister à sa femme, se mettre en travers de son chemin : « Aimée, comment oses-tu dire une chose pareille ! C'est injuste, tu n'as pas le droit. Je ne te laisserai pas faire du mal à nos enfants. » J'ai rêvé qu'un jour il oserait, qu'un jour il se lèverait. En vain.

Ces deux-là, papa et maman, pas une fois en trois ans ils ne se sont inquiétés de moi, quand j'étais étudiante au Conservatoire : j'aurais pu être pute à Pigalle qu'ils n'en auraient même jamais rien su. Mais dès qu'ils montent à Paris pour leurs sacro-saintes chaussures, je dois les rejoindre pour dîner au Drugstore. Ces dîners où ma mère trouve toujours le moyen d'attirer l'attention, de faire un scandale, parce que son plat est tiède, que le pain n'arrive pas assez vite, que le vin est bouchonné, et mon père : « Aimée, je t'en supplie, ne t'énerve pas, tout va s'arranger... ». Toujours elle, ses nerfs, sa fatigue, son magasin, il faudrait que la terre entière s'agenouille et compatisse, et à la fin : « Au fait, ça va toi, Muriel, tu ne dis rien... Ta vie à Paris, tu es contente ? – Ça va, maman, ça va, à trente passes par jour je m'en sors. » Ce soir-là, j'ai donc décidé que j'avais mieux à faire que de dîner avec « Madame Robin », et j'ai l'intuition que ça ne va pas plaire. Mais je m'en fous.

Je retire mon casque, j'arrange mes cheveux que je porte courts, j'ouvre mon blouson de cuir, la réceptionniste me reconnaît et me sourit : « Chambre 302, elles vous attendent. » Dans une prochaine vie, j'aurai le visage allongé de Greta Garbo ou de Grace Kelly, si si, c'est prévu, plutôt que cette mâchoire carrée de garçon – c'est obligatoire, de mettre des glaces dans les ascenseurs ? Et quand on ne s'aime pas, on fait comment ? Où est-ce qu'on regarde ? Je suis déjà bien remontée en enfilant le couloir moquetté du troisième. Remontée contre moi, parce que j'ai beau dire, cette mère impossible est la femme de ma vie, elle incarne l'opiniâtreté, la force, le caractère, la beauté aussi, quand mon père n'existe pas. C'est d'elle que j'attends amour et reconnaissance, que nous attendons toutes les trois amour et reconnaissance. De lui, de notre père, oserais-je dire que nous n'attendons rien ?

Je me rappelle comment je les découvre en ouvrant la porte : elle, assise dans le fauteuil dans une robe jaune de demi-saison joliment échancrée, Nydia debout, juste derrière, les bras croisés, les fesses sur le tranchant du bureau.

Notre mère a dû se retourner en m'entendant frapper, ainsi je les ai l'une et l'autre face à moi, « Madame Robin » au premier plan, Nydia au second, comme son ombre docile, ainsi qu'elle le demeurera toute sa vie. Nydia, le souffre-douleur de notre mère puisque c'est elle qu'elle avait tout le temps sous la main.

Chez les Robin, on ne s'embrasse pas, on ne se touche pas, on ne se dit ni bonjour ni au revoir, « tout ça c'est pour les cons qui n'ont que ça à faire », dit notre mère, nous on travaille, on n'a pas de temps à perdre avec ces bêtises, de sorte que je ne suis pas surprise d'être accueillie comme un chien dans un jeu de quilles. Et d'ailleurs, c'est moi qui parle la première :

— Ça va ? Ça s'est bien passé ?

— Avec ta sœur, on est sur les rotules ! Une chaleur, là-bas dedans…

— Y avait de belles choses quand même ?

— Je ne sais pas ce qui leur a pris cette année, ils nous ont mis du bleu à toutes les sauces…

— Oui, mais le bleu, ça peut prendre, l'interrompt Nydia.

— Oh toi, si je t'écoutais…

Nydia qui aussitôt se tait, qui jamais de toute sa vie n'osera répliquer quoi que ce soit à notre mère.

Moi, silencieuse, plantée dans le vestibule avec mon casque au bout du bras, hésitant à voler au secours de ma grande sœur comme j'en ai l'habitude – « Maman, tu ne lui parles pas sur ce ton, s'il te plaît. » Moi, ne disant rien pour une fois.

Alors « Madame Robin » :

— Au fait, on t'a vue l'autre jour à la télé... Ton père pleurait de rire. Les gens me parlent de toi au magasin.

— Ah oui ?

— On peut dire que tu es lancée.

— Pierre Mondy est venu me féliciter l'autre soir. Tu vois qui est Pierre Mondy, maman ?

— Enfin, évidemment ! Tu me prends pour une idiote ou quoi ?

Quelle mouche me pique d'évoquer les quelques « stars » que j'ai eu l'occasion de croiser ? Est-ce que je veux épater notre mère ? La convaincre de croire en moi ? Lui donner l'occasion de m'applaudir, elle qui n'est jamais venue me voir sur scène au temps du Conservatoire ? Elle qui ne m'a même pas donné un coup de fil pour me complimenter quand elle a su que j'avais été reçue première au Conservatoire de Paris ? En tout cas, je balance des noms de gens plus ou moins connus, de ceux qu'on voit à la télévision le dimanche après-midi, ou sur la scène d'*Au théâtre ce soir*, et je raconte, je raconte. Untel m'a dit ceci, l'autre croisé dans la rue m'a lancé un petit sourire entendu assorti d'un « Bravo ! », un troisième a confié à Bouvard, qui me l'a répété, que j'avais sûrement un bel avenir.

Je m'attends à ce que ma mère s'étonne, se détende, se réjouisse, au lieu de quoi je vois son visage se fermer. Alors j'en rajoute, convaincue que je vais lui tirer un sourire – j'ai toujours su les faire rire, tous autant qu'ils sont, les Robin, en dépit de la fatigue, et même quand ils rentraient de faire les marchés avec le camion, levés depuis cinq heures du matin. J'ai toujours su les faire rire, on dirait que je suis née pour ça – pendant qu'on rigole on ne s'engueule pas, c'est un truc que j'ai compris au biberon, je crois. Oui, ce soir-là j'en rajoute, au point d'être lourde, de ne plus être drôle du tout, sans doute, parce que notre mère tire maintenant une tête de six pieds de long.

Je suis déconcertée, je cherche le regard de Nydia qui semble un peu perdue, elle aussi, et soudain j'explose :

— Mais pourquoi tu fais cette tête, maman ?

— Quoi ? Qu'est-ce qu'il y a que t'es encore énervée ?

— Y a de quoi ! Je te raconte des trucs pour te faire plaisir et tu te décomposes… C'est quoi ton problème ?

— Tu fais la fière, mais qu'est-ce que tu crois ? Tu sais combien tu nous as coûté ?

— Coûté quoi ? De quoi tu parles ?

— Mille cinq cents francs par mois, ton Conservatoire. Tiens, je l'ai là, dans mon sac, sur un petit papier.

Je me rappelle le silence, brusquement, ma sidération, cette phrase idiote qui me traverse mais que je ne dis pas – « Je suis votre enfant, maman, quand on est parents c'est normal de payer pour l'éducation de son enfant, non ? » –, puis ma colère qui était là, déjà, quand je remontais les Champs-Élysées sur ma moto, cette colère que j'ai l'impression de porter depuis toujours et qui ne demande qu'à sortir.

— Regarde-le bien, ton petit papier : ton fric, je vais te le rendre cent fois. C'est honteux de me faire ça. C'est honteux.

Nydia me dira plus tard qu'elle a pensé à ce moment-là que j'allais sauter à la gorge de notre mère et l'étrangler. « Ton regard, Muriel, jamais je ne t'avais vue dans cet état. Tu allais la tuer. »

Alors « Madame Robin » :

— T'as pas faim, Nydia ? Nous, on va manger.

— Ce que tu viens de dire, maman... Je m'en vais.

— C'est ça, va faire ton intéressante !

Mon Dieu, cette phrase ! Il y a des mots, comme ça, qui vous cueillent au dépourvu et dont vous n'aurez pas assez de toute votre vie pour vous relever.

Je claque la porte de leur chambre, je me revois dévalant les trois étages, par l'escalier cette fois, la tête en feu, le cœur à cent à l'heure. Toute l'envie de vivre qu'il m'avait fallu pour quitter Saint-Étienne, échapper au magasin de chaussures, présenter le Conservatoire, vaincre les larmes et la solitude, tâtonner, puis oser Bouvard... tout cela anéanti d'un seul coup – « C'est ça, fous le camp, va faire ton intéressante ! » Toutes ces années si difficiles résumées dans le regard de notre mère – le seul qui comptait alors à mes yeux – à « faire mon intéressante ». N'avait-elle donc rien vu ? Rien compris ? M'aimait-elle si peu, ou si mal, qu'elle pouvait croire que tout mon désir d'inventer une vie différente de la leur se réduisait à briller ? À « fanfaronner », comme elle venait de le dire ? À quoi bon continuer, alors ?

Je referme mon blouson, je sangle mon casque, j'enfourche ma moto. Puisque c'est ça, je vais me tuer, je vais me tuer tout de suite, là, et dans moins d'un quart d'heure elle va prendre la nouvelle en pleine gueule : « Il est arrivé un drame, Madame Robin, on vient de nous prévenir, votre fille Muriel, avenue Marceau, elle a dû perdre le contrôle de sa machine, c'est incompréhensible… incompréhensible… – Oh Seigneur ! » Puisque rien ne la touche de ce que je fais, puisque rien ne me vaut jamais un mot d'estime, un mot d'amour, « Bravo, ma chérie, je suis tellement contente pour toi », juste ça, je ne demande rien de plus, juste ça et je vivrais, je vivrais… Puisque rien ne peut jamais la toucher de ce que je fais, je vais lui envoyer ma mort en pleine figure et cette fois elle va comprendre, elle va en crever. Enfin, je l'espère, je veux le croire, et la colère me donne la force – je vais me tuer.

J'ai le souvenir de cette colère effrayante, meurtrière, tandis que je dévale l'avenue Marceau à tombeau ouvert, le regard noyé de larmes. J'ai le souvenir de mes yeux cherchant l'arbre contre lequel je vais me jeter d'une seconde à l'autre, le souvenir du film de ma mort, mon corps projeté, fracassé, et la moto tourbillonnant comme lui dans les airs avant de retomber sur le bitume. Mon corps ici, poupée de chiffon désarticulée, ma moto là. Puis le silence, l'étonnant silence du coma qui précède de peu la mort. Michel Piccoli revoyant toute sa vie en accéléré après son accident dans *Les Choses de la vie*. Oui, j'ai le temps de penser à Michel Piccoli dans le film de Sautet. Les premiers témoins qui accourent, les voitures qui s'immobilisent dans le crépuscule bleu d'avril…

Mais je ne me tue pas. Est-ce que je n'ai pas trouvé le bon arbre ? Est-ce que je n'ai pas trouvé la force ? Je ne sais pas. Arrivée au pont de l'Alma, je suis encore en vie. J'ai laissé passer le moment et maintenant je vais devoir survivre avec ce poison-là dans le sang : « C'est ça, va faire ton intéressante ! » Ce poison qui me transpercera le cœur chaque fois que j'entrerai en scène, et quand bien même quatre mille personnes hurleront mon nom – « Qu'est-ce que je fais d'autre que mon intéressante, finalement ? Je fais le clown, je remplis des Zéniths, je gagne beaucoup d'argent, mais tout ça ce n'est rien du tout. » Je ne suis rien du tout puisque c'est elle qui me l'a dit. Elle qui aurait eu le pouvoir de me rendre heureuse et qui a choisi de me couper les ailes. D'ailleurs, je ne suis même plus présentable, je grossis, je grossis, à tel point que je n'ose plus sortir. Tout ce que je crée, je le dénigre. Je fume, je bois, je me détruis. Tout ce que je suis, je le dénigre. Je reprends les mots de notre mère, et je m'empoisonne.

Je ne me suis pas tuée ce soir-là, avenue Marceau, mais une partie de moi est morte dans cette chambre de l'hôtel Belmont. Cette reconnaissance que je commençais tout juste à goûter – et qui était sans doute une façon de commencer à m'aimer –, je ne l'ai pas accueillie, j'ai décidé qu'elle ne valait rien puisque je ne valais rien. Et aujourd'hui encore, tant d'années après, j'ai bien du mal à accepter le succès, à m'accepter, en dépit des milliers de gens qui m'aiment et me le répètent chaque soir. Au seuil de ce livre où j'ai décidé de me raconter, ce qui est sans doute un premier pas vers l'acceptation de soi, vers la réconciliation, je mesure combien il est difficile d'inventer sa vie, de découvrir le bonheur quand on n'a pas reçu de ses parents l'estime de soi. Quand jamais les mots n'ont été dits. Il m'est arrivé de penser que si j'en avais le pouvoir, s'il n'était pas trop tard, j'échangerais bien une part de tout l'amour que vous m'avez donné au fil du temps, vos rires, vos fleurs, vos applaudissements, vos rappels, contre quelques mots de ma mère : « Ma chérie, tu as été magnifique ! »

Pardonnez-moi, je ne devrais pas vous le dire puisque ce sont vos applaudissements qui m'ont maintenue debout, vivante, et cependant oui, pour ces mots-là j'aurais beaucoup donné.

Mais où ma mère aurait-elle appris à les dire, elle-même issue d'une famille hantée par la violence, la noirceur, le malheur ?

Chapitre 1

— Tes parents, maman, pourquoi ils t'ont appelée Aimée ?

— Parce que je n'étais pas désirée. Ils ont dit : « Puisqu'on n'en voulait pas de cette petite, on va l'appeler Aimée, comme ça, on sera sûr qu'elle sera aimée. »

— Comment tu le sais puisque tu venais de naître ?

— C'est ma mère qui me l'a raconté, bien plus tard.

— Et alors tes parents, ils t'ont aimée ?

Le regard de notre mère quand on la ramenait à son enfance ! Comme traversé d'un éclair de folie, ou d'un chagrin insurmontable…

— Pourquoi, chaque fois que tu parles de ta maman, tu pleures ?

— Je te le dirai un jour.

Aimée Rimbaud vient au monde en 1926, à Chalmazel, un bourg de montagne au-dessus de Montbrison. Aujourd'hui, les gens de Saint-Étienne et de Mont-brison grimpent à Chalmazel pour y skier en famille, le dimanche, mais en

1926, la station n'existe pas et si l'on s'aventure jusqu'à ce village perdu des monts du Forez par la seule petite route de terre qui y mène, c'est pour y respirer le grand air, acheter du fromage aux quelques paysans du coin, ou du bois, du bois de charpente, puisque le village compte une scierie, la Scierie Rimbaud, du nom des parents d'Aimée. Elle a été créée par le père, Pierre, un sanguin, dit-on dans le pays, autoritaire, violent et fruste. Il a vingt-deux ans de plus que sa femme, Antoinette, et le couple, qui vit dans une maison modeste accolée à la scierie, a conçu trois enfants, Joseph, Simon et Marie.

Quand Aimée voit le jour, ses deux frères, Joseph et Simon, travaillent déjà à la scierie avec le père ; l'un a plus de vingt ans, l'autre n'en est pas loin, c'est dire si Aimée n'était pas prévue, et encore moins voulue. D'ailleurs, le père a soixante-cinq ans cette année-là, et la mère quarante-trois.

Des premières années d'Aimée à la scierie, il ne reste aucun témoin. Plus tard, ses frères lui voleront son héritage, les terrains au-dessus de la propriété appelés à devenir les pistes de ski de la station. « Tout ça, dira maman quand elle nous emmènera à Chalmazel, embrassant d'un geste le domaine skiable, ça devrait être à moi aujourd'hui. » Ce qui laisse penser que les frères ne devaient pas déborder d'affection pour leur petite sœur.

Quelques semaines après avoir entrepris ce livre, je suis retournée à Chalmazel pour tenter d'imaginer les premiers pas de ma mère. J'ai retrouvé les restes de la scierie, au pied des pistes, enfouis sous un mètre de neige – des bâtiments délabrés aux toits effondrés ici et là. Comme ils surplombent le village, j'ai pu imaginer maman, enfant, descendant à pied jusqu'à la petite école, près de l'église, et j'ai supposé que sa mère l'accompagnait et venait l'y rechercher, sachant combien elle tenait à Aimée, comme le drame à venir allait le montrer.

Leur vie bascule un après-midi de l'année 1935, lorsque la mère d'Aimée surprend son mari dans le lit de Constance, la femme de Joseph. En somme, Pierre, âgé de soixante-quatorze ans, couche avec la femme de son fils aîné. On peut se figurer l'horreur que représente une telle scène pour la mère, et la violence du traumatisme qui jamais ne s'effacera. Des mots sont-ils échangés ? En tout cas, la décision d'Antoinette est immédiate : elle ne veut pas passer une nuit de plus dans cette maison. Elle rassemble rapidement quelques vêtements d'Aimée qu'elle mêle aux siens dans un unique balluchon, elle y ajoute du pain et un peu de fromage, puis elle prend sa fille par la main et toutes les deux quittent cette maison dans laquelle elles ne reviendront jamais.

Sans doute le père a-t-il menacé sa femme de la retrouver si elle osait s'enfuir, car Aimée gardera le souvenir de quelques jours terrifiants passés à errer dans la forêt, à se cacher, dormant blottie contre sa mère, sans couverture, sans pratiquement rien à manger, guettant sur le visage de l'adulte des raisons d'espérer et n'y découvrant que du désespoir et de la peur.

Lorsqu'Antoinette se décide enfin à sortir de la forêt, toutes deux marchent jusqu'à Montbrison en évitant la route de terre, au cas où le père les chercherait encore. Antoinette est certaine que sa tante Lucie, qui tient un restaurant à Montbrison, viendra à leur secours, et c'est en effet ce qui se passe : Lucie les accueille, leur donne à manger, les réconforte. Aimée sort petit à petit de l'état d'hébétude dans lequel cette errance l'a précipitée. Elle n'a plus de père, ni de frères, ni de sœur, plus de maison, elle a perdu ses amis d'école, toutes ses racines, et le visage de sa mère se ferme dès qu'elle évoque leur vie d'autrefois, Chalmazel, l'école, la scierie… Elle dira qu'à partir de ce jour, Antoinette est devenue quasiment mutique, toujours vêtue de noir et ne semblant plus rien attendre de la vie, le visage cadenassé sur une douleur indicible – qui saurait partager un tel effondrement ? une telle honte ? Et puis, quels mots trouver pour exprimer ce désastre ?

Antoinette revoit-elle ses trois autres enfants en cachette du père ? On ne sait pas. Plus tard, maman renouera des liens avec sa sœur Marie, et nous rencontrerons notre tante, ainsi que sa fille Lucette, mais elle nous parlera peu des siens, hormis pour mentionner cette affaire d'héritage que lui auraient volé ses frères. Et aussi la rumeur, la rumeur effrayante autour de la disparition de Joseph, l'aîné.

Joseph est retrouvé mort le 25 avril 1965, noyé dans la rivière qui coule devant la scierie, la poitrine transpercée par une fourche, dit-on. Il a soixante et un ans. On laisse entendre, dans le pays, qu'il pourrait s'agir d'un meurtre mais jamais la gendarmerie n'osera fouiller dans les secrets de la sombre famille Rimbaud de Chalmazel. J'ai dix ans, cette année-là ; maman raconte la mort mystérieuse de son frère, mais dans mon souvenir elle ne va pas à son enterrement.

Aujourd'hui, parce que je suis retournée à Chalmazel mener ma propre enquête, je sais que Joseph est simplement mort de froid, et d'avoir trop bu. Il a été raccompagné chez lui le soir par ses amis de boisson, mais il est tombé au bord de la rivière avant d'avoir pu atteindre la porte de sa maison et on l'a retrouvé sans vie au matin, les jambes plongées dans l'eau glacée, le reste du corps dans l'herbe. Il n'avait pas de fourche plantée dans la poitrine, et n'a donc pas été victime d'un meurtre comme la rumeur s'est plu à le dire, à moins que la conscience populaire, qui n'est pas idiote, ait inventé cette histoire pour désigner discrètement le véritable meurtrier de Joseph : son père.

Car des témoignages que j'ai pu recueillir, il ressort que le père a continué de vivre en concubinage avec sa belle-fille, Constance, la femme de Joseph, jusqu'à sa mort, et que ce couple contre-nature avait transformé le malheureux Joseph en une sorte de valet de ferme à son service. Le père l'avait pratiquement chassé de la maison, se souvient-on, et il dormait à l'écurie. Trompé, humilié, émasculé par son propre géniteur, Joseph s'était réfugié dans l'alcool pour fuir une vie insupportable et, derrière la boisson qui a fini par le tuer, chacun au village avait deviné l'ombre du père.

L'existence d'Aimée et de sa mère à Montbrison s'organise petitement. Elles partagent, les premiers temps, une chambre chez la tante Lucie, au-dessus du restaurant, et, pour dédommager leur bienfaitrice, Antoinette fait le ménage, la vaisselle et même parfois le service en salle. Mais ça ne suffit pas à gagner de quoi les nourrir toutes les deux, et bientôt Antoinette trouve des heures de ménage dans quelques maisons bourgeoises du centre-ville. « Quand tu sauras ce que c'est que de manger les miettes sous la table de gens chez qui ta mère est placée, tu comprendras d'où je viens », a lancé un jour notre mère à Nydia. Nydia qui, aujourd'hui encore, comme moi d'ailleurs, lui pardonne, lui pardonne tout – son incapacité à être mère, à dispenser de la tendresse, son âpreté, sa dureté, sa violence parfois –, au nom des « choses abominables » qu'elle a vécues, enfant.

Aimée reprend l'école, elle est la meilleure élève de la classe en calcul et le professeur lit parfois ses rédactions à haute voix devant tout le monde tant elle écrit bien, « avec un sens aigu du récit », note-t-il dans un de ses bulletins, et sans jamais faire de fautes d'orthographe. C'est une élève brillante, attentive, soucieuse de réussir, et sans doute aurait-elle pu décrocher son bac et entreprendre des études supérieures si sa mère avait eu l'argent, et l'énergie, pour l'y pousser, et si la guerre n'avait pas éclaté l'année de ses quatorze ans… La mère et la fille partagent alors une chambre de bonne sous les toits, et Antoinette, pour qui l'existence n'est plus qu'un long calvaire et qui pressent peut-être qu'il ne lui reste plus très longtemps à vivre, rêve secrètement du jour où sa fille volera de ses propres ailes. C'est presque chose faite en 1942 quand Aimée, l'année de ses seize ans, quitte l'école pour se faire embaucher à la fabrique de chapeaux Brogie, rue de la République, à Montbrison. La fabrique a quitté la région parisienne occupée pour s'implanter en zone libre, et c'est une aubaine pour les jeunes filles de Montbrison qui cherchent du travail.

Juliette, qui va devenir la plus proche amie d'Aimée et qui est la seule à pouvoir me parler d'elle dans ces années-là, me décrit une jeune fille très belle, très vive, d'une intelligence au-dessus de la moyenne, mais toujours sur la défensive. « Si tu veux imaginer ta maman à seize ans, me dit-elle, va donc revoir *L'Été meurtrier*, de Jean Becker. Aimée, c'était exactement Isabelle Adjani dans ce film, tourmentée et sauvage. Elle n'était pas de Montbrison, elle n'avait pas d'argent, pas de famille, tout cela, on le lui faisait sentir cruellement. Si bien qu'avant qu'on l'attaque, elle attaquait. C'était une sauvageonne, dure au mal et fière, à la fois jalousée et crainte par les autres filles pour sa beauté et son caractère. On se méfiait de ses réactions, et on n'avait pas tort – elle avait appris depuis longtemps à se défendre par elle-même et il ne fallait pas lui marcher sur les pieds. »

C'est également l'année de ses seize ans, au printemps 1942, qu'elle croise pour la première fois le regard de papa. Tous les soirs, elle rentre à vélo de la fabrique de chapeaux jusqu'à la rue de la Tupinerie où elle habite avec sa mère. Elle doit obligatoirement franchir le pont Saint-Jean où se retrouvent Antoine Robin et ses deux amis, Crozet et Devaux, après le travail. Les trois garçons, qui ont autour de vingt ans, s'amusent à siffler Aimée, raconte Juliette. La télévision n'existe pas, personne n'est pressé de rentrer chez soi par ces belles soirées de juin, il n'y a donc rien de mieux à faire qu'à draguer les filles en se roulant une cigarette de temps en temps. Aimée n'est pas mécontente d'être sifflée, elle est consciente de sa beauté, de son aura, et jusqu'à présent on ne l'a guère fêtée ni chouchoutée.

Pourquoi est-ce Antoine qui lui tape dans l'œil, plutôt qu'un des deux autres ? Parce qu'il est le plus beau des trois, sans doute – Jean Gabin dans *Le Quai des brumes* –, mais surtout, pense Juliette, parce qu'il émane de lui un sentiment de solidité, de loyauté, et qu'il inspire aussitôt confiance à Aimée. On devine que la jeune fille s'est forgé une image des hommes assez effrayante depuis la fuite de Chalmazel, sans même parler de ce qu'elle a pu voir, auparavant, du comportement de son père et de ses frères ; face aux trois garçons du pont Saint-Jean, elle doit être remplie de méfiance.

Elle choisit Antoine en se disant que cet homme-là ne la lâchera pas en chemin, comme elle me le confiera à la fin de sa vie, et elle choisit bien, de ce point de vue, puisqu'en effet papa demeurera à ses côtés jusqu'à sa mort, ne la contredisant jamais, quoi qu'elle dise, quoi qu'elle fasse, la soutenant tacitement et la protégeant silencieusement de son imposante stature.

En lui déclarant très vite son amour et en lui demandant sa main – « Il était ébloui par la beauté de ta mère », se souvient Juliette –, Antoine s'engage à donner un nom à Aimée. Elle deviendra une Robin, une fois mariée, et les Robin, ce n'est pas rien à Montbrison. Le père est une personnalité connue et respectée dans la ville, un homme de grande culture, élégant et généreux, viticulteur, passionné d'astrologie et de magie noire. On dit que sa femme ne lui arrive pas à la cheville, et en effet Marie, la mère d'Antoine, est une paysanne mal dégrossie, radine et envieuse. Tandis que son mari s'occupe de son domaine viticole, Marie gère, avec les deux sœurs d'Antoine, un magasin de chaussures rue Saint-Jean. Tout cela fait des Robin une famille honorablement connue, aux revenus confortables.

Est-ce pour cette raison que la mère ne veut pas entendre parler d'Aimée Rimbaud chez elle ? Estime-t-elle que la jeune fille n'est pas suffisamment bien pour son fils ? A-t-elle eu vent de la grande pauvreté d'Aimée ? de la réputation sulfureuse des Rimbaud de Chalmazel ? En tout cas, dès le premier jour, elle chasse violemment Aimée de chez elle. Juliette, l'amie d'Aimée, qui habite la maison voisine de celle des Robin, se souvient encore de cette scène qui va se renouveler par la suite : la vieille Marie Robin surgissant dans l'étroit passage où Aimée vient attendre

Antoine, un martinet à la main, menaçant de la fouetter si elle ne file pas de là immédiatement – « Va-t'en, et que je ne te revoie plus ici, sale petite traînée ! »

Antoine – et je reconnais bien là l'aversion de papa pour les conflits – n'affronte pas sa mère de face, il la laisse tempêter contre Aimée, agiter son martinet, mais il n'en fait qu'à sa tête et il quitte silencieusement la maison familiale pour passer ses soirées avec celle qu'il considère comme sa fiancée.

Il a vingt et un ans en 1942, et déjà une grande expérience de la vie. Sa mère lui a fait arrêter l'école à quatorze ans pour apprendre le métier de cordonnier dans le petit atelier familial attenant au magasin de chaussures de la rue Saint-Jean. Il fait les ressemelages, tandis que sa mère tient la boutique et forme les deux cadettes à la vente. Juliette revoit encore celle qu'elle appelle « la mère Robin » couper le soir, à la veillée, les semelles dans de grandes peaux, avec un tranchet qu'elle passe régulièrement dans ses cheveux pour l'aiguiser, préparant ainsi le travail du lendemain pour son fils. Quand la guerre éclate, Antoine est un excellent cordonnier et, comme il a le goût de ce métier, il s'est même lancé dans la fabrication de chaussures que sa mère expose avec fierté en vitrine sous le label « Chaussures Robin, fabrication maison ».

En 1940, il est réquisitionné pour le STO (Service du travail obligatoire) mais n'y part qu'une année car, entre-temps, une attaque cérébrale laisse son père paralysé : Antoine est désormais considéré comme seul soutien de famille, ayant à sa charge sa mère, son père handicapé et ses deux jeunes sœurs.

Montbrison manque d'hommes – ceux qui ne sont pas prisonniers sont réquisitionnés par le STO – et Antoine doit abandonner provisoirement la chaussure pour apprendre le métier de boulanger. Le patron de la boulangerie est en Allemagne et la ville a plus besoin de pain que de semelles neuves. Quand il se fiance secrètement avec maman, papa est donc boulanger.

Juliette me raconte que de toute sa vie, elle n'a vu mon père en colère que trois ou quatre fois. Elle situe la première fois au début de l'année 1944, lorsqu'Antoine surprend à nouveau sa mère en train de frapper Aimée avec son fameux martinet. Cette fois, il réagit, la scène le met hors de lui, il sépare les deux femmes et s'en va vivre sur-le-champ avec celle qu'il a bien l'intention d'épouser en dépit de l'opposition farouche de « la mère Robin ». Le jeune couple s'installe dans un appartement modeste de la rue Saint-Pierre, au-dessus d'une échoppe inoccupée. Il se peut bien que ce soit Aimée, vive et entreprenante comme elle le sera toute sa vie, qui ait aussitôt eu l'idée d'en faire leur premier fonds de commerce. En tout cas, Antoine abandonne la boulangerie, récupère une partie de ses outils de cordonnier rue Saint-Jean et, quelques semaines plus tard, ouvre la Cordonnerie Robin.

Certains clients avisés notent sûrement qu'il y a désormais à Montbrison deux cordonneries portant la même enseigne : celle de la rue Saint-Jean, attenante au célèbre magasin de chaussures Robin, et celle de la rue Saint-Pierre, mais cette dernière est si petite, si balbutiante, que personne n'imagine qu'elle puisse un jour faire de l'ombre aux affaires de la puissante famille Robin.

C'est à cette époque que mes parents cachent des juifs, ce dont je suis secrètement fière. Ils ne s'en vanteront pas, ma mère me le dira incidemment le jour où je lui demanderai pourquoi ma sœur aînée porte ce prénom si singulier de Nydia. « Vers la fin de la guerre, ton père et moi avons hébergé clandestinement des juifs, rue Saint-Pierre, et une des femmes que j'ai croisée alors avait une fille qui s'appelait Nydia. En souvenir d'elle, parce que c'est une rencontre que je n'ai pas oubliée, j'ai appelé ma première fille Nydia. » Elle ne m'en dira pas plus, mais son amie Juliette me confirme que mes parents faisaient partie d'un réseau assez structuré à Montbrison. « Ton père avait doublé les murs pour isoler des cheminées qui apportaient du froid dans l'appartement, et c'est dans cet espace derrière ces cloisons qu'ils ont caché des juifs. Les gens ne restaient pas plus de deux ou trois jours au même endroit, on les changeait sans cesse de cachette, de sorte que tes parents ont vu défiler beaucoup de ces malheureux. »

« C'était bien dans le caractère de ta mère d'oser faire de telles choses, ajoute Juliette, par défi, par colère aussi, sans doute face à la cruauté des hommes, elle qui avait tellement souffert. Quant à ton père, il l'aurait suivie au bout du monde. Et c'était une carpe, personne ne l'aurait fait parler, pas même la Gestapo dont on voyait les voitures circuler en ville. »

Ils se marient en juillet 1944, un mois après le débarquement. Aimée a dix-huit ans, Antoine vingt-trois. C'est Albert Détrat, un tailleur ami d'Antoine, qui parvient à récupérer de la gabardine marron pour leur confectionner un costume à chacun. « Un joyeux mariage entre copains », se rappelle Juliette, en dépit de la colère sourde de Marie Robin qui jamais ne pardonnera à Aimée de lui avoir pris son fils. En dépit surtout du mal qui a commencé à ronger Antoinette Rimbaud, la mère d'Aimée, qui mourra très vite après le mariage dans le dénuement et la folie. Toute sa vie, maman se reprochera de n'avoir pas pu, ou pas su, faire plus pour sa mère. Elle s'interrogera sur cette étrange maladie qui lui avait fait perdre la raison petit à petit, la raison et la mémoire, au point qu'Antoinette sera retrouvée, un soir, errant à moitié nue dans une rue de Montbrison, ne sachant plus qui elle était ni où elle se trouvait. Quand, à la fin des années 1990, j'observerai sur maman les premières atteintes de la maladie d'Alzheimer, qui finalement l'emportera en 2003, je me dirai qu'Antoinette Rimbaud, ma grand-mère, est peut-être morte, elle aussi, de cette maladie abominable que personne n'aura su diagnostiquer dans l'immédiat après-guerre.

Juste après la Libération, Aimée ouvre son premier magasin de chaussures dans l'échoppe qui jouxte l'atelier de cordonnerie d'Antoine. Passionnée par la mode, elle fait un voyage à Lyon pour voir un peu ce qui se fait de nouveau : les usines reprennent du service, des journaux se créent, la France se remet à vivre, Aimée veut en être, inaugurer les premiers salons, les premiers défilés, rencontrer les créateurs. Pour la première fois de sa vie, elle doit acheter, choisir les modèles qu'elle va mettre en vitrine la saison suivante, sélectionner ses fournisseurs, et elle ne se trompe pas : elle a déjà cette intuition qui va faire son succès.

L'hiver 1946-1947, alors qu'elle vient de mettre au monde Nydia, elle fait une saison magnifique. Les dames de Montbrison sont séduites par les modèles colorés et avant-gardiste qu'elles découvrent rue Saint-Pierre. La boutique est deux fois plus petite que celle de la rue Saint-Jean, mais c'est là qu'on se presse, autour de la jeune et lumineuse Madame Robin, elle-même habillée à la dernière mode de Paris, chaussée de talons hauts, tandis que rue Saint-Jean, « la mère Robin » et ses deux filles voient dégringoler leur chiffre d'affaires.

Aimée est en train de prendre une revanche insolente sur celle qui l'avait frappée de son martinet. Les deux sœurs d'Antoine, qui ont à peu près le même âge qu'Aimée, partagent la crainte de leur mère : comment empêcher que cette jeune femme, que rien ne semble pouvoir arrêter, ne les écrase et ne les mène à la ruine ? Les camions qui livrent les chaussures en provenance de Lyon ou de Romans s'y perdent un peu entre les Robin Saint-Jean et les Robin Saint-Pierre, et il arrive inévitablement que des colis destinés aux uns atterrissent chez les autres. Bien qu'on se dise à peine bonjour, on s'échange alors les paquets. Jusqu'au jour où les Robin Saint-Jean subodorent là un bon moyen de nuire à Aimée et décident de conserver sa livraison. On descend les caisses à la cave, et on sourit lorsqu'on apprend par quelques clientes innocentes que la jeune Madame Robin de la rue Saint-Pierre est en rupture de stock, qu'elle n'a plus à vendre le modèle qu'on s'arrache et qu'on l'a même entendue incendier son fournisseur au téléphone.

Mais l'affaire s'évente et elle marquera un point de non-retour dans les relations entre Aimée et sa belle-famille. Enfant, j'ai le souvenir que maman ne nous accompagnait pas lorsque nous allions rendre visite à notre grand-mère paternelle, ou rarement. Le souvenir aussi que je me méfiais de cette femme, comme si, sans rien savoir, j'avais deviné qu'elle avait fait du mal à notre mère.

Lorsqu'on enterrera maman, en 2003, je reprendrai d'ailleurs à mon compte sa colère, plus d'un demi-siècle après les faits, et me jetterai à la gorge d'une des sœurs d'Antoine en la traitant de voleuse et en la priant de déguerpir avant que je l'assomme, découvrant à cette occasion que celle-ci n'était pas dans le complot : « Tu n'as rien à faire ici, fiche le camp ! – C'est pas moi, Muriel, c'est ma sœur, je te jure que je n'étais pas au courant. »

Le succès de son premier magasin donne des ailes à Aimée, et puisqu'Antoine sait faire des chaussures, pourquoi ne pas ouvrir un atelier de création en repoussant les murs de la cordonnerie ? Papa et maman relèvent le défi et lancent leur propre ligne de chaussures pour dames : maman crée les modèles, les dessine, et papa les fabrique. Maman ose des formes qui ne se font pas encore, et surtout des coloris – des turquoise, des bleus, des rouges… Elle est la première à recouvrir le tranchant de la semelle du même cuir que la tige, la première à inventer des modèles uniques dont la teinte sera choisie par la cliente. Élégante et raffinée, maman virevolte au milieu de sa boutique dans des toilettes qu'on ne trouve nulle part ailleurs. Les bourgeoises de Montbrison ont vite fait de repérer la chose, et à leur tour elles veulent être chaussées par Antoine. En une saison, l'atelier connaît un boom exceptionnel – papa embauche deux ouvriers, puis un troisième, puis un quatrième. La saison suivante, les Chaussures Robin, de Montbrison, ont leur propre représentant, l'entreprenant monsieur Rasi, qui vend à Saint-Étienne et à Lyon, et se prend parfois à rêver de conquérir Paris.

Antoine et Aimée chaussent toutes les dames qui comptent à Montbrison : l'épouse du maire, bien sûr, celle du notaire, Maître Langlade – dont chacun envie l'hôtel particulier situé Montée de la caserne –, celle du président du tribunal d'instance, et même celle du commandant des pompiers… Juliette se souvient que rue Saint-Jean, on ne décolère plus contre la réussite d'Aimée.

Tout cela n'empêche pas maman de mener parallèlement sa vie de femme. À l'automne 1948, elle est de nouveau enceinte, et au mois de mai 1949, elle met au monde sa seconde fille, Martine. C'est alors la mère de son amie Juliette qui tient la maison, s'occupe des enfants, fait la cuisine et un peu de ménage. Bien qu'elle n'ait que vingt-trois ans, Aimée mène son magasin, et toute la petite entreprise d'une main de fer, soutenue par Antoine avec lequel elle prend cette habitude, qu'ils garderont toute leur vie, de faire le point au petit-déjeuner. C'est à ce moment-là qu'ils font les comptes de la journée précédente, empilant les billets de banque et les mettant soigneusement en liasses pour les déposer au guichet à l'ouverture de la banque : c'est à ce moment-là qu'ils notent ce qui plaît, ce qui ne marche pas comme prévu, feuilletant au passage les catalogues de nouveaux fournisseurs, et c'est aussi à ce moment-là que maman teste ses idées nouvelles, observant les réactions d'Antoine. Je les revois tous les deux, maman s'enthousiasmant pour tel ou tel projet, rêvant d'un nouveau magasin (ils en auront quatre, à un moment), se projetant à Lyon, à Paris, maman tendue, toujours sur le qui-vive et sur les nerfs, et papa la modérant, sans jamais la contredire – « Pourquoi pas, Aimée ? Tu as raison. Mais ne précipitons rien surtout… » Papa sans doute un peu « plan-plan », comme on dit alors, aux yeux de maman, dépourvu de cette folie, de cette sensualité, de cet appétit pour l'aventure qu'elle avait en elle, mais papa solide, rassurant, raisonnable, tout le contraire des hommes qu'elle a connus enfant.

Antoine n'en a pas moins le goût de la fête, et Aimée n'a aucun mal à l'emmener danser ou boire un verre chez des amis. Au tout début des années 1950, le jeune couple Robin est souvent invité ici et là. Mais on les croise surtout le dimanche après-midi à la Piscine, chez Richoux, le dancing à la mode de Montbrison. En ce temps-là, on vient même de Saint-Étienne pour danser chez Richoux ; Antoine et Aimée s'y font une bande d'amis dont se souvient bien Juliette qui, elle aussi, fréquente le dancing. C'est chez Richoux, un de ces dimanches après-midi, qu'Aimée danse pour la première fois avec un homme qui va bientôt entrer dans sa vie : Jacques Hamalian.

Peu avant sa mort, affaiblie par l'alzheimer, maman me révélera avoir eu une liaison avec Jacques Hamalian.

— Jacques ? Mais maman, je me souviens très bien de lui, il faisait les marchés avec nous. Lui vendait des pull-overs.

— Oui, exactement. Un très bel homme, d'origine arménienne…

— Et tu l'as aimé ?

— Si je l'ai aimé ? Oh oui, je l'ai aimé ! Ça oui !

— Au point que tu aurais pu quitter papa ?

— Non, jamais je n'aurais quitté ton père.

La confidence d'une mère soudain rendue sentimentale par la maladie, me dirai-je en la quittant. Puis, me remémorant combien nos parents étaient peu démonstratifs l'un avec l'autre, ne s'embrassant jamais devant nous, ne se prenant même jamais la main, s'appelant tout simplement par leurs prénoms – pas un « mon chéri », pas un « ma chérie », durant les deux décennies que j'ai passées sous leur toit –, je me réjouirai que maman ait connu l'ivresse d'un grand amour, d'une passion vraisemblablement, si je me fie à l'expression de son visage au moment où elle s'est exclamée : « Oh oui, je l'ai aimé ! » Sans me douter, toutefois, combien cette passion a bouleversé sa vie, toute sa vie, et le prix qu'elle a dû payer pour s'en défaire.

Chapitre 2

Maman me met au monde le 2 août 1955 à Montbrison, neuf ans après Nydia, six ans après Martine.

Lorsque j'atteindrai l'adolescence, l'incongruité de mon arrivée sur Terre me sautera brusquement aux yeux : pourquoi donc mes parents m'ont-ils conçue si tard ? M'ont-ils vraiment voulue, ou ne suis-je qu'un accident ?

Ces questions me tracasseront longtemps, d'autant plus que nos parents semblaient bien plus intéressés par leurs affaires de chaussures que par l'éducation et les préoccupations de leurs trois filles. Nous étions pour eux plus une charge qu'un plaisir, c'était évident, surtout pour notre mère qui n'avait jamais un mot tendre et me donnait l'impression de vouloir expédier les tâches domestiques le plus rapidement possible pour retourner à son cher commerce.

Comment une telle femme aurait-elle pu souhaiter un troisième enfant, avec toutes les contraintes que cela implique : la grossesse, l'accouchement, la fatigue des premiers mois ?

Et cela, à la charnière des années 1954-1955, au moment justement où les affaires commencent à se gâter sous l'effet de la concurrence, de l'émergence des grandes enseignes ?

Je devais avoir une vingtaine d'années quand j'ai osé aborder la question :

— Parfois, je me demande pourquoi tu as voulu des enfants, maman. C'est tellement pas ton truc…

— Je vais te dire : si ton père n'en avait pas voulu, je n'en aurais pas eu. Je m'en serais très bien passée.

— Ah, c'est donc papa…

— C'est ton père, oui. Il a eu une enfance plutôt heureuse, il rêvait d'une famille heureuse. Nous n'avons pas eu la même enfance. La famille, pour moi…

— Je sais, maman, je sais, on ne va pas en parler parce que tu vas te mettre à pleurer.

Du coup, je ne l'ai pas interrogée sur mon arrivée tardive. Était-ce papa qui avait réclamé un petit troisième, espérant peut-être un garçon ? Comment avait-elle vécu cette nouvelle grossesse, alors que ses deux premières filles étaient enfin à l'école, autonomes pour ainsi dire ?

Mon premier souvenir d'enfant : je suis à la fenêtre à Montbrison, Nydia m'a laissée toute seule et je la guette, je guette son retour, j'ai peur, très peur qu'elle ne revienne pas, qu'elle m'ait abandonnée. Enfin, je la vois revenir, traverser la rue pour entrer dans notre immeuble, et quand elle ouvre la porte de l'appartement, je me jette dans ses bras.

Je ne vois pas mes parents, je suis accrochée à Nydia. Quand Nydia est là, je me sens bien. Si elle s'en va, je suis inquiète, j'arrête aussitôt de jouer, j'attends qu'elle revienne. C'est elle qui me donne à manger et je me rappelle que je n'ouvre la bouche que si elle fait longtemps l'avion avec la cuillère au-dessus de ma tête.

J'écris cela aujourd'hui et, dans le même temps, je me fais la réflexion que Nydia n'a pas plus de onze ans à ce moment-là, elle est encore une enfant, et cependant je la considère comme ma maman. Et je songe aussi à Martine qui, avec mon arrivée, perd sans doute la protection de sa grande sœur et se retrouve isolée. Martine qui avait demandé à Nydia de me déshabiller à mon arrivée de la maternité parce que, me découvrant emmaillotée, elle pensait que j'étais née sans jambes…

« Quand tu es arrivée de la clinique, se souvient Nydia, j'étais tout le temps près de ton berceau. Maman m'avait expliqué que les bébés s'étouffaient parfois, alors je ne te quittais pas des yeux. J'écoutais ton souffle et quand j'avais l'impression que tu avais du mal à respirer, hop, je te changeais de côté.

« À partir de six mois, tu as commencé à te traîner sur une fesse. Tu ne voulais pas me quitter, je ne pouvais plus sortir de la maison sans que tu te mettes à pleurer. Quand j'avais envie d'être un peu seule, je te faisais croire que j'allais aux toilettes, sur le palier. Au début, ça a marché, et puis il a fallu aussi que je t'y emmène avec moi. Je te prenais dans mes bras, mais j'avais peur de te laisser tomber, maman m'avait recommandé de faire bien attention, et c'était encore pire que la crainte que tu t'étouffes, je vivais dans la hantise que tu tombes de mes bras, qu'il arrive une catastrophe.

« Quand tu t'es mise à marcher, tu as fait comme tous les petits, tu partais de mes bras pour te jeter dans ceux de Martine. Maman n'était pas là, elle descendait au magasin pour l'ouverture, elle remontait rapidement à midi pour voir si tout allait bien et déjeuner sur le pouce, et puis on ne la revoyait pas avant la fermeture. Tu as appris à marcher entre Martine et moi. Je revois tes yeux comme des billes, ton sourire, tes petites mains potelées, tu étais vraiment le poupon parfait, le bébé dont toutes les mamans rêvent.

— Sauf la nôtre.

— Maman n'avait pas le temps de s'occuper de toi, Muriel, elle avait le magasin.

— Oui, quand une maman travaille, elle n'a pas le temps de s'occuper de ses enfants.

— Tu as vu ? On lui trouve toujours des excuses. C'est la bonne qui te gardait quand il y avait école, sinon, je t'emmenais avec moi, j'allais faire les courses pour la maison. Tu me faisais de ces caprices ! Tu voulais que je t'achète une petite voiture Majorette, et si je disais non, tu te mettais à trépigner au milieu du trottoir jusqu'à ce que je te dise oui. Et je cédais, bien sûr.

— Nydia, est-ce que tu te rends compte que maman t'a un peu volé ton enfance en te mettant à sa place ? Quand on t'entend parler, on a l'impression que c'est toi, ma mère.

— Eh bien oui, c'est vrai.

— Si j'avais deux ou trois ans, toi tu n'en avais que onze ou douze, c'est tout de même très jeune pour faire les courses en traînant un enfant.

— Oui, mais ça me faisait plaisir, tu sais. C'était comme si j'avais eu mon bébé à moi, ou une poupée. C'est ce qui m'a manqué, les poupées. Encore aujourd'hui, à mon âge, je regarde les poupées dans les vitrines des magasins de jouets. J'ai un manque de ça.

— Je n'étais pas ta poupée, Nydia, j'étais ta petite sœur. Une poupée ne t'aurait pas donné tant de souci.

— Et tu me faisais marcher ! Quand j'y pense… Pour te faire manger je devais faire l'avion…

— Je m'en souviens.

— Ah oui, tu te rappelles ça ?

— Je te faisais marcher. Je savais que tu étais gentille, j'en profitais.

Petite, je ne vois pas maman, il ne me revient aucune image d'elle. Le premier souvenir que j'ai de nos parents me vient de mon père. Il écrase sa gauloise dans un cendrier sans l'éteindre tout à fait, je l'observe qui reste assis à côté de ce cendrier en espérant qu'il va se lever et s'en aller parce que je veux m'emparer de son mégot. Enfin, il se lève, quitte la pièce, et aussitôt je prends le bout de cigarette et le mets dans ma bouche. J'ai cinq ans et je tire ma première bouffée. Ma mémoire a effacé la suite. Peut-être Nydia a-t-elle bondi, m'a-t-elle arraché ce mégot, et ça ne m'étonnerait pas qu'en ce cas je l'aie mordue. Nydia est une maman qui m'aime de façon inconditionnelle, de toutes ses forces, et à laquelle je peux donc à peu près tout faire subir.

Ensuite, il y a cette histoire de bégaiement. Ce n'est pas une légende, j'ai vraiment bégayé à l'âge de trois ou quatre ans, moi qui allais être admise au Conservatoire de Paris vingt ans plus tard en interprétant *Madame Marguerite*, de Roberto Athayde, extraordinaire monologue, sans accrocher un mot. On prétendra que je me suis mise à bégayer après que mon père m'a effrayée en faisant des ombres chinoises, des animaux sans doute. Je n'en ai aucun souvenir, mais Nydia m'assure que je me suis mise à ânonner à partir de ce moment-là exactement. Ça ne m'aurait pas handicapée plus de quelques mois, une année tout au plus, peut-être, car à quatre ou cinq ans, ainsi que ma mère me le racontera, je monte sur la table, le dimanche au restaurant, juste après le dessert, pour chanter « Fais-nous danser Julie la Rousse / Toi dont les baisers font oublier », la célèbre chanson de René-Louis Lafforgue que toute la France fredonne à la fin des années 1950.

Je me revois l'écoutant à la radio et enregistrant aussitôt les paroles et la mélodie, sans aucune difficulté, comme si mon oreille était prédisposée à ce genre d'exercice.

« Avant qu'on apporte les cafés aux grandes personnes, me dira maman, tu grimpais sur la table, habillée de ta petite robe bleue à volants, et tu te mettais à danser en entonnant "Fais-moi danser Zulie la Rousse..." Pas gênée pour un sou, avec ton petit zézaiement. Tout le restaurant t'applaudissait. »

L'année de mes cinq ans, nous quittons Montbrison pour Saint-Étienne. Nydia et Martine se rappellent les discussions entre nos parents avant ce grand départ. Le magasin ronronne et maman estime que la ville est trop petite pour offrir des perspectives d'avenir. Papa s'imagine difficilement quitter la petite cité de son enfance pour cette grande ville industrielle dans laquelle il n'a aucun repère. Chacun apparaît à Nydia pour ce qu'il est profondément : maman audacieuse, conquérante, prête à prendre des risques pour réussir ; papa prudent et timoré, satisfait de ce qu'il a, n'aimant pas trop qu'on le bouscule, mais en même temps amoureux et très admiratif de sa femme, soucieux de lui donner satisfaction. Ils confrontent leurs points de vue, mais ne se disputent pas, car Aimée se méfie secrètement d'elle-même, je le sentirai plus tard, elle ne veut rien entreprendre sans l'accord d'Antoine, sans sa caution. Antoine est son ancrage, il lui a donné un nom, une assise, il l'a sauvée des terrifiants Rimbaud de Chalmazel et sans doute craint-elle, s'il la lâchait, de partir en vrille, de sombrer dans la folie peut-être.

La discussion se double d'une autre inconnue : à Saint-Étienne, ils ne rouvriraient pas une boutique, ils continueraient de vendre des chaussures, mais sur les marchés désormais. Aimée assure qu'ils gagneraient bien mieux leur vie, et Antoine sait qu'elle n'a pas tort : la tendance est aux marchés, tous les petits commerçants le disent. Seulement c'est un énorme bouleversement. C'en sera fini de la cordonnerie, du commerce qu'on ouvre et ferme à heures fixes, des clients devenus des amis avec lesquels on blague, des repas pris dans l'appartement au-dessus. Il faut envisager d'acheter un camion, de partir sur les routes tous les matins sur le coup de six heures pour monter un étalage qu'on remballera sept ou huit heures plus tard. Une vie de forains, en quelque sorte, chaque matin dans un bourg différent des environs de Saint-Étienne. Sont-ils prêts à affronter un changement d'une telle ampleur ?

Antoine y consent, finalement, et nous voilà tous partis pour emménager à Saint-Étienne, dans un groupe d'immeubles modestes, à deux pas de nos futures écoles, rue Coraly-Royet, une rue étroite et calme du quartier Bellevue, à une bonne demi-heure tout de même du centre-ville. Nos parents ont pu louer à proximité un vaste local pour y entreposer leur stock de chaussures, et le camion a été acheté. Notre nouvelle vie peut commencer.

« Notre arrivée à Saint-Étienne a correspondu avec ton entrée à la petite école, se souvient Nydia. C'est moi qui te déposais le matin parce que les parents étaient déjà partis pour tel ou tel marché, et puis avec Martine on courait au lycée. À midi, c'est la concierge de l'immeuble qui te récupérait parce que ça ne collait pas avec les horaires du lycée. Je te prenais chez elle, et on mangeait toutes les trois. Ensuite, je desservais, je remettais la table et je préparais tout bien pour les parents, pour qu'ils trouvent à déjeuner à leur retour du marché. Et vite, vite, on repartait. C'étaient des responsabilités, j'avais toujours un point de côté. Martine, elle, était encore petite. Je devais tout le temps la houspiller : "Vite Martine, à table, termine ta viande Martine, fais ci, fais ça…" Il fallait la commander, sinon elle aurait joué, ce qui est normal à son âge, elle n'aurait pas suivi. J'en avais deux à m'occuper, c'était quelque chose quand même.

« Le jeudi, jour où il n'y avait pas école à cette époque, maman nous laissait la liste des courses à faire pour toute la semaine. On se levait et on trouvait cette liste sur la table de la cuisine. Elle écrivait comme un docteur, illisible. Alors avec Martine, on essayait de déchiffrer – "Qu'est-ce qu'elle a mis là ? Farine, tu crois ?" On recopiait ce qu'on avait compris et on partait toutes les trois faire les courses parce que je ne pouvais pas te laisser toute seule. Au retour, il fallait faire le ménage, laver le linge, repasser… À partir de Saint-Étienne, on n'a plus eu de bonne. Finalement, c'étaient nous, les bonnes. Pour le ménage, je me rappelle que Martine disait : "On n'a qu'à faire semblant." Mais moi je n'étais pas d'accord, on faisait tout bien, la poussière, la salle de bains à l'eau de Javel, les vitres, l'aspirateur partout. On essayait quand même de faire vite pour pouvoir avoir une demi-heure et aller s'amuser avec les autres enfants, en bas. On les voyait jouer dans la cour.

« Quand les parents revenaient, vers dix-sept heures, parce que le jeudi c'était le marché de Firminy qui durait pratiquement toute la journée, on remontait à toute allure pour accueillir maman. Ni bonjour ni merci, jamais, ni un baiser, rien, elle passait son doigt sur une lampe, sur le dessus d'une armoire, et toc, elle trouvait de la poussière. Elle a toujours eu ce don, que ce soit plus tard au magasin, ou à la maison, pour mettre le doigt sur le seul centimètre carré qu'on avait oublié de dépoussiérer – "C'est ça que vous appelez faire le ménage ?", en nous mettant son index sous le nez. Martine faisait semblant d'être embêtée, mais moi j'étais mortifiée. J'aurais tellement voulu qu'elle soit contente, qu'elle nous dise un mot gentil. »

Je vais à l'école primaire des Passementiers, à l'angle de notre rue et de la rue des Passementiers. J'ai le souvenir que les enfants veulent que je sois la chef de classe, parce que je mène les jeux dans la cour, que je sépare ceux qui se disputent, que je n'ai pas honte d'aller au tableau, de parler à la maîtresse. Je suis déjà la fille sur qui on peut compter, la fille solide dans le regard des autres, et j'en suis certainement fière, au fond, mais en même temps c'est tout le contraire que je voudrais, je ne veux pas être chef de classe, je voudrais qu'on me protège, qu'on décide pour moi, qu'on me donne simplement de la tendresse. Je suis déjà dans cette ambivalence : je veux qu'on me choisisse, qu'on m'élise, mais je ne veux pas avoir à tirer les autres par la main. D'ailleurs, j'ai des verrues tout autour de la bouche et sur les deux mains, cette année-là, comme si je voulais signifier que j'aspire à ce qu'on m'aime, et à donner de l'amour en retour, mais que j'en suis empêchée. Il n'y a rien de plus contagieux que les verrues ; je ne dois donc pas m'approcher trop près des autres élèves, je ne dois toucher ni embrasser personne, bien sûr, et on m'installe seule à un petit pupitre pour plus de précaution.

Le meilleur moment de la journée c'est le soir, quand tous les enfants attendent leurs mères, et moi Nydia. Un garçon de la classe est un peu plus mon ami que les autres, il y a quelque chose entre nous deux. Je le fais asseoir derrière moi, et avec ma main je lui montre discrètement comment il doit me caresser le bas du dos. Je ne sais pas ce qu'il pense, s'il en a envie, ou s'il le fait uniquement pour me faire plaisir, mais il me caresse, oui, et j'ai le sentiment enivrant d'accéder à un secret, un plaisir connu de moi seule. D'ailleurs, je fais bien attention à ce qu'on ne nous voie pas, comme si c'était une chose interdite, trop grave, ou trop mystérieuse pour être sue. J'adore ça. Personne ne m'a jamais caressée : à la maison on ne se touche pas, on ne s'embrasse pas (et ça ne risque plus d'arriver avec mes verrues).

Presque tous les dimanches, on retourne à Montbrison. Juliette, la grande amie de maman, vient d'acheter avec son mari La Comédie, le plus beau café-restaurant de la ville, sur la place principale. Après avoir passé l'après-midi dans la grande salle, le soir on dînera tous ensemble, avec Juliette, son mari, et toutes nos connaissances de Montbrison, tous les amis de jeunesse de nos parents. Ce sera un bon moment, le meilleur de la semaine, mais en attendant il faut y aller, à Montbrison, les parents devant, les trois filles derrière. Une petite heure de route avec les embouteillages. Est-ce que je sens que si je ne tente rien on va finir par s'entre-tuer dans cette bagnole ? Maman que tout agace, maman toujours au bord de la crise de nerfs – « Ben qu'est-ce que tu fais, Antoine ? Double ! » –, papa qui ne parvient plus à la calmer et dont la placidité, au contraire, l'exaspère, Nydia qui a le tort de ne rien dire mais se fait rabrouer aussitôt qu'elle ouvre la bouche, Martine qui voudrait disparaître sous la banquette. Oui, je crois que j'ai l'intuition que ça pourrait mal finir, alors je vole au secours des miens, et je fais le clown. Je chante, et pas seulement « Fais-nous danser, Julie la Rousse », j'en connais d'autres, j'imite Darry Cowl que j'ai vu à la télévision, je raconte des histoires drôles, n'importe quoi, je vois papa s'étrangler de rire et j'ai la bonne surprise de surprendre le sourire de maman, qui se retourne, qui ne se préoccupe plus de la route, enfin, le visage illuminé – « Celle-ci alors ! Tu l'as vue, Antoine ? Je me demande où elle va chercher tout ça. » Arrivés à Montbrison, tout le monde est de bonne humeur.

« À cinq ou six ans, tu nous faisais déjà mourir de rire, se souvient Juliette. Je t'ai toujours connue drôle, quand tes sœurs étaient un peu trop sérieuses pour leur âge. » Elle veut savoir comment ça m'est venu, comment ça s'est mis en place dans ma tête d'enfant, si je me rappelle l'avoir décidé. J'aimerais croire que je l'ai décidé, oui, comme ça, c'est une chose qui m'appartiendrait, dont je pourrais être fière, alors qu'en vérité j'ai le sentiment que c'est la vie, *notre* vie, qui a fait de moi ce petit clown précoce.

Je réponds à Juliette que je ne sais pas, parce que vraiment je ne sais pas, mais la nuit suivante je ne dors pas. Je revois mes parents en train de s'engueuler dans leur chambre à coucher, ou plutôt maman hors d'elle et papa ne disant rien, l'écoutant, l'air triste et accablé, et moi au milieu, le nez en l'air, cherchant l'histoire drôle que je pourrais bien inventer pour interrompre maman et la voir soudain se détendre – « Antoine, tu as entendu ce qu'a dit la petite ? – J'allais te demander la même chose, Aimée. » Et les voir éclater de rire, papa, toujours bon public, s'étranglant presque, et maman oubliant pourquoi elle était en colère. Parfois, je trouve l'histoire et je les sauve, j'ai le sentiment de les sauver. D'autres fois, je ne peux rien pour eux et je sors de leur chambre, mais je continue d'écouter derrière le mur en espérant que maman se calmera.

Aujourd'hui, avec mes mots d'adulte, je dirais que j'ai l'intuition, enfant, que si je ne les fais pas rire, nous n'allons pas tenir le coup. Que notre vie me semble trop dure, trop triste aussi par moments, et que si je suis venue au monde avec ces yeux ronds et cette bouille qui fait sourire aussitôt que j'apparais, c'est sûrement pour transformer le réel, le dédramatiser, mettre de la couleur sur le gris de notre vie, pour que soudain nous soyons surpris de nous entendre rire, alors qu'un instant plus tôt nous étions prisonniers de nos peurs.

Chapitre 3

Mon émotion le jour où la maîtresse nous fait écouter *Pierre et le loup*. J'ai dix ans, je dois être en CM1. Dans mon souvenir, elle ne nous a pas prévenus de ce qu'elle allait nous faire entendre, à moins que j'aie été distraite, et soudain la musique s'élève et occupe bientôt tout l'espace de la classe. Alors il se passe en moi une chose inouïe : les notes me pénètrent, elles m'entrent dans le corps, elles résonnent profondément sur les parois fragiles et tendues de mon cœur – aujourd'hui je dirais de mon âme, mais en ce temps-là j'ignore que nous avons une âme, un psychisme – et bien que je sois à l'école, entourée d'autres élèves, je sens les larmes monter, mes yeux se noyer. J'écoute intensément, sans prendre garde que je pleure, parce qu'il me semble distinguer la voix de chaque instrument alors que je ne connais rien à la musique, qu'il n'y a aucun disque à la maison, sauf peut-être le dernier quarante-cinq tours de Brigitte Bardot, avec « La Madrague » et « L'Appareil à sous », qu'écoutent mes sœurs. Dans quelle autre vie ai-je appris la musique, pour parvenir à identifier ainsi les instruments ? Je ne sais pas, c'est incompréhensible, mais je suis certaine de reconnaître en l'oiseau du conte une flûte traversière, tandis que le chat est une clarinette et le canard un hautbois. J'en suis certaine. J'écoute la voix de la récitante qui nous raconte l'histoire de Pierre et du loup, ça aussi c'est nouveau puisque ni ma mère ni mon père ne nous ont jamais lu une histoire le soir, avant d'éteindre la lumière, et qu'il n'y a aucun livre à la maison, mais derrière l'histoire je me laisse emporter par la musique, et la musique l'emporte même sur l'histoire, dans mon cœur. Je veux dire par là que la musique me touche infiniment plus que le récit, l'une et l'autre créés par un homme dont je n'avais jamais entendu prononcer le nom mais que, par bonheur, la maîtresse nous écrit au tableau, avec deux dates entre parenthèses : Sergueï Prokofiev (1891-1953).

En rentrant à la maison ce soir-là, je ne suis plus la même enfant que le matin en la quittant. Ce n'est pas une formule, je l'écris avec une certaine solennité parce que la découverte de la musique, à travers *Pierre et le loup*, constitue une révolution, un véritable tournant dans ma vie encore balbutiante, ou plutôt *aurait dû* constituer un véritable tournant si j'avais eu des parents différents, des parents un peu attentifs, des parents aimants. Je parviens à reconstituer de mémoire une partie de la mélodie, je fais la flûte traversière, le hautbois, le quatuor à cordes, et je m'endors avec *Pierre et le loup*. Le lendemain, j'essaie de jouer l'œuvre de Prokofiev sur mon petit piano, un jouet que j'ai reçu à Noël deux ans plus tôt, peut-être, et j'arrive à quelque chose, et je souris tout en ayant envie de pleurer tellement je suis émue.

Je suis obsédée par *Pierre et le loup*, je m'endors et me réveille en chantant, je me demande comment je pourrais bien faire pour trouver le disque de Sergueï Prokofiev dont je me répète le nom, avec les deux dates derrière, 1891-1953, et je finis par essayer d'en parler à mes parents. Ils ne sont pas faciles à attraper, plongés dans leurs liasses de billets dès six heures du matin, avant de partir pour un marché aux environs de Saint-Étienne, ou épuisés le soir, papa fumant une dernière cigarette devant la télévision tandis que maman dort déjà dans le fauteuil à côté du sien. Et en dépit de ces horaires invraisemblables, je parviens à me faire entendre.

— La petite voudrait apprendre le piano, dit maman un soir.

Je vois que papa l'écoute mais n'a pas l'air de comprendre.

— Le piano ? Ah bon !

— Elle a un truc avec la musique, cette gamine. Je ne sais pas de qui elle tient ça, d'ailleurs…

— Alors faut qu'elle prenne des cours. T'as envie, Mumu ?

Ben oui, j'aimerais bien.

Ils dénichent un vieux piano droit, impossible à accorder, mais peu importe, je vais pouvoir jouer, et on trouve un professeur, une dame qui accepte de me donner une leçon une fois par semaine, chez elle.

Je joue, et j'ai encore en mémoire la stupéfaction de mon professeur.

— Cette enfant est très douée, dit-elle à mes parents, ça vaudrait la peine de l'inscrire au Conservatoire.

Je ne connais pas ce mot bizarre de « Conservatoire », je ne sais pas ce qu'on entend par là, et je devine que ma mère et mon père sont dans le même état d'ignorance et de perplexité.

Nous acquiesçons silencieusement, mais nous ne bougeons pas, et les leçons se poursuivent. D'une semaine à l'autre, la dame me donne du travail. Je le fais rapidement, la veille au soir, et malgré cela je l'entends me féliciter – « C'est très bien, Muriel, je vois que tu as bien travaillé toute la semaine. » Je suis un peu confuse, j'ai l'impression d'avoir trahi sa confiance, et en même temps je voudrais qu'on aille plus vite, car je commence à m'ennuyer.

Puis je n'ai plus le droit d'accéder au piano, nous lui tournons le dos : la priorité, c'est désormais le solfège. Mon professeur me fait faire des dictées de notes et je constate que la musique, qui m'enflammait le cœur, ne me donne plus aucun plaisir sous cette forme. Je veux jouer du piano, je me fiche d'apprendre les notes, je les connais déjà, mon oreille les reconnaît. À chaque début de leçon, j'espère découvrir la chaise de mon professeur de nouveau orientée vers le piano, mais non. Le solfège me dégoûte. Sans doute est-ce ce qui me pousse, dans une sorte de sursaut, à reparler du « Conservatoire ». J'essaie de me faire expliquer ce que c'est, où ça peut bien se trouver… et la dame me donne une adresse.

Je n'en dis rien à mes parents qui n'avaient plus évoqué le sujet, et le jeudi suivant, je vais seule au « Conservatoire ». Je pousse la porte d'un grand bâtiment. Des gens vont et viennent, surtout des jeunes de l'âge de Martine ou Nydia, on dirait une fourmilière, je n'ose pas demander – demander quoi d'ailleurs ? – et j'erre un bon moment dans les couloirs jusqu'à être complètement perdue. Puis je m'en vais, bien contente d'avoir retrouvé la sortie, et je rentre à la maison.

Jamais je ne m'inscrirai au Conservatoire de Saint-Étienne.

Quelques jours plus tard, je décide d'arrêter les leçons de solfège, et ni mes parents ni mon professeur ne m'en dissuadent.

Aujourd'hui, je sais que je suis passée cette année-là à côté de ma vie. J'aurais pu, j'aurais dû, être musicienne. J'en avais le don, l'oreille, la curiosité. Si j'avais un chemin tout tracé, une *vocation*, elle était là, dans la musique. J'aurais certainement choisi d'être chef d'orchestre. Quand j'écoute le *Concerto No. 2* de Rachmaninov et que je peux me figurer chaque instrument de mes yeux, lui donner le signal avant de l'entendre, je sais que l'immense ratage de ma vie, c'est la musique. J'étais insolemment douée, mais que faire d'un tel trésor à dix ou douze ans ? Il aurait fallu que des adultes relaient ce don, mais il ne s'en est pas trouvé un pour me prendre par la main.

Sergueï Prokofiev m'avait montré le chemin : j'allais échapper aux miens, au fardeau des miens, mais je n'y vais pas, et quand j'y songe, aujourd'hui encore, à soixante-trois ans, je sens monter les larmes. Je les retiens parce qu'il me semble que si je me laissais aller, je pourrais pleurer des jours et des nuits sur ma vocation méprisée, saccagée, jusqu'à me noyer dans mes propres larmes. Je n'y vais pas, et je retourne à notre quotidien sans lumière ni beauté.

Nous habitons toujours rue Coraly-Royet, dans ces immeubles de type HLM qui enclosent une cour où les enfants se retrouvent pour jouer le soir, après l'école. Je joue au ballon prisonnier avec les petits voisins, des garçons surtout, à chat perché, au foot. Quand on est fatigués de courir et de crier, on s'assoit contre le mur et je me mets aussitôt à raconter des bêtises, je fais le clown, c'est ce qu'on attend de moi, et tout le monde rigole. Puis, très vite, on prend l'habitude de descendre dans les garages en sous-sol par la rampe qu'empruntent les voitures. Dans un renfoncement somnole une vieille Traction noire couverte de poussière, dont les pneus sont à plat, mais dont les portières ne sont pas verrouillées. C'est moi qui ai l'idée de monter dedans, je ne sais pas exactement ce que m'évoque cette voiture, mais aussitôt que je m'assois au volant, je ressens des frissons de plaisir. Je l'adore, cette Traction. Bien qu'elle ne bouge pas, je crois qu'elle me transporte loin de ma vie par sa seule présence. Je prétends qu'elle est à moi, et il vient toujours un moment où, après avoir joué dans la cour, nous descendons nous installer dans son habitacle qui sent fort le moisi, moi au volant, ça ne se discute pas, et tous les autres entassés comme ils peuvent.

Ce garage en sous-sol, c'est aussi la possibilité d'échapper à la surveillance des adultes, de la concierge, des mères – pour ceux qui ont une mère constamment à la fenêtre (ce qui n'est pas mon cas, la mienne a autre chose à faire et Nydia fait maintenant les marchés avec nos parents, de sorte que Martine et moi sommes livrées à nous-mêmes). J'ai onze ans l'année où j'embrasse pour la première fois un garçon, cachée entre deux voitures sous un tube néon. Je ne peux pas dire que je découvre l'amour, puisque cette année-là j'embrasserai indifféremment plusieurs garçons, soit dans ma Traction, soit entre les voitures du premier sous-sol. L'expérience relève plus des sciences naturelles que des sentiments. J'apprends le baiser sur la bouche, les premiers flirts, les premières caresses. Sans doute devrais-je avoir le cœur qui cogne, mais dans mon souvenir c'est plutôt le contraire qui arrive – en remontant du garage je me sens à la fois déçue et salie, et vaguement honteuse.

Je n'ai personne à qui parler, à qui me confier. Ça y est, la famille est figée dans un modèle qui ne va plus beaucoup évoluer au fil du temps : nos parents focalisés sur leur négoce de chaussures, deux zombis à la fois passionnés et épuisés par leur petite entreprise, incapables de s'intéresser à ce qui gravite autour d'eux, et en particulier à leurs enfants, sauf pour les dévorer quand ils atteignent l'âge de travailler. Nydia aurait aimé faire des études, travailler dans un bureau, avoir des responsabilités, vivre sa vie de jeune femme indépendamment des siens, mais on ne lui a pas demandé son avis : à seize ou dix-sept ans, après avoir fait office de mère de substitution pour ses deux petites sœurs, elle a été embauchée comme vendeuse par nos parents, et désormais elle fait les marchés avec eux. Martine est promise au même avenir. Qu'elle rêve d'être coiffeuse, le dise et le répète, le hurle même parfois, fait doucement sourire nos parents. Coiffeuse ? Et pourquoi pas astronaute, pendant qu'elle y est ? Qu'elle le veuille ou non, elle vendra des chaussures, et pas plus tard que l'année suivante puisqu'elle va sur ses dix-sept ans, la gosse.

Quant à moi, je viens comme mes sœurs de passer silencieusement, et dans l'indifférence générale, à côté de mon désir, de ma vocation. Je soupçonne que derrière la négligence entêtée de mes parents à ne pas chercher à savoir ce qu'est un « Conservatoire », il y a l'idée qu'ils ne vont sûrement pas se priver d'une troisième vendeuse de chaussures. En somme, je n'ai aucun souci à me faire, je n'ai que onze ans mais mon avenir est déjà tout tracé jusqu'à l'âge de la retraite.

Si je devais nous représenter toutes les trois sur un dessin, cette année-là – 1966 –, je croquerais Nydia avec une tête de six pieds de long, grande et voûtée, définitivement réduite au silence, Martine en train de fulminer, les cheveux dressés sur la tête comme s'il lui sortait des éclairs du cerveau, et moi occupée à déconner avec ma bille de clown.

Pas étonnant que papa se rabatte sur moi pour mettre un minimum de rigolade dans sa vie, entre sa femme toujours à cran, son aînée déjà trop adulte et la cadette en rébellion. Très vite s'établit entre nous une complicité un peu garçonne qui éveille en moi mon côté masculin. Est-ce mon père qui, pour m'attirer à lui, m'initie au bricolage, ou mon intérêt pour le bricolage qui me pousse vers mon père ? En tout cas, nous nous retrouvons sur des trucs de mecs et papa, qui a sans doute été privé de cette connivence avec ses deux premières filles, ne boude pas son plaisir. Nous construisons ensemble des casiers en bois bien calibrés pour transporter les boîtes de chaussures dans le camion sans que tout ça s'effondre à la première secousse. Jamais il ne répare ou ne construit quoi que ce soit dans la maison sans me solliciter, et j'accours aussitôt. Je suis habile de mes doigts, j'apprends à fixer des étagères, à construire un placard, à monter une cloison en carreaux de plâtre, à sceller une porte, à poser du plancher. Je suis la seule de la famille avec laquelle papa peut parler enduit, chevilles, carrelage, perceuse.

Je suis aussi la seule avec laquelle il arrive à papa de boire un coup de blanc, le soir, devant la télévision, tandis que maman somnole dans son fauteuil et que les deux autres sont sorties. Ça n'arrive pas comme ça : papa va chercher la bouteille et deux petits verres parce que depuis vingt minutes nous faisons ensemble les plans d'un présentoir qu'il a l'idée de construire pour les marchés. J'ai treize ans, il est content de voir que j'accroche et ça lui donne envie de trinquer avec moi. De la même façon, nous allons certains jours nous gaver de chocolat comme deux enfants, lui et moi enfermés dans l'Opel Rekord, car sa femme le surveille. Il se gare devant la chocolaterie, je l'attends, je le vois ressortir avec un ballotin et nous ne rentrons pas à la maison avant de l'avoir liquidé.

« Après ça, vous étiez malades toute la journée, se souvient Nydia, mais toi ça ne t'arrêtait pas, tu faisais encore pleurer papa de rire. »

Le rire, c'est mon ressort secret pour nous sauver de la dépression, pour nous sortir de n'importe quelle situation, en fait. Je me rappelle d'un après-midi où papa décide de réparer la table où nous prenons nos repas, dans la cuisine. C'est une de ces tables recouvertes de Formica jaune, dont le plateau se soulève pour libérer une rallonge à chaque extrémité. Ça fait des semaines qu'une des rallonges est coincée et papa est prêt à renoncer à sa sieste pour régler le problème une bonne fois pour toutes.

— Tu me donnes un coup de main, Mumu ?

— Ben oui !

Il est peut-être quinze heures quand nous nous y attelons (ça doit être un samedi, ils viennent de rentrer du marché, ont déjeuné sur le pouce, et moi je n'ai pas école), mais à l'heure du dîner nous y sommes encore. J'imagine que si je n'avais pas été là, papa aurait fini par faire un petit fagot bien propre avec les restes de la table, aurait descendu le tout aux ordures ménagères et serait remonté fumer une cigarette à la fenêtre pour se calmer les nerfs parce que, franchement, cette saloperie de rallonge nous résiste comme si le bois avait doublé de volume. Mais je suis là, et ce qui aurait pu virer au cauchemar devient mon premier grand sketch directement inspiré de la vraie vie. Je nous vois encore, papa et moi, assis sous cette table comme des chimpanzés dans une cage, nous battant avec cette rallonge qui ne veut aller ni dans un sens ni dans l'autre, et moi trouvant subitement les mots, comme s'il y avait urgence, parce que mon père est un peu trop rouge, brusquement, et mon papa lâchant l'affaire, soudain cueilli par le fou rire, ne pouvant plus s'arrêter, son grand corps coincé sous la table, secoué de soubresauts, et ses larmes, ses larmes – « Arrête Mumu ! Oh arrête, s'il te plaît ! » Papa au bord de l'infarctus, et moi ne pouvant plus m'arrêter non plus, les enfilant comme des perles, boostée par son rire comme je le serai vingt ans plus tard par celui de mes premières salles.

Au dîner, je remets ça, je raconte à maman notre après-midi, et l'histoire prend encore de la densité, d'autres couleurs, je vois bien qu'elle est à crever de rire maintenant, et d'ailleurs maman hoquette, pleure, j'adore l'entendre rire, et papa en perd le souffle, au point que Nydia me demande d'arrêter parce que papa, qui fume beaucoup, pourrait bien nous faire un malaise.

Oui, je suis le complice de mon père, le garçon qu'il a sûrement rêvé d'avoir et que la vie lui a refusé. D'ailleurs, il doit y avoir un malentendu dans la tête de mes parents, comme dans la mienne, puisqu'on m'offre systématiquement des cadeaux de garçon. Mon unique poupée, je la reçois au Noël de mes cinq ans. L'année suivante, j'ai la carabine de Josh Randall, le fameux chasseur de primes de la série télévisée *Au nom de la loi*, incarné par Steve McQueen, justicier au grand cœur qui partage ses gains avec les déshérités. Je me reconnais certainement dans ce bonhomme puisque je réclame sa carabine, à moins que mes parents, m'entendant vanter son courage et son abnégation, aient eu les premiers l'idée de m'offrir sa panoplie. Je ne sais pas. Mais ensuite je n'aurai plus que des jouets de garçon : je me souviens d'une DS téléguidée, d'innombrables pistolets à amorces grâce auxquels je serai invariablement le shérif quand on jouera dans la cour aux cow-boys et aux Indiens, d'un camion de pompiers, d'une voiture de police, d'un Meccano avec lequel je construis des grues et des voitures…

« Je te regardais jouer dans la cour, on aurait dit un garçon, me rapporte Nydia. C'était toujours toi qui commandais, et les garçons ne trouvaient rien à redire, ils t'obéissaient. Mais tu étais dure au mal aussi, il fallait voir ça… Tu te prenais des coups de tête, de genou, tu tombais, et aussitôt tu te relevais. Les garçons, ça devait les épater, une fille comme toi. »

Est-ce Nydia qui m'a révélé, des années plus tard, que nos parents avaient perdu leur premier bébé en 1945, et que cet enfant était un garçon ? J'ai entendu ma grande sœur répéter qu'elle aurait aimé avoir un grand frère, qu'elle avait *failli* avoir un grand frère, et un jour j'ai dû lui poser la question… Ça n'était pas un secret, nos parents avaient dû le lui expliquer, puis avec le temps ils avaient cessé d'en parler. Mais le souvenir de cet enfant mort-né était évidemment toujours présent, le deuil de nos parents pesant au-dessus de nos têtes, et plus tard, en thérapie, je découvrirais combien je me suis efforcée de les consoler, de consoler mon père, surtout, en essayant de lui rendre le garçon qu'il avait perdu.

Mais si j'éprouve si fort la nécessité d'être un garçon, un petit homme, c'est aussi que je ressens le besoin de protéger maman qui me semble chaque jour au bord de la rupture, et peut-être même de la folie. Je vois combien papa, tout en la rassurant par sa présence, est impuissant à lui apporter la sérénité, le bonheur, à combler une attente dont je perçois la profondeur tout en étant incapable de la nommer. Je mets la fébrilité de ma mère, qui tourne souvent à la colère aveugle, sur le compte de son enfance. Je repense à son errance dans la forêt, à l'âge de neuf ans, avec sa mère, quand elles ont dû fuir Chalmazel. Chaque fois que maman est revenue sur cet épisode, je l'ai vue trembler, perdre le souffle. J'essaie de mesurer, avec mes sentiments d'enfant, combien elle a dû souffrir d'avoir perdu tous les siens du jour au lendemain, et en particulier son père. Le choc que cela a dû être, et son incompréhension puisque ni le père ni les frères et sœurs n'étaient morts – ils étaient bien vivants, mais elle ne pouvait plus les voir. D'avoir perdu ses camarades d'école, sa maison, son village. D'avoir tout perdu, en vérité, à part sa mère, accablée par la honte et le chagrin, et réduite, pour survivre, à faire des ménages.

Je suis témoin des crises à répétition de maman, et je crois que petit à petit naît en moi l'idée que puisque papa est incapable de la sauver, de la protéger d'elle-même, de son immense malheur, je vais m'y coller, moi. J'écris ici « petit à petit » parce que je me souviens qu'au début je ne sais pas comment faire pour venir à son secours : je suis désarçonnée par ses sorties, ses cris, ses explosions soudaines, mais je vais apprendre, et bientôt je vais être celle de ses trois filles sur qui maman se reposera – bien que la plus jeune. Celle qu'elle n'osera pas faire taire, celle dont il lui arrivera d'écouter les conseils, et aussi celle à qui elle confiera les clés du coffre renfermant tous les papiers importants – « au cas où il nous arriverait malheur, à ton père et à moi, dans un accident de la route ». Je vais être son prolongement, son complément, parce qu'elle a une confiance absolue en mon sens de l'équité (je suis « Madame Justice », je n'ai pas été Josh Randall pour rien), et j'allais écrire que je vais être « l'homme de la maison » après papa, ou plutôt non, à la place de papa, car il m'apparaîtra de plus en plus que lui aussi, elle l'a réduit au silence, à l'impuissance, et qu'ainsi il me revient d'endosser son rôle.

Les sorties de maman, qui demeurent à mes yeux l'indice le plus révélateur à la fois de son profond malheur et de l'impuissance de papa à l'en consoler, se résument à des fuites. Maman tourne en rond dans l'appartement comme une toupie, s'énerve, se met bientôt à hurler sans qu'on comprenne bien ce qui motive sa colère, et soudain elle explose – « Je n'en peux plus ! Je n'en peux plus ! Je m'en vais… » Elle enfile son manteau, attrape son sac et les clés de la voiture, la porte claque violemment, et la voilà partie…

Au début, ces crises me précipitent dans une angoisse terrible car je pense que maman s'en va seule au volant, au hasard, n'importe où, et qu'elle ne va peut-être jamais revenir. Elle me semble si mal, si troublée, où pourrait-elle aller dans cet état ? Je l'imagine sur les routes, la nuit, errant et se perdant, et j'ai très peur.

Puis je constate qu'en réalité elle ne part pas. Elle prend bien les clés de la voiture, elle s'engouffre bien dans le garage souterrain, mais elle n'en ressort pas. Alors je devine qu'elle reste assise dans la voiture, deux heures, trois heures, jusqu'à ce que son cœur se calme, que ses nerfs se relâchent, et qu'elle se sente capable de reprendre sa place dans la famille.

Je me torture à imaginer sa souffrance, celle qu'elle porte en elle depuis l'enfance, me dis-je, et qui la poursuit jusque dans sa vie de femme, de mère. Puis, les années passant, j'en veux à son père, à ses frères, car devenue adolescente, puis adulte, j'ai appris ce qu'avait commis son père. Jusqu'à ce jour où maman me révèle, peu avant sa mort, en 2003, l'existence de cet homme qui a tant compté dans sa vie, Jacques Hamalian.

Quand je l'entends m'avouer combien elle a aimé cet homme, rencontré au tout début des années 1950, juste après la naissance de Martine, une lente révolution commence à s'opérer dans mon esprit. Après la mort de maman, j'appelle son amie Juliette, sa sœur de cœur, sa confidente, pour essayer d'en savoir un peu plus, et je comprends tout de suite, au son de sa voix, que je touche là à quelque chose d'immense.

— Jacques ? Jacques Hamalian ? Oh mon Dieu, Muriel, il aura été son bonheur et sa croix ! Puisqu'elle t'en a parlé, je peux bien te le dire.

— Elle m'a laissé entendre qu'il avait beaucoup compté, mais elle ne m'a rien raconté de plus.

— Il a été l'homme de sa vie, son grand amour.

— Pendant plusieurs années, tu veux dire ?

— Oh, des années, ma Mumu, des années… Je dirais de 1950 à 1963.

— Pendant plus de dix ans ils se sont aimés clandestinement ?

— Oui, absolument. J'ai même souvent fait office d'alibi. Ta mère disait à ton père qu'elle allait me rendre visite et elle filait rejoindre Jacques.

— Si elle l'a tant aimé, pourquoi n'a-t-elle pas quitté papa pour vivre avec lui ?

— Elle n'aurait jamais quitté ton père, elle lui devait tout, il lui avait donné sa position, son nom… Elle adorait Jacques, elle était une femme dans ses bras, ce qu'elle n'avait sans doute jamais été dans les bras de ton père, pardonne-moi de te parler si franchement… Seulement Jacques était un grand séducteur, un homme qui aimait les femmes, elle savait bien qu'elle n'aurait pas trouvé auprès de lui la sécurité qu'elle connaissait avec ton père. Tu sais, je crois que toute sa vie, elle a secrètement redouté de finir comme sa mère, seule, et dans le plus grand dénuement.

— Oui, je comprends.

— Ton père était ce qu'il était, mais il l'aurait accompagnée au bout du monde, avec cette extraordinaire loyauté qu'il avait en lui.

— Et c'est Jacques qui a quitté maman ? Pourquoi n'ont-ils pas continué à se voir ? Pourquoi ont-ils rompu ?

— Mais parce que ton père a su, bien sûr ! Il a pris la chose à sa façon, très calmement. Il a simplement demandé à Aimée de choisir entre Jacques et lui.

— Et maman l'a choisi.

— Elle a énormément pleuré, elle a passé des nuits sans dormir, mais elle a choisi ton père, oui. Et tu sais comment était ta mère : du jour où elle avait décidé une chose, elle s'y tenait. Elle a rompu avec Jacques, je sais qu'ils se sont revus, mais à ma connaissance ils n'ont plus jamais eu de rapports amoureux.

— En 1963, j'avais huit ans. Dans mon souvenir, c'est à partir de cette année-là qu'elle pique des crises terribles, qu'elle quitte la maison subitement pour disparaître…

— Eh bien oui, comment veux-tu ? Elle a souffert le martyre… Elle aimait passionnément cet homme et elle a dû renoncer à lui. Du jour où elle a fait ce choix, je peux t'assurer que sa vie n'a plus été que souffrance.

Il me faut cette conversation pour comprendre à quel point je me suis trompée : ce mal qui a fait de maman cette femme à fleur de peau, cassante, acariâtre, destructrice, sans doute trouve-t-il son origine dans son enfance dévastée, mais il n'a pu être qu'aiguisé par le sacrifice de sa vie amoureuse, par une frustration et une insatisfaction qui l'ont rendue folle de douleur.

Chapitre 4

À l'automne 1967, notre vie connaît un bouleversement : nos parents ouvrent leur premier magasin de chaussures à Saint-Étienne, rue Michelet, en plein centre. Du coup, nous quittons la rue Coraly-Royet pour emménager dans un immeuble situé à cent mètres à peine de la boutique. Et on m'inscrit au cours Sévigné, à cinquante mètres de notre nouvelle adresse. Notre vie familiale, et la mienne en particulier, se retrouve à tenir dans un triangle à peine plus grand qu'un mouchoir de poche – la maison, l'école, la boutique.

Je viens de fêter mes douze ans et j'entre en cinquième. Chat perché, les cow-boys et les Indiens, la Traction, tout ça c'est terminé. Du cours Sévigné, je ne sais pas grand-chose, au départ, si ce n'est que c'est une école privée catholique et que mes parents l'ont choisie pour sa proximité. Suis-je déjà si différente des enfants de mon âge ? En tout cas, d'emblée, ceux de ma nouvelle école me tapent sur les nerfs. Je ne me reconnais pas dans ces gamines qui minaudent et pouffent de rire en regardant les garçons ou en se racontant qu'à la dernière surboum, Jean-Luc a embrassé Florence, et que du coup Marie-Annick était super mal parce qu'elle avait pensé que Jean-Luc... Je me fiche de leurs petites histoires, moi il y a longtemps que je me suis fait embrasser dans le garage, et même un peu plus que ça. Quant aux garçons, j'aborderais bien avec eux des sujets de garçons, la moto par exemple, puisque les motos commencent à me passionner, mais ceux-là sont vraiment trop niais. Et puis quand ils veulent m'embrasser le matin pour me dire bonjour, comme ils le font avec les autres filles, je me recule et leur tends la main, et je vois bien qu'ils me trouvent bizarre, qu'ils se demandent d'où je sors.

Les filles m'énervent, les garçons m'énervent, les professeurs m'énervent, les cours ne m'intéressent pas et devoir les suivre me met à cran. Bref, tout m'énerve, ce sera d'ailleurs le titre de mon premier grand spectacle à l'Olympia, *Tout m'énerve*, vingt-trois ans plus tard, parce que je ne me retrouve ni dans les filles ni dans les garçons, et que j'ai le sentiment de n'être à ma place nulle part.

La seule chose qui me donne du plaisir, c'est la musique. J'attends avec impatience l'heure du déjeuner. Alors, je quitte l'école en courant pour rejoindre la maison, j'avale ce que je trouve dans la cuisine, peut-être que Martine est également là, mais je ne la vois pas, je n'ai pas une minute à perdre, la bouche encore pleine je vais au salon, je règle la musique à fond, celle de *Borsalino* parce que Delon, ou Polnareff, ou

Al Jarreau, et je me mets à danser au milieu de la pièce en tapant comme une sourde sur un tambour, une casserole, n'importe quoi du moment que je peux rythmer, jouer, accompagner. Je me soûle de musique, je m'explose la tête et le corps à la musique, je pense qu'on doit m'entendre depuis la boutique, et même d'un bout à l'autre de la rue Michelet, mais je n'en ai rien à faire. Je suis en train de découvrir les musiques de film, elles vont devenir ma musique classique à moi puisque je ne suis pas entrée au Conservatoire et qu'il ne s'est trouvé personne pour m'initier à la musique classique. Certains jours, je me remets à ce vieux piano droit qui sonne faux, et je joue à deux mains ce que je viens d'écouter, sans aucune difficulté, comme si j'avais les notes gravées dans le cœur et que mes doigts avaient appris à courir sur le clavier dans une autre vie.

Je danse jusqu'à la dernière minute, jusqu'à ce que j'entende sonner la cloche de l'école, ou que Martine l'entende sonner et vienne me prévenir en hurlant – « Muriel, école ! Ça sonne ! » – et alors je dévale l'escalier, j'y retourne en courant, en nage, la tête à l'envers, le cœur à cent à l'heure, le bout des doigts gonflé d'avoir trop tapé sur mon tambour.

Arrivée en classe, je m'assois toute seule à un pupitre, je ne veux personne à côté de moi. J'ai conscience de ma singularité et je suis restée marquée par l'isolement que m'avaient valu les verrues à la petite école. Il y a décidément en moi quelque chose qui ne passe pas, qui m'isole, et puisque je suis bizarre, puisqu'on me regarde bizarrement, je préfère être seule. Entre moi et moi, le courant passe à peu près, en tout cas je m'arrange pour que ça aille, et au moins je ne m'énerve pas.

On ne parle pas de l'école à la maison, ni des résultats scolaires, jamais, et bien que je suive les cours dans une espèce de brouillard permanent, je fais le minimum pour ne pas avoir à redoubler. Que je fasse ou non mes devoirs le soir n'inquiète personne, ni mon père ni ma mère ne vérifient quoi que ce soit, ils ont bien autre chose à faire, et donc de préférence je ne les fais pas, ou juste ce qu'il faut.

Quand maman téléphone le soir, un peu avant la fermeture du magasin, c'est pour me demander d'éplucher les pommes de terre, de couper les carottes, de faire ci ou ça. Je décroche, ni bonjour ni comment ça va, « cours vite à l'épicerie acheter du riz et met l'eau sur le gaz », et bing ! elle a déjà raccroché. Jamais “merci”, ou “au revoir” ou “à tout à l'heure”. Elle n'a pas le temps. Quand elle a fini de parler, elle raccroche, ce que je pourrais bien dire ou penser ne l'intéresse pas.

On a beau le savoir, essayer de s'habituer, on se prend chaque fois le truc en pleine figure. Ça use, ça abîme à la longue, j'en vois la marque sur les visages de mes sœurs, j'en ressens le poids sur mon cœur, comme une blessure qui ne cicatrise jamais parce qu'elle est sans cesse ravivée. Et pourtant, aucune de nous trois ne proteste, jusqu'à l'année 1984. Je ne suis alors plus une gamine – j'ai bientôt trente ans, j'habite Paris, je gagne ma vie, j'écris des sketchs pour Philippe Bouvard. Le téléphone sonne et je reconnais aussitôt la voix de maman. Je ne sais plus ce qu'elle veut me dire, mais je sais qu'elle ne me dit pas bonjour et que quand elle a fini de parler, elle me raccroche au nez sans me dire au revoir. Ai-je eu le temps de comprendre, depuis, que dans les familles normales, on ne se comporte pas de cette façon ? J'ai le souvenir, en tout cas, d'avoir été soudain secouée d'une colère hallucinante, une de ces colères qui vous font trembler de la tête aux pieds, le souvenir aussi d'avoir pensé : « Je vais la tuer ! Cette fois, je vais la tuer ! », puis d'avoir repris le combiné, composé son numéro, et là de m'être mise à hurler : « Écoute-moi bien, maman, si tu me raccroches encore une fois au nez sans me dire au revoir, une seule fois, tu m'entends bien ? plus jamais je ne te parlerai ! Plus jamais, c'est fini. Plus jamais tu n'entendras le son de ma voix. Tu as compris ? Tu m'as bien entendue, là ? Tu me dis "bonjour" quand je décroche et "au revoir" quand tu raccroches, sinon c'est plus la peine de m'appeler, tu peux m'oublier tout de suite. Merde à la fin ! »

Tu m'étonnes que je sois bizarre, qu'on soit toutes les trois bizarres, avec les parents qu'on a reçus. Quand je me lève le matin, je les découvre autour de la table du petit-déjeuner en train d'empiler les billets sur les miettes de pain. La table est jonchée de billets, ils comptent la recette du magasin d'un côté, celle du marché de l'autre, parce que papa continue à faire les marchés avec le camion pendant que maman tient la boutique. Aucun ne me demande si j'ai bien dormi, comment ça va à l'école, si je suis heureuse dans la vie, mais papa m'apprend à faire les liasses proprement tout en buvant son café – tous les billets bien lissés dans le même sens, par paquets de dix, et puis tu piques l'aiguille mais tu reviens et tu repiques dans les deux billets du dessus pour que le gars qui recompte à la banque ne se déchire pas le doigt. Tout en faisant les liasses, ils parlent de leurs chaussures, de ce qui se vend bien à la boutique, des modèles qui ne plaisent que sur les marchés, du choix des nouvelles collections... À croire que le monde se résume à une vaste entreprise de chaussures. Jamais je n'entendrai un mot de la guerre du Vietnam qui connaît pourtant un pic cette année-là, ni des événements du printemps 1968, ni de Jean-Paul Sartre, d'Albert Camus, ou encore d'Alain Robbe-Grillet et du Nouveau Roman.

Parfois, ils parlent aussi de mes sœurs, dans des termes qui me heurtent, et qui vont me heurter de plus en plus, jusqu'à ce que là aussi j'explose. Si j'ai douze ans, Nydia en a vingt et un et Martine dix-huit. Ils ont fait de leurs deux aînées des vendeuses de chaussures, que ça leur plaise ou non. Maman semble à peu près satisfaite de Nydia, bien qu'elle lui reproche ses toilettes, et je devine qu'il faudrait que Nydia soit à la fois la parfaite vendeuse qu'elle est, élégante et empressée, tout en passant inaperçue. Martine, en revanche, n'entre pas dans le moule, elle fait des crises, se rebelle. Elle voulait être coiffeuse et n'a pas digéré de se retrouver à courir toute la journée parmi des boîtes de chaussures. Je suis témoin, à onze ans, d'une véritable crise de nerfs qu'elle pique un matin sur le palier, devant la porte de l'appartement. Elle pleure, elle hurle, se roule par terre, je ne sais rien de la cause immédiate de son désespoir, mais j'ai la stupéfaction d'entendre maman lâcher : « C'est ça, fais ton cinéma », avant d'enjamber le corps de sa fille pour descendre tranquillement ouvrir sa boutique.

Martine pose donc un problème que n'avait pas dû anticiper notre mère. Martine la déçoit, l'énerve, l'énerve de plus en plus, et un matin, alors que je suis dans ma quinzième année, j'entendrai maman maugréer violemment contre mes sœurs. C'est ce jour-là que j'exploserai, ce jour-là que je prendrai pour toujours le parti de mes sœurs contre nos parents. Je m'attends à ce que papa réagisse, mais il ne dit rien, comme à son habitude, alors en essayant de me contrôler, de ne pas perdre la tête, moi aussi, je prononce ces quelques mots, avec toute la solennité dont je suis capable : « Maman, c'est insupportable de t'entendre parler comme ça de Martine et de Nydia. Et ce qui m'étonne le plus, c'est que tu n'as pas l'air de voir combien c'est injuste, monstrueux. Et toi, papa, tu trouves ça normal, hein ? »

Je me rappelle leur regard ahuri, leur silence, comme si, en effet, ils ne voyaient vraiment pas ce qu'il pouvait y avoir de choquant à parler de leurs enfants avec ces mots-là.

Je n'ai que douze ans, mais on m'en donne seize. Je mesure 1,70 mètre, je suis bien plantée sur mes cannes, les épaules carrées, le regard effronté – je peux même faire peur aux gens si on me cherche. Je ne minaude pas avec les filles de ma classe, d'ailleurs j'ai sauté la case surboum pour filer directement en boîte de nuit. Martine m'a demandé de lui apprendre à danser le rock, et maintenant qu'elle sait, nous allons ensemble en boîte. Martine est une petite chose menue et c'est à elle qu'on demande ses papiers, tandis que moi on me laisse entrer comme si j'étais la grande sœur. Toute la soirée nous dansons ensemble, c'est moi qui fais le garçon.

Tout cela ne m'empêche pas de faire ma première communion cette année-là, en aube blanche, avec tous les nains de ma classe et ma croix autour du cou. Beaucoup ont une année de plus que moi, mais je les dépasse d'une bonne tête. Je suis la seule à ne pas avoir ma famille à l'église, à n'avoir personne pour m'attendre à la sortie, pour me regarder, pour me féliciter. C'est un dimanche matin, et le dimanche matin il y a le grand marché place Carnot – toute la famille Robin est mobilisée pour tenir l'étalage de chaussures : le père, la mère, la fille aînée et la cadette. Ni papa ni maman n'ont suggéré de renoncer au marché pour célébrer dignement ma communion, faire un repas de fête à la petite, par exemple, comme font toutes les autres familles. Exceptionnellement, Martine a été priée de me conduire à l'église, en tramway, ce qui représente déjà un sacrifice. Et, la communion terminée, nous sommes attendues sur le marché où je débarque donc en communiante.

Je revois encore Nydia, ma maman de substitution, s'assurant que mon aube est bien repassée la veille du grand jour : « Et encore, tu as de la chance, Mumu, me glisse-t-elle à l'oreille, toi, au moins, tu seras accompagnée, parce que moi j'y suis allée toute seule à ma communion, les parents m'ont laissée me débrouiller. »

Ce doit être l'année suivante que je rencontre Dominique. Elle est dans la classe au-dessus de moi – un peu plus âgée, ça me va bien. Le hasard fait que nous nous mettons un jour à bavarder dans la cour, et pour une fois, cette fille ne me regarde pas comme un phénomène, elle est simple et gentille, spontanée, curieuse de savoir qui je suis. J'ai plaisir à parler avec elle, à la découvrir, à la faire rire aussi, et petit à petit nous devenons amies.

Elle m'invite chez elle, mais les premiers temps je refuse, parce que j'ai en tête que jamais je ne pourrai lui rendre la pareille. Nous n'invitons pas d'amis à la maison. Mais Dominique insiste et j'accepte finalement de venir un soir regarder la télévision chez elle. Je fais la connaissance de ses parents, Simone et Roland. D'une certaine façon, je ne suis pas dépaysée, puisque ce sont également des commerçants, des bijoutiers du centre-ville. Chez les commerçants, on bosse du matin au soir, on n'a pas beaucoup de temps pour les distractions, et si on s'arrête pour échanger trois mots, on en profite pour évoquer les difficultés du petit commerce, les taxes, les menaces à venir. Autant dire qu'il n'y a pas plus de livres ou de musique chez Dominique qu'il n'y en a chez moi et je ne me sens pas écrasée par ma condition.

Je suis touchée, en revanche, par la lumière et la douceur qui émanent du beau visage de sa mère. Simone est une femme rousse aux yeux clairs qui prend le temps de m'accueillir, de s'enquérir de ce que j'aime, de ce que font mes parents, du métier auquel je me destine si j'en ai déjà une idée. Dominique me présente son frère, Pascal. Ils sont deux enfants, nous sommes trois. Le dîner est une autre découverte, parents et enfants se parlent de leurs soucis, s'écoutent, se sourient, et quand, à un moment, j'entends Simone dire à sa fille « ma chérie », je sens les larmes me monter brusquement aux yeux. Ma chérie ! Une mère peut donc dire « ma chérie » à sa fille ! Jamais je n'aurais pensé qu'une famille, ça pouvait être ça. Maman ne nous a jamais dit « ma chérie », ça serait déjà tellement merveilleux qu'elle nous dise seulement « bonjour ». Je mesure la chance que j'ai de connaître de telles personnes, et en même temps j'ai confusément peur que cette famille exceptionnelle découvre un jour la mienne, celle d'où je viens, les mots effrayants de maman pour parler de ses enfants, son incapacité à être mère, l'inexistence de papa, nos petits-déjeuners à faire des liasses de billets et nos dîners qui ne ressemblent à rien, entre maman qui s'agace de tout, soupire sans cesse, invective Martine au moindre prétexte, foudroie Nydia du regard pour peu qu'elle ose ouvrir la bouche, et papa qui se tait, qui ne trouve jamais rien à redire. Comment croire qu'un tel homme a même eu la force de vouloir sa femme, de l'arracher au martinet de sa mère ?

Je me sens étonnamment bien dans la famille de Dominique. Simone et Roland instaurent autour d'eux un climat de paix, de douceur, d'écoute, dont je n'aurais pas soupçonné qu'il pût exister.

C'est dans ce contexte qu'il se produit un soir une chose extraordinaire. Nous sommes dans le salon, en train de regarder la télévision, Simone et Roland sur le canapé, Dominique, son frère et moi sur le tapis. Je suis assise en tailleur, et le hasard a voulu que je me trouve à hauteur des genoux de Simone. Soudain, je sens sa main me caresser doucement la nuque, les cheveux, comme je l'ai vue faire avec sa fille. Elle me caresse distraitement, sans trop y penser peut-être, comme n'importe quelle maman normale le ferait, sans doute, et elle ne peut pas deviner l'émotion qu'elle suscite en moi. C'est un raz de marée dans tout mon corps, un violent tsunami – depuis les caresses secrètes du petit garçon, au cours élémentaire, jamais personne ne m'a plus touchée, plus caressée. Je n'ose pas bouger, je ne respire plus, j'ai trop peur qu'elle s'arrête, et en même temps je suis affolée à l'idée qu'elle pourrait percevoir combien je suis bouleversée.

Elle doit être consciente de combler un manque, consciente que je viens d'une tribu de handicapés du cœur, parce que par la suite, et pendant les deux années où je fréquenterai Dominique, Simone s'attachera, l'air de rien, à me donner cette tendresse qui m'est si nouvelle, si précieuse.

Et puis, parfois, ils m'emmènent en week-end. Ils ont une caravane à la campagne et nous passons là des heures tranquilles à préparer le barbecue, à pique-niquer dans l'herbe, puis à bavarder au soleil puisque c'est le printemps. Simone et Roland n'ont pas l'air de trouver extravagant de prendre du bon temps en famille, de jouer au ping-pong avec leurs enfants, de passer la soirée à parler de tout et de rien. Un soir, à la maison, au retour d'un de ces week-ends, je laisse entendre combien c'est agréable d'aller à la campagne de temps en temps, de quitter la ville.

— S'ils ont du temps à perdre, ils ont bien de la chance, maugrée maman.

— Ils ont cette caravane qui leur sert aussi pour les vacances, tu sais…

Maman se lève, le visage fermé, les traits tendus, et je regrette aussitôt d'avoir prononcé ce mot de vacances – « les vacances, c'est pour les cons qui n'ont rien d'autre à faire », je l'ai entendue le dire si souvent, je ne voudrais pas qu'elle le répète à propos de ces gens que j'aime et qui m'aiment.

— Nous, on n'a pas le temps de partir en vacances… commence-t-elle.

— Non, mais ils sont partis pour se reposer parce qu'ils étaient fatigués.

— Fatigués ! Fatigués ! Tu crois que je ne suis pas fatiguée, moi ? Eh ben je fais avec, j'me plains pas, j'le garde pour moi.

Oui, je sais, la fatigue c'est pour les cons qui n'ont rien de mieux à faire, comme les vacances, comme la tendresse, comme dire bonjour le matin, tout ça c'est pour les cons, mais ne le dis pas, maman, s'il te plaît, ne le dis pas. Et pour ne pas l'entendre dézinguer la famille de Dominique, je quitte la table ce soir-là et personne ne me rappelle. Tant mieux.

De fait, nous ne partons pas en vacances. Mon dernier souvenir de vacances se focalise sur une image lointaine : je dois avoir sept ou huit ans, et nous passons quelques jours dans un camping. Qu'y faisons-nous ? Je ne me rappelle aucune baignade en famille, aucune partie de pétanque.

Alors je demande à Martine si par hasard elle en aurait conservé quelques souvenirs.

— Mais oui, bien sûr, c'était à Saint-Cyr-sur-Mer, entre Bandol et La Ciotat. Mais nous n'étions pas en vacances, Muriel. Ça devait être en 1963 ou 1964...

— Qu'est-ce que nous fichions dans ce camping, alors ?

— Les marchés ! On faisait les marchés, bien sûr. Brigitte Bardot avait lancé la mode du vichy, toutes les femmes en voulaient, et papa avait eu l'idée de créer une ligne de vêtements d'été en vichy. Je crois même qu'il avait pensé à créer les chaussures assorties.

— Je ne me rappelais pas que les parents avaient vendu des vêtements.

— Si. Ils avaient dû faire une moins bonne année dans les chaussures et papa avait lancé ça. On était tous descendus sur Marseille dans le camion, et comme il n'y avait qu'une fenêtre, on avait le droit de regarder chacune à notre tour. J'entends encore papa : « Martine, regarde bien, tu vas voir la mer pour la première fois. » J'avais quinze ans et je n'avais encore jamais vu la mer. Donc, on s'était installés au camping à côté de la plage des Lecques, mais tous les matins on faisait les marchés, à Marseille et dans les villes autour. Et les parents nous utilisaient toutes les trois comme mannequins.

— Comment ça ?

— Ils nous habillaient en vichy et on posait devant l'étalage pour accrocher les clients.

— Non ! Je n'ai aucun souvenir de ça.

— J'ai même une photo de nous trois sur le marché de Marseille, par ordre de taille... Nydia, qui avait pratiquement dix-huit ans, moi, et toi la petite rigolote. Sauf qu'on a des têtes d'enfants battues, c'est épouvantable. Il suffit de nous voir pour comprendre que quelque chose ne tourne pas rond dans cette famille.

Et ça y est, maintenant j'ai la certitude que c'est dans ce camping, à Saint-Cyr-sur-Mer, que s'est déroulée une des scènes fondatrices de ma vie. Elle est gravée dans mon cœur, mais je ne la situais pas géographiquement, et d'un seul coup je revois le décor, maman se maquillant, se faisant belle devant un petit miroir accroché par un clou au tronc d'un arbre. C'est la fin de l'après-midi, en plein été, peut-être avons-nous trouvé le temps de nous baigner au retour du marché, et maman s'apprête pour la soirée.

Mes deux sœurs ont arraché la permission de sortir ce soir-là avec des garçons du camping, Martine s'en souvient d'ailleurs, mais maman n'est pas satisfaite de les voir partir, comme si elle ne supportait pas que ses filles existent en dehors d'elle.

Comme je l'observe en train de se maquiller, nos regards se croisent dans le petit miroir.

— Toi, tu ne te marieras jamais, Muriel. D'accord ?

Je fais le lien entre cette demande si étrange, à mon âge, et l'envol de mes sœurs qui contrarie maman, de toute évidence. Et comme je n'aime pas la voir contrariée, alors que déjà je voudrais la protéger, la rendre heureuse, je lui dis ce qu'elle attend de moi :

— Non, je ne me marierai pas, maman, ne t'en fais pas.

Alors elle, plantant son regard dans le mien :

— Tu me le promets ?

— Oui, je te le promets.

Nous ne sommes pas dans le jeu, là. J'ai conscience de la gravité soudaine du moment, et plus tard je songerai que maman était en train de régler un compte avec son enfance, de régler peut-être leur compte aux hommes de son enfance.

— Je te le promets, maman.

— Bon, c'est bien.

Et moi, la fille sur qui on peut compter, « Madame Justice », quand j'ai promis quelque chose, je ne reviens pas sur mon engagement. J'ai promis et j'ai tenu ma promesse.

Chapitre 5

Annie Girardot, l'année de mes quinze ans. J'allais écrire que c'est la première grande rencontre de ma vie, ou plutôt la rencontre la plus importante de mes quinze premières années, alors que je ne ferai la connaissance d'Annie que bien des années plus tard… Mais pourtant oui, elle entre dans ma vie cette année-là, tandis que je suis en seconde au cours Sévigné.

Je voudrais trouver les mots justes pour dire le réconfort, l'espoir qu'a représentés pour moi l'existence d'Annie Girardot. Je la découvre sans doute dans *Un homme qui me plaît*, de Claude Lelouch, avec Belmondo, puisque le film est sorti en 1969, mais aujourd'hui, aussitôt que je pense à elle, ce sont des images de tous ses autres films qui me viennent à l'esprit, et en particulier de ces deux-là, inoubliables à mes yeux, *Les Feux de la Chandeleur*, de Serge Korber, et *Docteur Françoise Gailland*, de Jean-Louis Bertuccelli.

Pour la première fois, moi qui ne me sens à ma place ni avec les filles ni avec les garçons, je m'identifie à une femme dont la silhouette, le timbre de voix éraillé, le phrasé abrupt, font écho en moi avec une force inouïe. Je retourne voir ses films deux fois, trois fois, j'observe cette femme avec les yeux baignés de larmes, parfois, et petit à petit je m'entends formuler cette phrase rédemptrice : « Si Annie Girardot existe, alors moi aussi je peux vivre, trouver ma place. » J'aurais confusément voulu pouvoir m'identifier à maman que j'aime plus que tout en dépit du mal qu'elle nous fait, maman qui incarne la beauté à mes yeux, blonde et menue, une coiffure à la Catherine Deneuve, d'une élégance et d'une féminité à fleur de peau, mais là je peux toujours rêver, je suis son opposé. Je porte les cheveux de plus en plus courts au fil de mes années de collège, il m'arrive d'enfiler une jupe mais je préfère généralement les pantalons, j'ai la mâchoire trop carrée pour qu'on me confonde avec Jean Seberg dans *À bout de souffle*, une trop grosse voix pour doubler Marilyn Monroe, sans compter que je fume à la garçonne, la clope au bec sans arrêt, l'œil gauche mi-clos, comme James Dean dans *La Fureur de vivre*. Puisque je ne peux placer mes pas ni dans ceux de ma mère ni dans ceux de mon père, comment faire pour grandir ? Comment avance-t-on, lorsqu'on ne se reconnaît dans aucun de ses parents, lorsqu'aucun des deux ne peut être un modèle ? À tâtons, maladroitement, jusqu'à ce qu'un tiers passe par là et qu'on se reconnaisse en lui. On se croyait seul, et soudain on ne l'est plus. C'est dire l'émotion, le bouleversement d'une telle rencontre. On ne fait ni une ni deux, on ne demande pas la permission, on colle ses pas dans les siens et merci mon Dieu. Merci !

Je cherchais le chemin, Annie Girardot me l'indique. Je n'ai qu'à la suivre. D'ailleurs, je la suis si bien, si passionnément, que très vite je vais me mettre à considérer que ma famille, ma véritable famille, c'est dans le cinéma que je vais la découvrir, non pas chez mes parents commerçants avec lesquels je me sens si peu d'affinités. Mais je n'en suis pas encore là, pour le moment, je n'en suis qu'à apprendre Annie Girardot, qui m'apprend en retour que je ne suis pas une extraterrestre, que j'ai sûrement une place et un avenir dans ce monde. Et film après film, je dis tout bas merci à Annie, merci pour les cheveux courts, merci pour les clopes, merci pour la voix rocailleuse, merci pour les pantalons, merci pour être belle et pas belle à la fois, merci pour les larmes retenues aussi. Et je songe en la regardant : « Je serai là pour tes vieux jours, Annie. Quand tu seras vieille, je serai là, tu pourras compter sur moi. » Comment puis-je penser une chose pareille, alors que je ne la connais pas ? Et le plus incroyable, c'est que mon intuition est juste : quand Annie sera âgée et malade, je serai effectivement là.

Sept ans plus tard, je serai reçue première au Conservatoire de Paris en interprétant un extrait de *Madame Marguerite* que venait d'incarner somptueusement Annie Girardot au Théâtre Montparnasse. Quand je dis qu'elle m'a montré le chemin…

Une autre adulte entre dans ma vie cette année-là : madame Briat, notre nouvelle professeur d'anglais. Elle est jeune, grande, jolie, elle apporte d'un seul coup un souffle de modernité dans cette école de religieuses en jupes plissées et chaussures plates, cette école qui sent la naphtaline. Tout y est laid et défraîchi, les professeurs sont pour la plupart acariâtres, méchants parfois, et ils me pardonnent difficilement ma singularité. Or, voilà soudain qu'apparaît madame Briat.

Elle a une allure folle, elle incarne peut-être celle que je rêverais d'être, je ne sais pas. En tout cas, je suis éblouie, je n'ai d'yeux que pour elle. Nous n'avons qu'une quinzaine d'années d'écart, elle pourrait être ma grande sœur, faute d'être ma mère. Je veux qu'elle me remarque, j'ai l'intuition qu'une telle femme pourrait m'ouvrir les portes de cette autre vie dont je ne sais presque rien mais que le cinéma me donne désormais à entrevoir, dans le sillage d'Annie Girardot.

Fabienne, une fille de ma classe, partage mon émerveillement pour madame Briat, et du jour où nous le constatons, nous devenons inséparables. Comme si, à travers tout ce que nous disons l'une et l'autre de notre professeur d'anglais, nous nous retrouvions en train de partager le même rêve d'une vie ouverte et belle, libérée des pauvres carcans de notre quotidien. Fabienne est plus complexe que Dominique, elle est tourmentée, elle peut être très sombre à certains moments, lumineuse et enthousiaste à d'autres. Dominique déménage, je vais rapidement la perdre de vue, tandis que Fabienne entre dans ma vie. Fabienne est d'un milieu plus intellectuel que le mien, chez elle il y a des livres et elle lit déjà beaucoup. Elle me prête des romans, tente de me faire lire mais n'y arrive pas (toute ma vie, je me battrai avec les livres, les abandonnant mais revenant inlassablement vers eux), et surtout elle écrit. Cela me subjugue, me remplit d'admiration, et je lui demande souvent de me lire ses textes. Ce sont des histoires très noires et je comprends mieux pourquoi la lumière de madame Briat l'attire, et m'attire aussi, comme si nous étions deux papillons de nuit.

Par bonheur, notre nouvelle professeur est réceptive à l'attention que nous lui portons. Elle accepte volontiers de bavarder après les cours, elle nous pose beaucoup de questions et c'est la première fois dans ma vie que j'ai avec un adulte des conversations profondes sur mes aspirations, le sens de l'existence, le besoin de liberté, l'amour, le bonheur. Fabienne et elle s'échangent des livres, puis en parlent, et grâce à ces conversations je vois que je ne suis pas seule à traverser des moments de désespoir, à n'avoir plus envie de rien, à me demander pourquoi donc mes parents m'ont mise au monde puisque je les intéresse si peu…

Madame Briat nous fait petit à petit une place dans sa vie de famille, sans doute devine-t-elle que nous abordons un moment important de nos propres vies et que nous n'avons aucun autre interlocuteur qu'elle. Certains jours, elle nous invite à la rejoindre en dehors de l'école, et nous rencontrons son mari et leurs deux petites filles, Christelle et Sandrine. Nous les accompagnons au parc, et passons parfois l'après-midi à papoter avec notre professeur. Ce sont des heures précieuses, des bouffées d'oxygène qui n'ont pas de prix pour moi, sortant d'une famille où les seuls sujets de conversation tournent autour du petit commerce.

Merci Brigitte.

Je fuis la maison comme je peux. Pour mon BEPC, le seul diplôme que j'obtiendrai, mes parents m'ont offert une mobylette, une Honda Amigo rouge. Chaque fin de semaine, je leur explique que je vais dormir chez Fabienne, et toutes deux filons en boîte de nuit, moi au guidon, elle sur le porte-bagages. Nous allons danser au Milord, et comme nous n'avons pas d'argent pour nous payer un verre, nous achetons une bouteille de blanc à l'épicerie, en face du dancing, que nous laissons dans la sacoche. À intervalles, nous sortons pour boire, avant de retourner danser.

Ou alors, nous allons au Bistrot, chez Gigi et son mari, Léo. Chez eux, on peut danser si l'on en a envie en descendant une bouteille de gin, mais on peut aussi s'asseoir tranquillement et bavarder autour d'un jeu de dés et d'un verre de blanc. J'ai découvert Le Bistrot toute seule, un soir, et à force de me voir au bar, Gigi est devenue mon amie (elle le restera jusqu'à sa mort, et quand je jouerai pour la première fois au festival d'Avignon, je serai hébergée par sa nièce). Il m'arrive aussi d'aller passer la soirée seule, en semaine, chez Gigi. J'y fonce au guidon de ma mobylette, parce que je sens que tout est trop lourd, trop dur dans cette famille, et que si je ne vais pas dans un endroit un peu chaleureux, je pourrais bien craquer, moi aussi, me rouler par terre et me mettre à hurler comme je vois Martine le faire de temps en temps. Je n'ai que quinze ans, mais j'ai déjà besoin d'un ou deux verres pour passer la nuit.

Je ne vois pas les garçons, ils ne m'intéressent pas, à part Lionel, le frère de Fabienne, qui me plaît bien mais ne me regarde pas. Dommage, parce que lui aussi est fou de motos, qu'il en a une, et que je rêverais de monter derrière lui. C'est finalement l'un de nos voisins qui m'emmènera sur sa Moto Guzzi blanche...

De quoi je me plains ? Maman dirait sûrement que j'ai la belle vie, elle qui, à mon âge, aidait sa mère à faire des ménages et chapardait les restes de pain sur la table des « patrons » après les repas. Lors des vacances scolaires, je suis systématiquement invitée chez Juliette, à Mont-brison. François, son fils, est comme mon petit frère. J'ai trois ans de moins que sa fille Catherine, que je connais depuis toujours, qui est pour moi une autre grande sœur, et nous montons à Chalmazel, le village natal de maman, pour y skier. J'ignore la scierie qui a fait le malheur de maman, je ne connais aucun des Rimbaud de triste mémoire, et je flirte avec l'un ou l'autre des amis de Catherine qui ont tous plus de vingt ans et une voiture. Je suis une fille Robin et, en 1970, avec le succès grandissant du magasin de la rue Michelet, les filles Robin ne sont pas loin d'être considérées comme des gosses de riches.

On m'inscrit au tennis, et après quelques semaines seulement d'apprentissage, un professeur me repère – « Viens voir un peu par ici, toi. » Nous échangeons quelques balles.

— Dis donc, tu as de l'or dans les poignets ! Tu vas venir la semaine, je vais te faire bosser.

— D'accord !

Je n'ai pas le temps d'y aller avant que le ciel me tombe sur la tête : une hernie discale.

La hernie doit se mettre en place petit à petit, au fil des marchés du dimanche, place Carnot, où je décharge et recharge le camion, soulevant cent fois ces fameux casiers en bois, fabrication maison, qui permettent de transporter en un seul voyage plusieurs boîtes de chaussures. Mais je suis certaine qu'elle explose le jour où j'amène à réparer une roue de voiture. Je ne suis pas pour rien le garçon préféré de mon père, son complice, et j'embarque donc cette roue en sifflotant, la poussant parfois, la portant à d'autres moments – « Tu m'as bien regardée, papa ? C'est pas une petite roue de vingt-cinq kilos qui va me faire peur ! »

Quelques jours plus tard, je fais pouffer toute la classe en expliquant que quand je baisse la tête, j'ai mal au bout du pied. Je mime le truc, j'en fais même un sketch qui transforme un cours de chimie en une immense partie de rigolade.

Puis j'ai de plus en plus mal, et arrive un soir tout à fait exceptionnel où mes parents décident de nous emmener, Fabienne et moi, voir *Holiday On Ice*. C'est la première fois, à part deux ou trois cinémas, que mes parents nous accompagnent quelque part ; jusqu'ici le cirque, le théâtre, tout ça c'était pour les cons qui n'avaient rien de mieux à faire, nous autres on travaillait. Mais il est entendu que nous passerons chez le médecin avant le spectacle parce que, tout de même, je souffre sans arrêt.

— Vous annulez tout. Vous rentrez immédiatement et vous la couchez. Et quand je dis couchée, c'est couchée, je ne veux plus la voir debout pendant un mois.

Pendant que je me rhabille, j'entends le médecin prévenir ma mère :

— C'est quelque chose qui ne se voit pas, mais qui fait continuellement souffrir, de jour comme de nuit. Alors ne soyez pas surprise si votre fille devient agressive.

Je vais souffrir de cette hernie jusqu'à l'âge de vingt ans, au point d'être tentée certains jours de sauter par la fenêtre. Et du jour au lendemain, tout ce qui me permettait d'attraper un peu d'air frais en dehors de la maison s'interrompt : je dois renoncer au ski, au tennis, à nos nuits de danse au Milord, aux soirées chez Gigi, à la mobylette, aux après-midi au parc avec madame Briat et Fabienne. Je suis clouée au lit et j'ai mal à en pleurer.

Après un mois, on me met un corset en plâtre et je peux retourner au collège. Je souffre moins, mais j'ai une silhouette de catcheuse et je m'en sors de nouveau en faisant le clown.

« Le médecin qui t'avait plâtrée, se souvient Juliette, avait laissé une ouverture sur le ventre pour que ton estomac puisse se dilater au moment des repas. En sortant de table, tu retenais ta respiration, je ne sais pas ce que tu fabriquais, mais tu t'arrangeais pour faire jaillir ton estomac par le trou laissé dans le plâtre, ça formait comme un ballon, et tu te baladais comme ça en roulant des yeux, les gens en faisaient pipi dans leur culotte. Tes sœurs auraient été détruites, fragiles comme elles l'étaient, mais toi rien ne t'arrêtait, il fallait que la vie continue. »

La vie, désormais, je la respire plus à la télévision, avec ma carapace sur le dos comme une tortue, que dehors, le nez au vent, perchée sur ma mobylette. Je deviens une dingue des *Grands Enfants*, l'émission de Maritie et Gilbert Carpentier. Je les adore tous, Jacques Martin, fou et décalé, Roger Pierre et Jean-Marc Thibault, Poiret et Serrault, Sophie Desmarets, Jean Yanne, Francis Blanche... Ça fuse, c'est joyeux, c'est sans cesse hilarant. Avec le recul des années, je me dis qu'ils m'ont sauvé la vie, tous ces grands enfants.

Quinze ans plus tard, encore à peine connue, je surprendrai Michel Serrault descendant de sa voiture, et un quart d'heure plus tard je glisserai un petit mot sous son essuie-glace pour lui dire tout le bien qu'il m'a fait en ce temps-là. Lui souffler aussi que j'aimerais follement jouer avec lui... Je n'aurai pas de réponse, mais je me demande s'il a jamais lu ce mot. Quant à Jean Poiret, que j'aimais tellement aussi, il viendra me voir à l'Olympia et me glissera « vous avez du génie, on va faire des choses ensemble », mais il mourra avant que nous ayons eu le temps de nous connaître.

La vie, c'est aussi Jacqueline Maillan dans *Au théâtre ce soir*. Maillan qui apparaît sur scène et qu'on est si content de retrouver qu'on rit avant qu'elle ait ouvert la bouche. Elle a ce truc, Maillan – il suffit de la voir entrer pour sentir le frisson du rire nous grimper du nombril jusque dans la nuque. Plus tard, on écrira que je suis « la nouvelle Maillan » et je l'appellerai pour m'excuser – « Je veux juste que vous sachiez que ça ne vient pas de moi, Jacqueline, votre nom est dans tous les articles sur mon spectacle, vous l'avez peut-être vu, et si vous n'aimez pas ce que je fais, vous devez être détruite. Je voulais vous présenter mes excuses... » Mais non, elle n'est pas détruite, j'entends son grand rire et je suis soulagée. Et puis à elle aussi j'écrirai une longue lettre de remerciements pour m'avoir fait rire à une époque où j'aurais dû sangloter du matin au soir, mais jamais je n'oserai la lui donner bien qu'elle m'ait fait le plaisir de venir me voir au Splendid.

Et cependant, ni *Les Grands Enfants* ni Jacqueline Maillan ne m'inspirent, à quinze ans, le désir de monter sur scène pour faire rire. Pas un instant, les observant, l'idée ne me vient de marcher sur leurs traces, moi qui fais pourtant rire les miens depuis l'âge de cinq ans... avec l'énergie du désespoir, ai-je envie d'ajouter aussitôt. Justement, je ne me figure pas continuant ça toute ma vie. Je dois me dire confusément que quand le désespoir ne sera plus là, je n'aurai plus besoin de faire le clown, je pourrai enfin passer aux choses sérieuses. Et les choses sérieuses, celles qui me troublent et me touchent, celles que j'aborde avec Fabienne et madame Briat, ce sont celles dont me parle Annie Girardot. Celles que je trouve dans le cinéma, puisque je ne lis pas, puisque le cinéma est le seul à me raconter la vraie vie, et tout ce qui la traverse. Mon désir s'ancre là, décidément, dans le cinéma, mais c'est un secret que je ne partage avec personne. Vous imaginez un peu la fille Robin, celle des chaussures Robin, disant à ceux qui veulent bien l'écouter : « Moi, plus tard, je veux jouer avec Alain Delon. Comme Annie Girardot dans *Rocco et ses frères*, vous savez, le film de Visconti » ? Je n'ai pas envie d'entendre ricaner autour de moi. De même que je ne dis pas que je suis amoureuse d'Alain Delon dans *La Piscine*.

J'ai d'autres secrets, cette année-là, et un en particulier que je serais incapable de formuler parce que je n'ai pas les mots pour le dire, mais qui me saute au visage un soir où nous regardons en famille *Les Dossiers de l'écran*, la célèbre émission d'Armand Jammot et Guy Darbois, alors présentée par Joseph Pasteur. Le thème du dossier est l'homosexualité, et à l'instant où je le découvre dans le générique, je sens se figer tous les muscles de mon dos et un violent afflux de sang me monter aux joues. Tout au long de la soirée, je reste tétanisée à l'idée que mon père ou ma mère repèrent mon émotion et lisent en moi ce que je n'arrive pas à y lire moi-même. Je suis un garçon manqué, c'est entendu, mais est-ce que pour autant je préfère les filles aux garçons ? Je ne sais pas, mais j'écoute intensément ce qui se dit à la télévision car pour la première fois j'entends poser tout haut les questions que je me pose tout bas. J'écoute intensément, oui, tout en feignant d'être distraite pour ne pas me dévoiler.

Un autre soir, à la télévision encore, je découvre une femme qui va tenir une place considérable dans ma vie : Line Renaud. Je ne la connais pas, et ce n'est pas ce qu'elle dit qui me fascine, non, ce qui aimante mon regard c'est la main de son mari, Loulou Gasté, posée sur la sienne. Jamais je n'avais vu cela, ni à la télévision ni ailleurs, et sûrement pas à la maison : deux êtres, un féminin, un masculin, si attachés l'un à l'autre que leurs mains ne se décollent pas. Michel Drucker les fait parler, et durant toute l'émission, la vieille et belle main de Loulou recouvre celle de Line. Si elle s'envole quelques secondes, c'est pour mieux revenir se poser doucement, mais étroitement, sur la main de sa femme.

Alors je me mets à observer cette femme, à la dévorer des yeux, et bientôt je m'entends dire tout bas : « Je voudrais qu'elle soit ma deuxième maman. » Je m'entends le dire puis le répéter, car c'est un désir très fort, ardent, de ces désirs qui nous donnent la force de soulever des montagnes. « Je voudrais qu'elle soit ma maman. » Ne me demandez pas pourquoi, pour tout ce que je pressens de tendresse en elle, pour son regard bleu où je devine des étoiles quand elle sourit, pour être l'enfant d'un tel couple...

Puis je me demande bien ce que je vais faire de ça, moi, Muriel, promise à vendre des chaussures, clouée à Saint-Étienne, tandis que cette madame Renaud, qui a habité New York, Los Angeles et Las Vegas, continuera de survoler le monde. Moi qui ne suis même jamais montée dans un avion.

Ce que je vais faire de ça ? Eh bien, il doit y avoir un bureau des vœux pieux, quelque part dans le ciel, et un préposé qui décide de temps en temps d'en sortir un du chapeau et de l'exaucer puisque, bien des années plus tard, je les reconnaîtrai tous les deux, Line et Loulou, assis dans le public du Tintamarre où je donnerai mon premier spectacle. Et alors il ne nous faudra que quelques mois pour rattraper le temps perdu et nous adopter mutuellement, avant que Line, qui n'a pas d'enfant, m'appelle « ma fille », et moi « maman d'amour », mais avec ce sourire et cet air de ne pas trop y croire qui feront qu'en vérité jamais Line, si aimante soit-elle, ne remplacera Aimée Robin, ma mère.

Chapitre 6

C'est moi qui demande à être en pension l'année de la terminale. Je veux quitter la maison, je n'en peux plus du cours Sévigné, j'aspire à un autre cadre, à des têtes nouvelles, à une vie différente si c'est possible.

Je n'ai pas un mauvais bulletin, je suis chahuteuse mais je n'ai jamais redoublé, et cependant mes parents ne trouvent rien de mieux que de m'inscrire dans un pensionnat pour fortes têtes, à une vingtaine de kilomètres de Saint-Étienne. Dès le premier jour, je vois clairement le tableau : trente et un garçons pour trois filles seulement (en me comptant), des insolents, des ricaneurs, âgés de vingt ou vingt et un ans, voire plus, alors que je viens de fêter mon dix-septième anniversaire.

Il arrive ce qui était prévisible : en fait de nouveau cadre et d'ambiance studieuse, je me retrouve dans « Soirées de folie à l'internat ». C'est très joyeux, les garçons sont drôles, ils fument et boivent, et nous, les trois filles, nous nous laissons entraîner. Elles écoutent plutôt

Véronique Sanson quand, moi, je suis dans mes musiques de film, mais nous rions beaucoup, et certaines nuits nous faisons le mur avec quelques garçons pour aller boire et danser au village.

Je m'habille comme un garçon, pantalon de cuir et col roulé, et comme les boots n'existent pas encore pour les femmes, j'en lance la mode. Je porte des boots d'homme, avec le petit anneau derrière (je suis sans cesse en train d'arranger mon pantalon pour que l'anneau soit bien visible), et avec ça les cheveux de plus en plus courts. Là aussi, je suis en avance sur la mode.

Mes copines habitent Roanne, où nous allons parfois passer le week-end. L'une d'elles a beaucoup d'argent et je découvre un autre milieu que le mien. Elles organisent des fêtes, je danse indifféremment avec les filles et les garçons, mais je n'ai d'histoire ni avec les unes ni avec les autres. Le seul garçon de la classe qui me plaît, et par lequel je me laisserais bien tenter, n'a pas un regard pour moi.

J'avais secrètement rêvé de trouver dans mon nouveau lycée d'autres madame Briat, des professeurs qui me nourriraient et m'ouvriraient l'esprit, mais rien, aucun n'éveille ma curiosité, et aucun n'a la curiosité de venir vers moi. Sur le moment, je ne mesure pas ma déception ; celle-ci viendra quelques années plus tard, quand je prendrai conscience de cet autre ratage (après la musique) : comment ai-je pu passer à côté de la philo en terminale ? Une fois encore, il ne se sera pas trouvé un adulte pour me prendre par la main dans un moment qui aurait pu constituer un tournant dans ma vie.

Ç'aurait pu être une année pleine de découvertes, comme l'est souvent la terminale, au lieu de quoi c'est une année vide qui me laisse le sentiment d'avoir été de nouveau livrée à moi-même.

La veille du bac, on nous embarque dans un autocar pour nous emmener à cent kilomètres de là, au Puyen-Velay, où doivent se tenir les épreuves. Les garçons emportent des caisses d'alcool, ce dont aucun professeur ne semble s'apercevoir. On nous installe à l'hôtel. Je nous revois nous retrouvant tous ensemble pour dîner dans cette ambiance un peu pénible où l'angoisse des uns se mêle à l'excitation des autres. Ça tangue un peu durant tout le repas. Il suffirait sans doute d'un mot pour qu'on aille se coucher, allez oui, merde, c'est tout de même le bac demain matin, on ferait mieux d'aller dormir, mais le mot n'est pas dit et, entre-temps, des garçons ont commencé à ouvrir les bouteilles, à remplir les verres. On commence à rire, à ne plus trop savoir pourquoi on rit, et vers quatre heures du matin, c'est moi qui propose d'aller finir la nuit dans la piscine. C'est le mois de juin, il fait chaud, nous sommes tous en nage à force de rire et de boire, surtout moi qui suis montée sur la table pour chanter.

On enjambe les barrières de la piscine municipale, et quand on regagne l'hôtel, un jour pâle baigne déjà les façades. Il est peut-être six heures, et l'épreuve de maths est à huit heures.

Je me rappelle m'être réveillée un quart d'heure avant huit heures, avoir bondi de mon lit pour courir au centre d'examen, avoir lu le sujet en état de coma et m'être dirigée vers le surveillant :

— Je crois que je vais retourner me coucher, je suis trop fatiguée.

C'est ce que je fais. Je rends copie blanche et retourne à l'hôtel me mettre au lit. Le zéro est éliminatoire, c'est fini pour moi.

Quand je me repasse ce moment, aujourd'hui, tant d'années après, je me demande pourquoi j'aurais fait le moindre effort pour décrocher le bac. Je cherche une bonne raison, et je n'en trouve aucune. Pour me retrouver à vendre des chaussures ? Aucune de mes sœurs ne l'avait, le bac (sans même parler de mes parents, bien sûr), et qui ça dérangeait ? Personne. Tout le monde s'en foutait. Eh bien moi aussi je m'en foutais. Si les professeurs avaient su éveiller mon désir, peut-être aurais-je entrevu une porte s'ouvrir quelque part et un rai de lumière vers lequel j'aurais voulu m'avancer, mais ils avaient laissé chacun dans sa nuit, et la mienne était épaisse.

L'indifférence de mes parents quand je leur raconte à peu près n'importe quoi pour leur expliquer que je n'étais pas prête, que je préfère le repasser l'année prochaine ! L'indifférence incroyable de mes parents ! Papa qui acquiesce, qui ne trouve rien à dire. Maman qui n'a pas le temps de m'écouter, qui termine ses liasses de billets parce qu'elle doit ouvrir le magasin dix minutes plus tard. Je la soupçonne de se réjouir silencieusement de mon naufrage – une vendeuse sans diplôme sera sûrement plus docile qu'une vendeuse bachelière, doit-elle songer, traumatisée par les rébellions de Martine.

Elle me laisse cependant me représenter l'année suivante en candidate libre. C'est du moins ce que je prétends parce qu'en réalité je laisse passer les dates d'inscription et quand je m'en aperçois, il est trop tard. Tant pis, je monte un nouveau bobard, j'invente des dates spécifiques pour l'examen des candidats libres, et au jour dit, je vais passer la journée chez madame Briat.

Je ne me sens pas l'énergie de recommencer ce cirque le lendemain, et donc le soir en rentrant je prétends que j'ai rendu une copie blanche, et que ça ne sert à rien que j'y retourne puisque le zéro est éliminatoire.

Alors maman :

— C'est toi qui sais, nous, on n'y connaît rien.

Quant à papa, je ne le vois pas, je ne l'entends pas.

Exit le bac. Je le plante à deux reprises, et ils ne trouvent rien à dire. C'est moi qui sais. Eux, n'est-ce pas, ils ne sont pas allés à l'école, alors ils ne savent pas, les pauvres. Ils ont l'excuse de l'ignorance. Sur le coup, ça m'arrange bien. Je balance mes cours par correspondance et tous mes cahiers à la corbeille, et je file passer la soirée chez Gigi.

C'est bien plus tard que je sentirai monter la colère. Des années plus tard. Et c'est en me rappelant cette colère que je déciderai de prendre en charge les études de ma nièce, Olivia, la fille de Martine, si brillante, sachant qu'un enfant ne peut avancer que s'il sent les siens concernés par son destin. « Si vous vous étiez intéressés à mon bac, ne serait-ce qu'un quart d'heure par semaine, j'aurais peut-être voulu vous prouver que je pouvais l'avoir. Mais jamais une question. J'aurais pu sécher toute l'année et passer mes journées à jouer aux cartes chez Gigi que vous ne vous en seriez même pas aperçus. Ne serait-ce qu'un quart d'heure, et je l'aurais eu, mon bac. Bien sûr ! » Je me la répéterai des dizaines de fois, cette phrase, mais jamais je ne la leur dirai en face, de peur de croiser le regard indifférent et glacial de ma mère et de voir mon père continuer de tirer sur sa gauloise comme si je parlais à une chaise vide.

Sous prétexte qu'ils ne sont pas allés à l'école, qu'ils ignorent la valeur des examens, du bac en particulier, ils sabotent l'aînée et en font une vendeuse. Ça pourrait leur servir de leçon, mais non, ils ne savent toujours pas et ils récidivent avec la cadette. Tu crois qu'ils se poseraient enfin des questions pour la petite ? « C'est toi qui sais ! » Et patatras, débrouille-toi avec ça.

L'été qui suit ce monumental ratage, le 2 août 1974, je fête mes dix-neuf ans. Enfin, « je fête », c'est une expression, parce que chez les Robin on ne célèbre pas les anniversaires. Aussi loin que je puisse remonter dans ma mémoire, je n'ai aucun souvenir de bougies sur un gâteau, ou plutôt si, chez mon amie Dominique, et quand je raconterai à maman que les parents de Dominique font un gâteau avec des bougies pour les anniversaires, et que je l'entendrai commencer sa phrase rituelle : « Ils n'ont peut-être que ça à faire... », j'en déduirai que les anniversaires aussi c'est pour les cons. Cet été de mes dix-neuf ans, en tout cas, j'ai ma première histoire avec un garçon. Il s'appelle Daniel, il est très amoureux, moi un peu moins. Il n'empêche qu'il éveille en moi la part féminine et que j'observe les sentiments qui me traversent avec perplexité. Je découvre que ça n'est pas désagréable d'être une femme dans les bras d'un homme, mais je ne suis pas bouleversée non plus. Que se serait-il passé si l'idylle avait duré ? Je ne le saurai jamais parce qu'elle se termine affreusement mal : à l'automne, je suis enceinte.

Trois mois plus tard, Simone Veil fera voter la loi sur l'IVG (le 17 janvier 1975), mais avorter est alors un crime en France, et je me résous à partir pour la Hollande. Les deux ou trois filles qui m'ont indiqué la filière, et expliqué d'où s'en allait l'autocar pour Amsterdam, m'ont aussi prévenue que chaque fois des gens se pointaient pour traiter les filles dans ma situation de « putes » et de « salopes ».

Je m'imagine faisant ma valise, gagnant l'autocar, me faisant traiter de pute, passant deux nuits dans une clinique entourée de gens dont je ne parlerai pas la langue, subissant une intervention dont on m'a dit qu'elle était très douloureuse, puis revenant avec le sourire car, pour mes parents, je rentrerai d'un séjour à la campagne chez une amie. Bachelière, entourée de l'aura du succès et de la tendresse de mes parents, ç'aurait été déjà difficile, mais là j'ai vraiment le sentiment que ma vie est une catastrophe, et qu'il n'y a pas grand-chose à attendre de l'existence en général. Et de l'amour avec un garçon ? Je trouve sans doute cher payés des moments qui ne m'ont pas soulevée d'émotion.

Tout de même, la veille du départ, je retourne voir le gynécologue, et là j'apprends l'heureuse nouvelle : j'ai fait une fausse couche ! Je ne suis plus une pute et une salope, je suis sauvée.

Pourquoi est-ce que je m'inscris en capacité en droit à l'université ? Je ne sais pas, sans doute parce que je repousse le moment de me mettre à vendre des chaussures avec mes sœurs, que j'ai la vague envie d'être étudiante et que la capacité en droit est le seul diplôme universitaire que l'on puisse briguer sans être bachelier.

Je m'inscris, mais je ne vais pas aux cours, ou peut-être trois ou quatre fois, et encore. Non, je réalise un vieux rêve : je file sur les routes de France au volant de ma voiture, la musique à fond, et je chante à tue-tête du matin au soir en tapant sur le volant pour accompagner le rythme.

Mes parents m'ont acheté ma première voiture, une 2 CV d'occasion, au lendemain de mon premier rendez-vous manqué avec le bac, alors que je n'avais pas encore dix-huit ans, et donc pas encore le permis. Ils se sont empressés de me l'acheter pour que je cesse de leur réclamer une moto. La moto, jamais ! Ils ne savent pas pour le bac, mais pour la moto ils savent. Donc une 2 CV, que nous allons chercher à Montbrison avec mon père et que nous garons sur le parking de l'immeuble. C'est là que j'apprends toute seule à conduire.

Quand je m'inscris à l'université, j'ai déjà échangé la 2 CV contre une Renault 12 d'occasion. Écouter de la musique dans une 2 CV, même en rêve... La Renault 12, je l'équipe avec une sono de boîte de nuit, c'est la seule chose qui m'intéresse, je me fiche de la voiture. Je suspends une enceinte supplémentaire au plafond, une boule psychédélique que je fais tourner tout en chantant, et « roule ma poule », comme aurait dit Jean Yanne.

Parfois, un copain m'accompagne, on ouvre les vitres et on fume, on se passe la bouteille de gin, les basses font vibrer les tôles des portières, les platanes défilent à une allure dingue, le monde peut bien crever et Madame Robin empiler ses biffetons sur la table du petit-déjeuner, nous n'en sommes plus, nous filons dans la campagne au-dessus de Saint-Étienne et nous pouvons croire par moments que nous n'y reviendrons jamais.

Je fête mes vingt ans toute seule, au volant de ma Renault 12, la musique à fond, la clope au bec. Pas de bougies, pas de gâteau, pas de baisers, pas même un « bon anniversaire Mumu ». Rien.

La réalité me rattrape lors d'un déjeuner au restaurant entre mon père et ma mère. C'est une première, ce déjeuner ; mes sœurs ne sont pas présentes. Mes parents semblent soudain s'inquiéter de mon avenir, en tout cas ils ont souhaité qu'on se retrouve tous les trois en petit comité.

C'est maman qui ouvre la discussion.

— Nous envisageons, avec ton père, d'acheter un nouveau magasin dans le centre commercial Rallye qui vient d'ouvrir.

— Ah oui. Pourquoi pas ?

— Qu'as-tu pensé de ton passage au magasin pour enfants ?

Rien. Je n'ai rien pensé. Pour un peu, j'aurais même oublié ces semaines passées à chausser des enfants pendant mon histoire avec Daniel, ou peut-être après, je ne sais plus, je m'en fous. Ce magasin pour enfants, ils l'ont ouvert à quelques dizaines de mètres de l'autre et je ne saurais même pas dire quand tellement ça me tombe des mains, leurs affaires.

— Ce que j'ai pensé ? Pourquoi tu me demandes ça ? Je ne m'en suis pas trop mal sortie, non ?

— J'ai vu qu'on pouvait compter sur toi.

— Tant mieux.

— C'est à la suite de ça qu'on voulait te parler, avec ton père.

— Me parler… Me parler de quoi ?

— Eh bien, ce nouveau magasin, dans le centre commercial, c'est une opportunité, mais on ne va pas l'acheter si on n'a personne à mettre dedans.

— Martine serait peut-être…

— Non. Martine est casée, il n'en est pas question. Nous avons pensé à toi.

— À moi ? Pour prendre le magasin ?

— Oui, voilà. Au début, ton père serait là, puis petit à petit tu l'aurais en charge.

Je devrais hurler : « Mais il n'en est pas question, maman ! Mais jamais ! », puisque rien ne m'intéresse moins que de vendre des chaussures. Rien. Autant mourir tout de suite. Mais je les vois tous les deux suspendus à ma décision, ces deux-là que j'ai toujours connus sacrifiant leur santé et le reste, tout le reste, à leur petit commerce. Je me sens peut-être coupable d'être le mouton noir de la famille, celle qui va les trahir, c'est sûr, les casser dans leur élan, cela ajouté au fait que je suis complètement paumée – combien de temps est-ce que je peux encore parcourir la campagne au volant de ma Renault 12, me soûler de musique et de gin, tout en leur laissant croire que je passe mes journées à l'université ? Combien de temps ?

— Si ta réponse est non, nous ne l'achetons pas. On ne va pas mettre n'importe qui à la tête d'une enseigne Robin.

Si ma réponse est non, ils ne l'achètent pas… Rien ne m'intéresse moins que de vendre des chaussures, et pourtant ce jour-là j'ai confusément honte d'être différente d'eux, je veux leur dire d'une façon ou d'une autre que je les aime, leur montrer que je suis solidaire de tout ce qu'ils ont construit, que je suis bien leur fille, une Robin en somme, et c'est pourquoi je m'entends dire, tout en sachant que je me perds, que je tombe :

— Je comprends. Achetez-le, alors, vous pouvez compter sur moi.

La fierté de maman, son bonheur.

— Eh bien commande donc du champagne, Antoine, qu'est-ce que tu attends ? La petite est d'accord !

Ma nouvelle vie : j'ai bientôt vingt ans et je vends des chaussures dans une galerie du centre commercial Rallye de la banlieue de Saint-Étienne. Je tiens la boutique avec mon père, on entre dans le centre le matin à dix heures et on en ressort à vingt-deux heures. On n'a pas vu le ciel de toute la journée, on ne sait pas s'il a fait grand soleil ou s'il a plu, nos heures s'écoulent dans un brouhaha incessant, bercées par une musique d'ascenseur. Papa tient la caisse, il n'a jamais su vendre, il est incapable d'aligner plus de trois phrases en face d'un client, et moi je vends. Enfin, j'essaie.

« Une vendeuse comme toi, je ne l'aurais pas gardée plus d'une journée, se souvient Nydia, mais papa s'en foutait. Tu disais au client : "Essayez quand même l'autre pied, vous allez voir, on se rend quand même mieux compte avec les deux. Mais de toute façon, prenez le temps de réfléchir, sinon vous allez regretter, hein, ça serait dommage… Vous réfléchissez et vous revenez quand vous avez un moment, de toute façon, elles ne vont pas s'envoler, promis, je les surveille." Tu ne pouvais pas t'empêcher de faire le clown, le client rigolait mais tu ne vendais rien du tout. Tandis que moi, au magasin de la rue Michelet, un client qui repartait sans une paire de chaussures, j'en étais malade. »

Je fais le clown, oui, sinon je sens que je pourrais éclater en sanglots. Je fais pleurer de rire papa, que j'appelle « Monsieur Robin » quand il y a des clients. On a retrouvé notre vieille complicité d'autrefois, on fume et on se marre tout le temps. Deux vieux potes. Et puis je finis par faire aussi le clown dans la galerie marchande, entre le magasin Etam et Robert, le fleuriste, dont je me fais un ami. Il nous arrive d'aller passer un dimanche ensemble aux Saintes-Maries-de-la-Mer, à bord de sa Peugeot 604, une cassette de Joséphine Baker dans l'habitacle (certaines chansons écrites par Frédéric Botton qui deviendra plus tard un ami). J'ai besoin de me distraire, d'entendre rire et chanter, parce que je sens bien que la tristesse est là, que je me noie.

En marge de cette tristesse, j'ai le souvenir d'une conversation avec un homme dans cette galerie commerciale, d'une conversation qui me trouble profondément. Il est venu de Paris pour je-ne-sais-quoi, voir notre magasin, peut-être ; je le raccompagne vers la sortie du centre commercial, et là, soudain, en me regardant bizarrement, il me dit cette phrase qui me fait immédiatement monter le rose aux joues : « Toi, tu vas plaire aux deux. Tu plairas aux filles et tu plairas aux garçons. »

Ça se voit donc tant que ça que je suis différente des autres ?

Quelques semaines plus tard, sa prophétie se réalise : je rencontre dans la galerie commerciale la première femme avec laquelle je vais avoir une histoire d'amour. Elle s'appelle Christiane, elle a été Miss France, mannequin, elle est d'une beauté saisissante. Je n'ai aucune idée de ce que peut être l'amour entre deux femmes, mais si ça pouvait se résumer à des gestes de tendresse, ça me conviendrait, je crois que je n'ai pas envie de plus. Je suis encore marquée par les caresses innocentes de la mère de Dominique, le soir devant la télévision, sur la nuque, dans les cheveux, et quand mon cœur cogne avant mon premier rendez-vous avec Christiane, j'attends cela, j'ai un besoin insatiable de tendresse.

Puis c'est Yves. Je me sens étonnamment bien avec ce garçon qui est à la fois très romantique, affectueux et solide. Pour la première fois, je peux me formuler une vérité qui va aller en s'approfondissant au fil des années : les femmes me font battre le cœur intensément, bien plus que les hommes, mais je me sens plus en paix avec un homme – la relation est moins passionnelle, moins tempétueuse, moins déchirante.

Yves me donne de la tendresse, il me montre son amour par des attentions touchantes, et je laisse ma féminité prendre le dessus. J'ai le sentiment d'être aimée, précieuse, protégée, et la présence de ce garçon dans ma vie me permet sans doute de mieux supporter la succession des mois dans ce centre commercial où je ne vois plus les saisons passer. Il habite près de Montpellier et monte à Saint-Étienne pour le week-end, ou c'est moi qui descends. Ces voyages donnent un peu d'exotisme à une existence affreusement grise et répétitive. Y a-t-il autre chose à espérer de la vie, autre chose à attendre désormais, ou les années vont-elles s'enchaîner dans le même ennui, jusqu'à ce que, me retournant, je m'aperçoive que ma jeunesse est loin derrière ? Eh bien oui, le mariage ! Et puis les enfants ! Mes sœurs se sont mariées l'une et l'autre, Nydia a eu un petit garçon, Charles, et Martine est sur le point d'accoucher d'une fille, Olivia. Or, voilà justement qu'Yves me demande si j'accepterais de l'épouser. Pourquoi pas ? Je suivrais ainsi le même chemin que mes parents, que mes sœurs.

Je n'ai pas oublié la promesse faite à maman de ne jamais me marier. Peut-être m'en délivrerait-elle si je la lui rappelais, d'autant plus qu'elle aime beaucoup Yves, qu'elle le respecte, tandis qu'elle n'a que mépris et mots blessants pour les hommes choisis par ses deux aînées ? Oui, peut-être, mais le fait est que je ne lui en reparle pas.

Je suis dans cette expectative, n'ayant encore dit ni oui ni non à Yves, quand Brigitte entre dans ma vie avec un doux fracas. Elle est plus âgée que moi, elle a une petite fille de quatre ans, elle est belle, à mi-chemin entre Nathalie Delon et Jacqueline Bisset, mais une Jacqueline Bisset mélancolique, et à l'instant où je la vois, mon cœur s'enflamme. Le petit Josh Randall qui sommeille en moi depuis l'enfance sort soudain de sa léthargie : je vais sauver Brigitte ! Je vais la prendre par la main, l'aimer, l'aimer tellement qu'elle oubliera tout de son malheur – comme je rêvais de sauver maman, à dix ans, douze ans, puisque papa était manifestement impuissant à la rendre heureuse, à la distraire de son chagrin. Brigitte embrase mon versant masculin.

Je préviens aussitôt Yves, et Yves a une réaction absolument conforme à l'homme qu'il est, tendre et romantique :

— Yves, notre histoire va s'arrêter là parce que j'ai le cœur qui bat pour quelqu'un d'autre.

— Je crois savoir qui c'est.

— Brigitte.

— Oui, j'avais deviné.

— Je suis désolée, tu sais, parce que tu es vraiment un mec formidable.

— Je vais t'attendre. Je vais t'attendre, Muriel.

Et Yves m'attend, en effet. Il va m'attendre des années durant, me le faire discrètement savoir, et cela me touchera, ou me flattera, comment savoir ? Jusqu'au jour où j'apprendrai par une amie commune qu'il se marie, qu'il a donc tourné la page et, là, mon égo en prendra un coup.

Mais entre-temps ma vie aura connu un bouleversement salvateur : j'aurai quitté Saint-Étienne pour Paris.

Chapitre 7

Comment savoir précisément d'où surgit l'étincelle qui va me tirer de ma dépression ? Après une année d'enfermement dans ce centre commercial, la déprime est là, bien présente, si manifeste que même mes parents la voient, c'est dire.

— La petite n'a pas l'air bien, constate maman un soir, ne se doutant pas que je suis dans la pièce à côté. Et d'ailleurs le magasin s'en ressent, elle ne vend rien.

Papa ne la contredit pas.

— Qu'est-ce que tu veux faire ? s'enquiert-elle au dîner en cherchant mon regard.

C'est la première fois en vingt et un ans qu'elle me pose la question, qu'elle s'inquiète de savoir ce que j'aimerais faire de ma vie.

— Aller à Paris. Je veux aller à Paris.

Je m'entends le dire comme une évidence, un projet qui sommeille en moi depuis longtemps mais que je m'interdisais d'exprimer.

— Paris... Paris..., reprend maman, sceptique. Tu sais, il y a beaucoup d'appelés mais peu d'élus.

Je me rappelle sa phrase. Appelés à quoi ? Élus à quoi ? Elle ne m'a pas demandé ce que je comptais faire à Paris, et heureusement : je n'aurais pas trop su comment le formuler. Elle veut me signifier que Paris n'est sans doute pas l'eldorado que j'imagine, mais au fond elle n'en sait rien, que connaît-elle de Paris à part le marché de la chaussure ?

J'ai mon idée, je veux marcher sur les traces d'Annie Girardot, je veux être comédienne, faire du cinéma, mais je ne sais pas comment m'y prendre. Je ne sais pas par où commencer, je n'ai pas la moindre piste, je ne connais personne.

Ce qui a réveillé ce désir, ou plutôt m'a donné l'espoir de le réaliser, c'est un tournage d'Yves Boisset, quelques semaines plus tôt à Saint-Étienne, *Le Juge Fayard, dit Le Sheriff*, avec Patrick Dewaere. On a bien voulu de moi comme figurante, parmi beaucoup d'autres, et quand j'ai parlé un peu avec tous ces gens qui semblaient en savoir long sur le cinéma, quelqu'un m'a dit : « Si tu veux être comédienne, il faut faire le Conservatoire, la rue Blanche... » Le Conservatoire, c'était le souvenir de la musicienne que j'avais failli devenir, ça formait des artistes, cette fois j'avais bien compris. Et donc, j'allais monter à Paris et m'inscrire au Conservatoire, rue Blanche. J'avais cru comprendre qu'il se trouvait rue Blanche, je ne savais pas que la Rue Blanche était une autre école de théâtre.

Je m'accroche à ce rêve tandis que je me sens m'enfoncer dans la dépression, et pour mettre toutes les chances de mon côté, je prends quelques cours de théâtre amateur à La Comédie, l'école d'art dramatique de Saint-Étienne. On me fait travailler « Le Loup et l'Agneau », ainsi qu'un texte d'un certain Prévert, Jacques Prévert, dont je n'avais jamais entendu prononcer le nom, et arrive le jour où je présente ces œuvres à deux professeurs censés m'aider à trouver ma voie. Le seul qui m'adresse la parole, Jean-Louis Pichon, qui deviendra plus tard directeur de l'Opéra-Théâtre de Saint-Étienne, me prend de haut.

— Bon, c'est pas mal, mais qu'est-ce que vous voulez faire avec ça ?

— Entrer au Conservatoire de Paris.

Je me rappelle sa feinte sidération, surjouée, puis le sourire incrédule et condescendant de celui qui en a vu défiler pas mal, des comme moi.

— Le Conservatoire ! Rien que ça ! Vous savez combien ils en prennent à Paris ?

Je ne sais pas, non, mais à l'instant où je le vois faire son cinéma, je sais que je serai prise. Quelque chose d'animal s'est réveillé en moi, j'ai confiance, ça ne me fait pas peur, bien sûr que je vais être prise. Quinze ans plus tard, quand j'entrerai seule en scène devant quatre mille personnes, je puiserai dans cette même réserve de confiance, elle est là, je l'ai, j'ai cette force. Ne me demandez pas d'où je la tiens, d'Aimée peut-être, qui se serait probablement trouvée à la tête d'une multinationale de la chaussure si Antoine ne l'avait pas freinée. Ou d'Antoinette, sa mère, qui n'a pas eu peur d'affronter la forêt pour fuir son mari.

Deux ans plus tard, le hasard fera qu'allant au théâtre à Paris, je tomberai sur le même Jean-Louis Pichon.

— Alors ? me fera-t-il, avec son inoubliable sourire.

Et moi, distraitement, feignant d'être pressée :

— Eh bien finalement j'ai été prise aux deux : première au Conservatoire et à l'unanimité rue Blanche. J'ai choisi le Conservatoire.

Avant de le saluer rapidement et de disparaître (je crois, décidément, que je ne pardonnerai jamais à un adulte de ne pas saisir la main tendue).

C'est d'accord, je vais tenter ma chance à Paris. À l'automne 1976, mes parents acceptent de me payer une semaine à l'hôtel pour « voir un peu » si je peux me débrouiller toute seule. J'ai vingt et un ans. De Paris, je ne connais que les Champs-Élysées et le quartier de l'Opéra pour avoir accompagné maman une ou deux fois acheter ses futures collections.

Je ne sais plus par quel biais je trouve une chambre à louer dans le XVIIe arrondissement, chez une certaine madame Delavaivre. Elle m'accueille avec chaleur, et quand je découvre qu'elle est la mère de Madeleine Delavaivre, comédienne sortie du Conservatoire de Paris en 1948, j'y vois un bon présage. En tout cas, cette dame âgée comprend sans difficulté ce que je viens chercher ici et elle est pleine de bienveillance à mon égard.

Qui peut bien me parler de l'école de cinéma Jean-Paul-Vuillin ? Je n'en ai aucun souvenir mais le nom me plaît, il incarne au plus juste ce que je veux faire – du cinéma – et j'oublie le Conservatoire pour aller me présenter dans cette école. C'est un cours privé payant, en vérité, où chacun semble pouvoir trouver ce qu'il cherche et j'ai le sentiment que ça peut me convenir.

Au mois de février 1977, me voilà installée à Paris. J'ai une chambre bien chauffée, deux étagères dans le frigo de madame Delavaivre qui parfois m'invite à prendre le thé dans son salon pour m'écouter lui raconter mes premiers pas sur les traces d'Annie Girardot.

Ça ne démarre pas très fort. Après seulement trois ou quatre semaines, je suis déçue par l'école Vuillin. Je trouve que les scènes que nous travaillons sont plus proches de la thérapie de groupe (avec sanglots et crise de nerfs) que du cinéma, et tout ça me semble un peu ridicule, assez agaçant. Un jour où je me tiens en retrait, observant ce qui se joue sur la scène, je sens le poids d'un regard sur ma nuque – en me retournant, je croise le sourire d'un très beau garçon. Philippe me propose de prendre un verre, et nous découvrons que nos impressions se rejoignent : nous perdons notre temps dans cette école, ce n'est pas comme ça que nous deviendrons comédiens.

Philippe est la première personne de ma génération que je rencontre à Paris avec laquelle je peux parler. Nous avons les mêmes aspirations et nous nous comprenons immédiatement. Il habite l'île Saint-Louis et m'invite chez lui. Je découvre un univers qui m'était complètement étranger. Philippe est parisien, il est un peu plus âgé que moi, il a été mannequin, il est homosexuel et ne s'en cache pas, et il joue merveilleusement du piano.

Dès la première soirée que nous passons ensemble, nous devenons amis. J'ignorais ce que pouvait être une complicité intellectuelle, artistique, je l'apprends avec lui. Nous parlons toute la nuit de musique, de cinéma, nous rions beaucoup, j'ose lui dire qu'il ressemble à Alain Delon et que je suis amoureuse d'Alain Delon. Le lendemain matin, après une nuit blanche, nous descendons nous promener sur les berges de la Seine avant de prendre un petit-déjeuner au café du coin. Je suis heureuse : désormais je ne suis plus seule à Paris.

C'est Philippe qui me parle du cours Florent. Il a entendu dire que c'était la meilleure école pour préparer l'entrée au Conservatoire et, insensiblement, je m'accroche de nouveau à cette idée, sans trop savoir si c'est le bon chemin pour accéder au cinéma. Il se trouve qu'en ce temps-là le cours Florent est sur l'île Saint-Louis – nous y passons ensemble, en voisins, et cette fois l'ambiance me plaît.

Parfois le destin tient à peu de chose. On me donne à travailler *La Jeune Veuve*, de La Fontaine, et je monte sur scène avec mon accent stéphanois qui pèse un bon quintal sur les EU, ce qui donne à peu près Une jEÛne vEÛve, etc., etc. Tout de suite, je vois que la salle est conquise, pliée de rire – et j'entre ainsi au cours Florent portée par ma jEÛne vEÛve. Aujourd'hui, je me dis que si j'étais passée avec

« Le Loup et l'Agneau », personne n'aurait ri et qu'à présent je serais peut-être boulangère à Saint-Étienne. Mais bon, la chance est avec moi.

À peine entrée au cours Florent – on doit être en avril ou mai 1977 –, je me retrouve précipitée, avec tous les autres étudiants, dans les préludes à la grande audition de fin d'année. Nous devons tous préparer une scène de notre choix et il est entendu que les dix meilleurs seront invités à rejouer cette scène au Théâtre de la Michodière devant un public de professionnels – comédiens, producteurs et metteurs en scène. Comme je n'ai aucune culture théâtrale, je choisis une pièce que j'ai vue à la télévision avec Jacqueline Maillan, bien sûr, *Croque-Monsieur*, de Marcel Mithois. Et je trouve un garçon pour me donner la réplique.

Je n'ai pratiquement suivi aucun cours de théâtre, mais dans la peau de Maillan, je me sens sûre de moi. Le sens de la rupture qu'a inventé Maillan, je l'avais déjà à cinq ans quand on filait à Montbrison le dimanche après-midi et qu'il était urgent de faire rire papa et maman si on ne voulait pas terminer tous les cinq à l'asile de fous : je n'ai pas besoin de l'apprendre, tout ça me vient naturellement.

Et nous sommes choisis parmi les dix meilleurs !

Rendez-vous donc au Théâtre de la Michodière par un bel après-midi de printemps. Je me revois dans le bistrot du coin, guettant la seule amie qui a promis de venir m'applaudir : madame Delavaivre, ma logeuse. Ni mes parents ni mes sœurs ne viennent, les chaussures ne peuvent pas attendre, mais madame Delavaivre m'a promis d'être là et, jusqu'au dernier moment, je guette son arrivée. Il me semble que si je la sais dans la salle, je vais être époustouflante, tandis que si elle m'a oubliée… Mais non, la voilà ! Je cours à sa rencontre tandis qu'elle s'extrait difficilement du taxi.

Nous jouons devant une salle pleine, et nous faisons un triomphe. C'est la première fois de ma vie que je suis applaudie, et j'adore, j'en redemande. Comme pour les caresses, les baisers, les « je t'aime » – j'ai tellement manqué de tout ça que je suis insatiable. Je veux bien refaire le clown dix minutes pour qu'on m'applaudisse encore. Merci, merci, et merci, madame Delavaivre, sans vous la journée n'aurait pas été aussi lumineuse.

Le lendemain, on me dit qu'avec mon niveau je pourrais tenter sans attendre le Conservatoire.

Eh bien d'accord !

Cette fois, je choisis de me présenter dans la peau de *Madame Marguerite*, l'institutrice bouleversante et drôle magnifiquement portée sur la scène par Annie Girardot. Jacqueline Maillan m'a ouvert les portes du Théâtre de la Michodière, Annie Girardot m'ouvrira-t-elle les portes du Conservatoire ?

La règle est de s'inscrire au Conservatoire avant l'audition. J'y vais avec une autre élève du cours Florent qui me semble être une bonne camarade, de surcroît plus avertie que moi. On me demande si je choisis section moderne ou classique. Je fais répéter la dame, je vois tout de suite se profiler le gros ennui.

— C'est quoi la différence ?

— En classique, les professeurs sont Robert Manuel, Lise Delamare, Louis Seigner. En moderne, Antoine Vitez, Pierre Debauche, Pierre Vial, Marcel Duval…

Le seul nom qui me dise quelque chose est celui de Robert Manuel. Cet homme-là, je l'ai vu jouer dans *Au théâtre ce soir*, à la télévision. Je suis sur le point de dire « mettez-moi en classique », quand l'idée me traverse de demander son avis à mon amie du cours Florent.

— Tu t'inscris en quoi, toi ?

— En moderne, bien sûr ! Vitez, c'est génial !

— Ah bon, tu crois que c'est mieux ?

Encore une fois, mon destin se joue à la roulette. Si j'avais choisi classique, je n'aurais pas eu Michel Bouquet comme professeur, et sans Michel Bouquet, qui sait si je n'aurais pas abandonné le Conservatoire au bout de trois mois ?

Avant de présenter *Madame Marguerite* aux jurés du Conservatoire, je postule à l'école de la rue Blanche en interprétant la scène imposée : la reine d'Espagne, dans *Ruy Blas*, de Victor Hugo, ainsi qu'un extrait en patois des *Bottes de sept lieues* de Beaumarchais. Il faut jouer à deux, et surtout pas en patois – je joue seule et en patois.

Et je suis prise rue Blanche, à l'unanimité des membres du jury, me précise-t-on.

Dix jours plus tard, je suis sur la scène du Conservatoire. Nous sommes huit cent cinquante à postuler, et ils en prennent peut-être dix-huit (voilà, j'ai la réponse à votre question, monsieur Pichon : dix-huit sur huit cent cinquante).

Pour imaginer la tension le jour des résultats, il faut se figurer les huit cent cinquante candidats entassés dans le hall de marbre et sur les marches du grand escalier qui grimpe à la salle des délibérations. Comme l'attente se prolonge, les gens fument et se rongent les ongles, ils doivent même finir par se fumer les ongles, puis une dame apparaît enfin au faîte de l'escalier, le visage fermé, une feuille blanche à la main :

« Sont reçus au Conser vatoire national d'art dramatique... »

Suit une liste de noms qu'elle égrène par ordre alphabétique. Nous, les Robin, avons appris à être patients.

Et soudain, je l'entends distinctement :

« Robin, Muriel. »

Je me rappelle avoir eu le sentiment que ma poitrine était d'un seul coup trop étriquée pour contenir mon cœur.

Je suis sortie, j'ai couru au milieu de la rue jusqu'à la Poste, j'ai téléphoné au magasin – « Chaussures Robin, j'écoute » –, j'ai crié : « J'ai le concours ! Je l'ai ! Je suis reçue au Conservatoire ! », j'étais essoufflée, j'entendais cogner mon cœur si fort que je n'ai pas reconnu la voix de celle qui a décroché, c'était peut-être Nydia, ou maman, ou je ne sais qui, le fait est que j'ai oublié ce qu'a pu me dire la personne, à moins qu'elle n'ait rien dit, ou à moins que j'aie préféré oublier. En tout cas, je me rappelle être restée un moment dans la cabine téléphonique après avoir raccroché en me demandant comment j'allais faire avec ce cœur énorme si je ne trouvais personne avec qui partager ce cyclone…

J'ai essayé de joindre Philippe, mais il n'était pas chez lui ; alors je suis partie marcher à travers les rues de Paris, c'était encore l'été, je riais toute seule et la plupart des gens me rendaient mon sourire.

Quelques jours plus tard, c'est la rentrée. Tout le monde semble connaître notre professeur, Pierre Vial, sauf moi qui n'ai jamais entendu prononcer son nom.

Ce soir-là, il me retient par la manche.

— Je voulais vous féliciter, Muriel, parce que c'est vous qui avez obtenu le plus de voix au sein du jury. Vous êtes en tête des reçus !

— Ah oui…

— Oui, et puis ça me fait doublement plaisir parce que j'arrive comme vous de Saint-Étienne, vous savez ?

Non, je ne sais pas, je ne sais décidément jamais rien, et je découvre à ma grande honte que Pierre Vial vient de quitter la Comédie de Saint-Étienne qu'il a dirigée de 1970 à 1975.

Puis cet homme sympathique sort de ma vie aussi vite qu'il y est entré – finalement, il ne sera pas notre professeur, c'est une erreur, il va prendre une autre classe.

Le lendemain, j'observe le visage grave de notre nouveau professeur : lui, je le connais, je l'ai vu à la télévision. Sa seule apparition a le mérite de susciter un silence impressionnant, comme si toute la classe retenait son souffle.

Il s'appelle Michel Bouquet et je ne sais encore pratiquement rien de lui. Je peux dire aujourd'hui qu'il est l'homme que j'ai le plus admiré, le plus aimé. J'ai tenu trois années au Conservatoire parce que c'était lui, mais plus généralement j'ai tenu trente années sur scène parce que sa belle présence n'a jamais cessé de m'accompagner, de m'encourager.

Chapitre 8

Dès les premières semaines, on me fait sentir que je ne suis pas à ma place au Conservatoire, ou si on ne me le fait pas sentir, je le perçois toute seule. Les élèves se veulent tous des disciples d'Antoine Vitez, l'ami d'Aragon, le pape du théâtre français (dont j'entends le nom pour la première fois), tandis que moi, je fais « du boulevard », paraît-il. Je ne connaissais pas cette expression. Je découvre qu'il existe un clivage incontournable dans le monde du théâtre entre ceux qui se rangent sous la bannière de Vitez, étudient Brecht, Ionesco, Beckett, et ceux qui donnent dans le vulgaire et ne cherchent qu'à faire rire. Je suis dans la deuxième catégorie, je fais « du Maillan », « du boulevard », seule de mon espèce car il semblerait que le Conservatoire national n'ait pas pour habitude d'accueillir des clowns. Des artistes, oui, mais pas des clowns. J'ai beau être entrée première, je suis l'erreur de casting de la promotion et mes camarades de classe ont l'air de se demander d'où je sors et par quelle aberration, ou faute d'aiguillage, je me retrouve parmi eux.

Eux sont de vrais artistes, douloureux, torturés, le cheveu long et gras, l'œil cerné, la chemise ouverte jusqu'au nombril, ou pas de chemise du tout, comme un certain jeune homme que toute la promotion surnomme « le nouveau Gérard Philipe », et qui se balade torse nu sous un manteau de laine râpé. Quelques années plus tard, tandis que je jouerai à l'Olympia et dans tous les théâtres de France, j'aurai la surprise de retrouver notre Gérard Philippe, en costume trois-pièces, présentant un petit sketch avant le tirage du loto à la télévision.

Eux sont de vrais artistes, donc, tandis que moi on ne sait pas trop ce que je suis, encore une fois. Je me croyais Maillan, Girardot, mais jour après jour les sourires et les réflexions moqueuses me rognent les ailes, de sorte que moi qui ai toujours su faire rire, je ne fais bientôt plus rire personne. Je suis de plus en plus nerveuse avant de monter sur scène, et une fois sur les planches on dirait que je me fossilise. Je n'ose plus bouger un doigt ni lever un sourcil, je m'applique à être à peu près aussi lugubre qu'eux, mais ce n'est pas dans ma nature et je deviens sûrement exécrable.

Michel Bouquet voit-il ce qui se passe ? Sans doute. Les premiers temps, je ne vais plus sur scène, je reste en retrait et je l'observe dirigeant les étudiants sur le plateau. J'apprends en l'écoutant, j'enregistre chacun de ses mots.

Puis nous travaillons plusieurs mois sur *Andromaque*, et je l'écoute décortiquer les personnages, nous révéler leur âme profonde, leur puissance tout comme leurs faiblesses : jamais je n'ai vu autant d'intelligence au travail, d'humanité, d'humilité aussi. À l'instant où il monte sur scène pour incarner le personnage, ne serait-ce qu'une ou deux minutes, je suis bouleversée par ce qu'il parvient à donner.

Je me rappelle que, l'écoutant passionnément, je m'entends dire tout bas : « Mais oui, oui, c'est ça, c'est exactement ce que je pense, comment fait-il pour l'exprimer si justement ? » Il pose les mots justes sur des sentiments enfouis si profondément que je n'aurais pas su les nommer, sur des moments, sur des situations. Il me fait percevoir notre extrême complexité, nos ambivalences et, ce faisant, il m'illumine, il m'ouvre les portes de la vie. Cette initiation libératrice que j'aurais dû recevoir en terminale, c'est Michel Bouquet qui me l'apporte.

Quand je remonte sur scène, je porte toujours en moi la merveilleuse Jacqueline Maillan, mais je peux aussi incarner l'héroïne tragique de Racine. Michel Bouquet me suit, m'accompagne, et sans que rien ne soit jamais dit, une complicité se met en place. Il perçoit évidemment l'estime, la vénération, plutôt, que je lui porte, et je suis infiniment touchée de lire par moments l'acquiescement dans son regard, cette façon qu'il a de dire silencieusement : « C'est ça, c'est bien. »

Le soir, toute la classe se retrouve dans le même bistrot, tandis que mon café préféré se trouve un peu plus loin. Je ne vais pas avec eux, jouer du théâtre m'intéresse, en parler à longueur de journées m'emmerde, et puis je n'ai pas leur culture – c'est une béance que je ne comblerai jamais. Je n'ai pas non plus leurs façons d'être, leur aisance, je préfère me tenir à l'écart. Un soir, Michel Bouquet m'emboîte le pas, nous entrons dans *mon* café et, pour la première fois, assis là l'un en face de l'autre, nous parlons.

Il me confie les difficultés qu'il éprouve avec les étudiants.

— Ils sont jeunes, j'ai l'impression qu'ils ne m'entendent pas...

Je me tais, je ne suis pas certaine de comprendre ce qu'il cherche à me dire. Et soudain, il me fait cet incroyable compliment :

— Mais toi, tu comprends, je le sais. Il faut lire et relire pour laisser monter du texte ce que l'auteur a voulu dire. Laisser monter du texte...

Et il accompagne ses mots d'un mouvement des mains.

— Tu comprends, n'est-ce pas ?

— Oui, Monsieur, ce travail-là je le pressens.

— Lire et relire, entendre ce que l'auteur a voulu dire, et puis jouer la situation, voilà la chose essentielle.

— Oui, Monsieur.

Je suis la seule à l'appeler « monsieur », quand tous lui donnent du Michel et le tutoient. Ne me demandez pas ce que nous nous disons encore, ses mots me font trembler, songer qu'il me parle, qu'il ne parle qu'à moi, me bouleverse.

Vingt ans plus tard, il me soufflera à l'oreille : « Tu sais, Muriel, je ne te l'ai jamais dit, mais heureusement que tu étais là au Conservatoire ! »

Et je serai si touchée que je rentrerai aussitôt chez moi, me répétant ses paroles en boucle – « Tu sais, Muriel... » J'aurais eu besoin qu'il me les redise, qu'il me les écrive, que je puisse les lire tous les matins. Avant lui, jamais personne ne m'avait dit : « Heureusement que tu existes. »

Cette première année au Conservatoire, il me semble que je ne fais que pleurer. Je quitte la bonne madame Delavaivre pour aller habiter d'abord chez mon amie Cécile Magnet, à Odéon. Merci Cécile pour les rires et le réconfort. Puis j'emménage dans un studio rue du Petit-Pont, à Saint-Michel. Mon matelas posé à même la moquette, une cheminée, un tourne-disque sur lequel j'écoute Stevie Wonder. Je passe une demi-journée à jouer sous la direction de Michel Bouquet, et l'après-midi, au lieu d'aller travailler ma voix, suivre tel ou tel atelier, je rentre pleurer dans mon studio. La solitude me pèse incroyablement.

À part Michel Bouquet, dont les mots et le regard me nourrissent, je n'ai que Brigitte et Philippe dans ma vie parisienne.

Brigitte a quitté Saint-Étienne avec sa petite fille pour s'installer près de Versailles où habitent ses parents. Je passe régulièrement la soirée chez elle, et c'est aujourd'hui seulement que je mesure combien sa présence a été salvatrice. Elle est la seule personne qui me donne la main durant ces premiers mois à Paris, elle est ma famille à elle toute seule, la sœur que je voudrais, la mère que je n'ai pas, l'amie, la confidente. Je croyais la sauver, mais c'est elle qui me sauve. Je n'ose pas imaginer ce qu'auraient été ces mois sans elle, sans son amour, sans sa chaleur. Parfois, nous faisons les courses ensemble, puis elle prépare une soupe. Une bonne odeur flotte dans la maison et je crois que si elle me demandait au milieu du dîner : « Dis-moi une chose, Muriel, tu préfères être ma fiancée ou ma fille ? », je lui répondrais sans hésiter : « Ta fille ! »

Je n'ai pas envie d'être la fiancée d'une femme, mais ai-je davantage envie d'être la femme d'un homme ? J'ai laissé s'enfuir Yves qui va bientôt renoncer à m'attendre, et Philippe est homosexuel. Il est toujours là pour moi, adorable, mais il mène sa vie de son côté.

C'est lui qui m'a baptisée « la madone des sleepings » parce que pour fuir ma solitude, je ne trouve rien de mieux que de retourner chez moi un week-end sur deux téter un biberon vide. Les TGV n'existent pas encore, ce sont les vieux Corail sales et bondés qui mettent cinq heures pour relier Paris à Saint-Étienne. Je voyage debout, ou assise sur ma valise, c'est une épreuve, mais j'ai besoin de rentrer.

Il ne se passe évidemment rien de réconfortant en famille, pas le moindre geste de tendresse, pas la moindre curiosité pour ma nouvelle vie, et puis de toute façon le samedi c'est le plus gros jour de la semaine à la boutique, les parents n'ont pas une seconde, maman est à cran, papa fait le dos rond. Le soir, je file en boîte. J'expérimente la sexualité avec les garçons, parfois dans des conditions loin d'être romantiques.

Avec Yves, j'avais connu la tendresse, les réveils ensemble le dimanche matin, les petits-déjeuners au lit, tandis que là il n'y a ni douceur ni lendemain. Je n'ai qu'une hâte, ensuite, c'est que la nuit me permette d'oublier et que la souffrance en moi s'apaise, cette souffrance qui est là, sans cesse.

La première année, je pleure. La deuxième année, j'écris. Tous les après-midi je rentre écrire. Je regrette aujourd'hui d'avoir jeté ces carnets. J'écris mes colères. Contre maman qui aurait mieux fait de ne pas avoir d'enfants puisqu'elle est incapable de les aimer. Contre l'inexistence de papa. Se peut-il que maman l'ait un jour regardé comme un homme ? Je veux dire : *avec du désir ?* Si elle n'a jamais regardé mon père comme un homme, comment pourrais-je, moi, éprouver du désir pour les hommes ? Est-ce qu'une fille n'apprend pas tout de sa mère ? Petit à petit, je commence maladroitement à éclairer mes propres ténèbres, à deviner l'origine de mon ambivalence sexuelle. Pour apprendre à désirer un homme, il aurait sans doute fallu que je voie ma mère désirer mon père. C'est une évidence que je mets des mois à formuler.

J'essaie d'organiser les choses dans ma tête, de comprendre pourquoi je suis si différente des autres, si mal équipée pour la vie. J'ai suffisamment de recul, maintenant, pour savoir d'où je viens et comparer mon enfance si vide, si désespérément vide, à celle des filles et des garçons de mon âge que j'observe silencieusement. Combien ils ont été aimés, nourris, encouragés, au regard de ce que nous avons reçu, nous, les trois filles Robin de Saint-Étienne. Et en même temps, comment nos parents, qui ont si peu reçu eux-mêmes, auraient-ils pu nous donner plus ? Pour la première fois, j'ai l'intuition qu'on ne peut donner dans la vie que ce qu'on a reçu, et cela me ramène à maman, maman si mal aimée en dépit de son prénom, si brutalisée dès sa petite enfance, et je comprends pourquoi, malgré tout le mal qu'elle nous fait, j'ai pour elle un amour inconditionnel. Elle est la femme de ma vie, oui, celle que j'ai eu très tôt l'ambition de réconforter, de consoler, de réconcilier avec elle-même, d'une certaine façon.

En deuxième année, j'ai théoriquement pour professeur Antoine Vitez, le grand Vitez dont j'entends prononcer le nom depuis mon entrée au Conservatoire, dont tous les élèves sont fondus. Il est alors dans sa période allemande – Goethe, Jakob Lenz, Bertolt Brecht. Je participe à trois ou quatre leçons avec lui, puis je demande à retourner avec Michel Bouquet, ce qui ne pose aucun problème, puisque Bouquet lui-même est heureux de me récupérer parmi ses élèves.

J'accède (modestement) à la culture théâtrale. Je travaille *L'Aiglon* d'Edmond Rostand, *La Bonne Âme du Se-Tchouan*, de Bertolt Brecht, *Andromaque* de Racine, je découvre Roland Dubillard que j'adore immédiatement (et dont je jouerai d'ailleurs *Les Diablogues* en 2009, sous la direction de Jean-Michel Ribes). J'aime la façon dont Michel Bouquet acquiesce. « Toi, me dit-il un jour tout bas, ce n'est pas la peine que je te fasse travailler la comédie, tu es douée, tu as ça naturellement. » Et il me dirige plutôt vers des rôles dramatiques.

Je m'arrange, cette année-là, pour que mes parents le rencontrent. Je dois être fière : malgré tout, Michel Bouquet, c'est un grand nom dans leur esprit, un visage, une voix, grâce à la télévision et aux films de Claude Chabrol, d'Yves Boisset, d'Henri Verneuil, tandis que Vitez ou Dubillard, par exemple, n'évoqueraient rien pour eux.

Ils ne viennent pas à Paris pour moi, mais pour leurs chaussures, et cependant je parviens à les attirer dans le quartier du Conservatoire. La rencontre a lieu sur le trottoir.

— Je vous présente mes parents, Monsieur, dis-je à Michel Bouquet. Ils sont de passage à Paris.

Maman d'une élégance parfaite, papa en Gabin cravaté lui tendant sa grosse paluche de cordonnier.

Je suis à la fois éblouie et confuse, si confuse que les mots échangés entre ces trois-là me traversent à la vitesse du son, sans laisser de traces. C'est trop, je n'arrive rien à capter.

J'ai le souvenir des éloges de Michel Bouquet qui pourraient presque me conduire à faire un malaise, et l'image de mes parents l'écoutant religieusement. Quels échos peuvent bien produire en eux ces mots d'un des plus grands comédiens du siècle, d'un artiste immense, sur la petite qu'ils destinaient au centre commercial

Rallye ? La fierté l'emporte-t-elle sur la déception d'avoir perdu une vendeuse ? D'avoir dû revendre ce magasin faute d'une Robin pour le tenir ? Je n'en suis pas certaine. Je ne sais pas s'ils comprennent ce qu'on fabrique dans un Conservatoire, je ne sais pas ce qu'ils perçoivent de ce que sont la culture, la création artistique, la lumière qu'on peut y trouver... Ils ont si peu reçu, ils sont si démunis. Dans un tel moment, j'oublie tous mes reproches à leur égard, je me sens avec eux, solidaire, je les aime plus que tout. Et j'aime que Michel Bouquet prenne le temps de leur parler, qu'il ait cette élégance de leur expliquer combien il croit en moi, même s'il a peut-être le sentiment que c'est inutile, que ses mots se perdent.

Oui, Michel Bouquet croit en moi, et c'est sa foi qui me retient au Conservatoire, car vers la fin de cette deuxième année, je suis décidée à abandonner. Je n'ai jamais voulu faire de théâtre, je suis entrée au Conservatoire sur un malentendu, c'est le cinéma qui m'intéressait et continue de me passionner, l'émotion inépuisable qu'éveille en moi Annie Girardot, ma fascination pour Alain Delon : ceux-là sont ma famille, c'est leur façon de raconter la vie qui m'intéresse, tandis que je ne me sens à ma place ni chez Racine ni chez Edmond Rostand (mais Dubillard, lui, fait vibrer une de mes cordes sensibles).

En tout cas, je dis à Michel Bouquet que je vais arrêter. Il se souvient aujourd'hui que nous marchons côte à côte à ce moment-là, sur le boulevard, dans le quartier du Conservatoire.

— Je voulais vous remercier, Monsieur, pour tout... pour tout ce que vous m'avez appris.

Son imperceptible sourire.

— Tu es bien la seule à qui je n'aie pas appris grand-chose. Mais pourquoi voulais-tu me parler ?

— Parce que je vais rentrer chez moi, je ne vais pas faire la troisième année.

— Es-tu en train de m'annoncer que tu abandonnes ?

— Oui, Monsieur. Je voulais que vous soyez le premier à l'apprendre. Je ne trouve pas ma place ici, ce n'est pas pour moi.

Il marque le pas, me retient par la manche et cherche mon regard.

— Écoute-moi, mon petit : tu n'as pas le droit de faire ça, tu n'as pas le droit d'abandonner, tu comprends ? Quand on a ton talent, on a le devoir de continuer. C'est comme Charlie Chaplin. Imagines-tu Charlie Chaplin renonçant à l'âge de vingt ans ? Imagines-tu aujourd'hui le monde *sans* Charlie Chaplin ?

— Je ne suis pas Charlie Chaplin, Monsieur.

— Qu'en sais-tu ? Comment saurais-tu aujourd'hui ce que tu seras demain ? Tu es dans une grande souffrance, Muriel, je vois ça depuis le premier jour. Je n'en ai pas l'air, mais je vois pas mal de choses, tu sais, et cette souffrance vient sans cesse entraver ton élan, le contrarier. Il arrivera un jour où cette même souffrance nourrira ton inspiration, où tu auras appris à en faire une œuvre, et ce jour-là tu seras une grande artiste. Dans notre métier, certains vont vers le personnage, d'autres amènent le personnage à eux, tel Chaplin justement. Toi, avec ta nature, tu amèneras le personnage à toi. J'ai confiance, veux-tu me faire confiance et continuer ?

— Je vous fais confiance, vous le savez bien depuis le temps, mais je ne me vois pas...

— Il n'y a pas de *mais*, Muriel. N'abandonne pas, je te le demande. Et puis ne me réponds pas tout de suite, prends le temps de réfléchir. Viens, marchons encore un peu et parlons d'autre chose.

J'entre en troisième année, et je me place cette fois sous la direction de Marcel Bluwal, homme de théâtre, certes, mais aussi de cinéma puisqu'il a énormément tourné, en particulier pour la télévision. J'ai sans doute l'espoir que cet homme m'amènera au cinéma, mais je suis déçue, nous ne faisons toujours que du théâtre et, après quelques semaines, je retourne dans la classe de Michel Bouquet.

Cette dernière année est plus joyeuse que les précédentes, je me fais enfin des amies : Marianne, Catherine, Isabelle. On va le soir chez l'une ou chez l'autre, on boit, on fume, on rigole.

Mes week-ends à Saint-Étienne sont également moins glauques. Mes parents n'habitent plus l'appartement où j'ai passé mon adolescence, à trois pas de la boutique et du cours Sévigné de triste mémoire : ils ont acheté une jolie maison à Andrézieux, à vingt kilomètres de Saint-Étienne, et, moi, j'ai une chambre avec ma salle de bains privée au dernier étage. C'est un endroit que le passé n'a pas entaché, je peux essayer de m'y regarder différemment, avec un peu plus de bienveillance.

Et puis c'est durant cette troisième année de Conservatoire que je fais la connaissance d'un homme qui va m'accompagner toute ma vie : Roger Louret.

Roger est un phénomène dans le monde du théâtre, il a créé sa propre compagnie, Les Baladins, dans un village perdu de huit cents habitants au fin fond du Lot-et-Garonne, Monclar.

C'est mon ami Philippe qui me parle de lui pour la première fois. Il rentre de Monclar où il est allé jouer pendant quelques semaines sous la direction de Roger Louret. Il s'est énormément amusé. Jamais il n'avait travaillé dans de telles conditions, dans des granges, en plein air, et Roger, me dit-il, est à la fois très talentueux et très drôle – « D'ailleurs, ajoute-t-il, je lui ai parlé de toi, ça ne m'étonnerait pas qu'il t'appelle. »

Quelques semaines plus tard, je reçois un coup de fil de Roger Louret.

— Philippe m'a donné envie de te connaître. J'aurais un rôle pour toi dans une pièce que j'envisage de monter, mais il faudrait d'abord qu'on se rencontre…

— Très bien, j'arrive.

Le soir même, je suis dans le train pour Agen, assise dans le couloir sur ma valise rouge, la cigarette au bec. Je découvre Roger Louret, à peine plus âgé que moi, à la fois chaleureux, drôle et passionné. Puis je découvre Monclar, son café tenu par Huguette, la mère de Roger, ses ruelles, ses maisons de travers… Ça n'est ni joli ni laid, on devine que ça pourrait s'éteindre à petit feu, comme tant de villages, mais que ça ne s'éteindra pas parce que cette compagnie fait battre les cœurs. Les comédiens logent ici et là chez l'habitant, le café ne désemplit pas, tout le monde se connaît, et il y a toujours un spectacle en cours de création.

Roger veut monter *Il faut qu'une porte soit ouverte ou fermée*, d'Alfred de Musset, et me donner le rôle de la marquise. Comme tout me plaît dans cet endroit, je dis immédiatement oui, je n'ai aucune envie de rentrer à Paris, et les choses se mettent en place simplement, comme dans un rêve. Le soir même, j'ai ma chambre chez des gens du village, le texte de Musset entre les mains et un fauteuil râpé au coin du feu. Le lendemain, nous commençons la lecture, et trois jours plus tard les répétitions.

Je suis à la fois dans le théâtre et dans la vraie vie, et ce mélange des genres m'enthousiasme. J'oublie un peu le Conservatoire. Je me fonds dans le rythme quotidien de la compagnie, fait d'un travail intense et de repas incroyablement chaleureux au café, servis par la mère de Roger que je n'ai plus envie de quitter. J'ignorais qu'il pût exister de telles femmes, capables de réciter du Prévert tout en vous servant à boire, capables de transformer les jours, si pluvieux soient-ils, en quelque chose de beau, d'amical, de poétique.

Avec Roger Louret, je retrouve ma nature. Les élèves du Conservatoire m'avaient rogné les ailes en se moquant de mon style « à la Maillan », Roger me les remet en place, lui adore ma façon de jouer et me pousse au contraire à exploiter tous mes ressorts enfouis.

Nous donnons une dizaine de représentations, à Monclar et dans les villages alentour, puis je dois regagner Paris pour terminer le Conservatoire.

Avec ma nouvelle amie, Marianne, qui est très joyeuse, nous préparons un long extrait de *Gros Chagrin*, de Courteline, que nous jouerons pour le spectacle de fin d'études. C'est un moment jugé important par tous les jeunes diplômés car la salle est pleine de metteurs en scène, de journalistes et d'agents.

Je me souviens que nous sommes longuement applaudis et que, le lendemain, je lis pour la première fois mon nom dans un journal.

Je me souviens aussi qu'un agent, une femme, dont je ne prends même pas la peine de noter le nom, m'attrape à la sortie.

— Bravo, je vous ai trouvée formidable ! Pouvez-vous passer me voir un de ces jours ?

Je devrais bondir de joie, c'est ce que nous sommes tous censés attendre, mais je m'entends répondre :

— Là, tout de suite, ça ne va pas être possible. Je repars pour Saint-Étienne.

— Ah bon, bon… Est-ce que je peux vous appeler à Saint-Étienne ?

— Si vous voulez.

Elle m'appelle au milieu de l'été – cet été 1980 où je fête mes vingt-cinq ans sans bougies ni gâteau – et déjà je ne suis plus dans l'histoire, je ne comprends même pas de quoi elle me parle : je suis diplômée du Conservatoire,

Michel Bouquet m'a redit la foi qu'il avait en mon avenir d'artiste, de comédienne, mais j'ai repris le magasin de chaussures pour enfants de mes parents comme si ces trois années n'avaient jamais existé et ça n'a eu l'air d'étonner personne. Même pas moi.

Chapitre 9

Vendeuse dans le magasin de chaussures pour enfants de mes parents, à vingt-cinq ans, après être sortie du Conservatoire national supérieur d'art dramatique, comment est-ce possible ? Je ne sais pas. Je ne sais pas pourquoi je suis retournée à Saint-Étienne après avoir tout fait pour en partir. Sans doute pour retrouver les miens, me dis-je aujourd'hui, reprendre ma place, me convaincre que nous nous valons toutes les trois, nées pour vendre des godasses toute notre vie sous le regard acerbe de Madame Robin.

Sur le moment, je ne sais pas. Mais quand j'y songe, tant d'années après, je suis stupéfaite. Stupéfaite qu'il ne se soit trouvé personne dans ma famille pour m'attraper par le col et me renvoyer *manu militari* à Paris – « Non, mais ça ne va pas Muriel ! Tu n'as pas enduré tout ça, *réussi* tout ça, pour revenir faire des courbettes à Saint-Étienne – "Ça lui va très bien, au petit, si vous voulez j'ai les mêmes dans un autre coloris..." Et puis quoi encore ! Tu retournes à Paris, tu t'accroches ! » Stupéfaite d'être revenue de mon plein gré à mon point de départ dans une sorte de résignation suicidaire.

Je me revois dans ma boutique, ni heureuse ni malheureuse, anesthésiée en quelque sorte. Je me tiens sur la mezzanine, derrière un petit bureau. J'ai apporté des guides de voyage et un atlas et je me projette ailleurs, j'apprends des noms de pays et de villes, je rêve. Enfin, j'essaie. Tant que les clients entrent au compte-gouttes, je les laisse à la vendeuse que je peux apercevoir, depuis mon perchoir, trottinant d'un bout à l'autre de la boutique. S'ils se bousculent, j'abandonne mon petit bazar et je viens servir. Tout le monde sait que je suis une fille Robin, alors invariablement la question arrive sur le tapis :

— Tu es revenue, finalement ?

— Ben oui, comme vous voyez.

— Tu ne t'es pas plu à Paris ?

— Pas trop.

— Tu sais, la famille, ça a du bon. Au fond, tu n'es pas malheureuse ici ?

Je m'en sors par un sourire.

— Attendez, je vous donne un ballon pour la petite.

Remontée sur ma mezzanine, je me replonge dans mon atlas. Se peut-il que j'aie vraiment connu Michel Bouquet ? Il faut que je me pince pour y croire. Tout cela me semble un peu irréel à présent. Si ça se trouve, j'ai tout inventé, première au Conservatoire, Bouquet, Vitez, Courteline, les applaudissements... Mais je vais bien, notez, je ne dors pas mal, les journées s'écoulent tranquillement, maman me rapporte qu'on la félicite – « Eh bien vous avez récupéré votre fille,

Madame Robin ! Quelle belle jeune femme ! En tout cas, Paris ne lui a pas tourné la tête, elle est charmante. Vous en avez de la chance avec vos trois filles ! »

Je dois tout de même être un peu perturbée, si, car est en train de germer dans mon esprit l'idée de partir en voyage. Chez les Robin, nous n'avons jamais quitté la France (Paris pour les nouvelles collections, Montbrison pour les week-ends chez Juliette, Chalmazel pour le ski), les grands voyages ne sont pas inscrits dans notre culture familiale, alors pourquoi l'envie me prend-elle de m'envoler pour le Mexique et le Guatemala ?

— Le Guatemala ! répète maman, perplexe. Je n'ai jamais entendu ce nom-là… Où est-ce ?

— En Amérique.

— Tu veux partir en Amérique ! Mais combien de temps ?

— Je ne sais pas. Deux mois, trois mois…

Maman en reste sans voix. « Après le Conservatoire, le Guatemala ! doit-elle songer. Celle-ci, décidément, elle va me rendre chèvre. » Elle n'ose trop rien dire, cependant, après tout deux mois, ça ne fait que soixante jours si tu comptes bien… L'essentiel, c'est que la gosse reprenne ensuite le magasin, avec les années elle finira bien par se calmer.

Le Mexique et le Guatemala, donc, mais je ne suis pas complètement folle, j'ai pris la peine de lire le *Guide du routard*, je ne vais pas courir le risque de partir toute seule dans des pays considérés comme dangereux. Je cherche qui pourrait bien m'accompagner. Yves est maintenant marié, mon amie Fabienne également (elle vit en Allemagne), je n'ai jamais eu beaucoup d'amis, mais là c'est carrément la disette. C'est comme ça que j'en arrive à Laurent, le frère du mari de Martine. Laurent est coiffeur, on se connaît peu, il est sympathique, un peu perdu, un voyage ne peut pas lui faire de mal, c'est ce que je vais lui vendre.

— J'ai pensé à toi pour m'accompagner, Laurent.

— Pourquoi moi ?

— Parce que ça ne peut pas te faire de mal de quitter un peu ton salon de coiffure, pour réfléchir, visiter le monde.

À voir comme il se met aussitôt à transpirer, je ne suis pas certaine qu'il volera à mon secours en cas d'agression par des Mexicains armés, mais je suis certaine qu'il sera là pour la rigolade.

Eh bien c'est d'accord, il va poser deux mois de congé au salon de coiffure et nous partirons ensemble.

Les préparatifs s'engagent mal. Nous filons au Géant Casino nous choisir deux sacs de voyage. Comme ceux-ci n'ont pas de bandoulières, nous en piquons discrètement deux sur d'autres modèles et nous nous pointons à la caisse.

— Vous pouvez nous suivre, s'il vous plaît.

J'observe mon Laurent se liquéfier, et moi je ne suis pas fière non plus. La fille Robin prise la main dans le sac – je vois déjà que depuis les trente-cinq caisses du Géant Casino, tous les regards convergent sur nous. Voilà un scandale qui risque de faire jaser en ville. Nous remontons tout le magasin entre nos deux vigiles, j'imagine déjà les menottes, la nuit en prison, la photo dans *Le Progrès*, le nom des Robin à jamais sali, la honte de maman. Tout ça pour deux bandoulières.

— Écoutez, dis-je au type une fois dans le bureau, si ma mère apprend ce truc, ça va être abominable, elle va me tuer.

Et on s'en tire indemnes. Sans nos bandoulières, mais indemnes.

Le 1er janvier 1981, nous nous envolons pour Mexico. Et ça y est, je découvre enfin le goût du bonheur. Il m'aura fallu l'attendre vingt-cinq ans, mais cette fois je l'ai là, sur la langue, dans le cœur : je sais à quoi ressemble le bonheur, il ressemble à ce jour où nous grimpons à l'arrière d'un pick-up et où nous nous laissons transporter, assis sur des sacs de café, adossés à la cabine, dans le vent chaud des Tropiques, insouciants, légers, ravis, ignorant ce que nous allons découvrir à l'arrivée, mais sachant que nous y resterons si l'ambiance est bonne, si nous y trouvons notre place, et que nous en repartirons aussitôt si notre impression est mauvaise. Le bonheur ressemble aux dix jours passés sous un toit en feuilles de bananier, à dormir comme un bébé dans un hamac, me fichant pas mal des araignées grosses comme le poing alors qu'à Paris je peux sauter par la fenêtre si j'en trouve une au plafond. Il ressemble à cet hôtel miteux au bord d'un lac où nous passons dix jours à jouer au backgammon, à profiter de l'eau et du soleil, à nous laisser vivre, jusqu'au matin où nous décidons de partir, comme ça, sur la seule envie d'aller voir ailleurs.

Ce voyage, c'est une révélation. Cette sensation de légèreté, de liberté, c'est ça que je veux désormais. Au retour, ma décision est prise : je vais trouver un job insipide, j'y passerai huit à dix mois par an, et chaque année je partirai entre deux et quatre mois.

C'est amusant parce que, aujourd'hui, près de quarante ans plus tard, je vois que j'ai fait à peu près tout le contraire : je me suis constamment enfermée dans des relations sentimentales qui me retenaient, et, en faisant du one-man-show, je me suis mis sur la tête une pression, à l'opposé de l'insouciance dont je rêvais. Comme s'il fallait toujours que je me punisse. Mais de quoi ? D'être un enfant non désiré ? De ne pas être le garçon qu'espérait mon père ? De n'avoir pas pu sauver ma mère de son insondable malheur ? D'être différente de mes sœurs ?

J'essaie pourtant d'être fidèle à mes nouvelles résolutions, et *je ne retourne pas vendre des chaussures*. C'est énorme quand j'y pense. Je dis non à Madame Robin. Cependant, je n'ai gardé aucun souvenir de ce jour historique où je lui assène ce premier coup, avant de lui annoncer que je repars pour Paris. Aucun souvenir de sa tête, de ses mots, peut-être était-elle si abasourdie qu'elle n'a rien trouvé à répondre. De mon côté, je suppose que je suis encore dans l'ivresse de mon voyage, pressée d'organiser ma nouvelle vie pour m'envoler bientôt vers l'Inde, l'Australie, le Japon, que sais-je, et que je me fiche de ce qu'elle peut bien penser.

Je repars pour Paris vendre des pantalons dans les comités d'entreprise. Je voulais un boulot stupide, eh bien j'imagine que je ne pouvais pas trouver mieux (à se demander, d'ailleurs, pourquoi je ne reste pas dans la chaussure). Je me revois avec mes pantalons, passant des coups de fil aux entreprises, demandant à parler à un élu du comité et annonçant à cette personne que je vends des pantalons à des tarifs très avantageux. Un an plus tôt, je jouais la marquise dans une pièce d'Alfred de Musset... Je suis vaguement consciente qu'il doit y avoir une erreur quelque part, mais les dés semblent jetés.

Pas tout à fait tout de même, puisque tandis que je déballe mes pantalons, une petite voix ne cesse de me murmurer : « Mais qu'est-ce que tu fais là, Muriel ? Bouquet t'avait parlé de Charlie Chaplin, il t'avait suppliée de ne pas abandonner, et regarde où tu en es ! Regarde comment tu te traites ! On jurerait que tu te détestes, que tu fais tout pour te dévaloriser. »

Est-ce cette petite voix, et une sourde culpabilité, qui lentement me ramènent au théâtre ? Je fais une chose que je suppose complètement inédite : alors que je suis sortie du Conservatoire national, je retourne rôder au cours Florent (celui qui m'avait préparée au concours d'entrée au Conservatoire, quatre ans plus tôt). Qu'est-ce que je cherche au juste ? Je ne sais pas trop. À remettre un pied dans le monde artistique, à retrouver des moments d'éblouissement, à ne pas mourir idiote, enfouie sous mes pantalons.

Une nouvelle classe vient d'être créée au cours Florent, la *classe libre*. On y entre sur concours, et si on réussit l'épreuve, les cours sont gratuits. Sans doute est-ce pour donner leur chance aux plus défavorisés. En tout cas, je m'inscris au concours, et je suis prise !

J'en suis là, courant les comités d'entreprise le jour avec ma marchandise, et jouant le soir des saynètes au cours Florent sous la direction de Francis Huster, notre professeur, quand je reçois un coup de fil de maman : papa a un cancer des poumons, il faut l'opérer d'urgence.

La maladie de papa me ramène à Saint-Étienne. Nydia et Martine sont mariées, chacune mère d'un jeune enfant, très occupées par leur famille et leur travail, je suis la seule à pouvoir tout plaquer, les pantalons et le cours Florent, pour me précipiter au secours de maman. Je crois que je le fais avec d'autant plus de cœur que la situation réveille en moi le petit homme qui voulait sauver sa mère, pallier l'impuissance du père. C'est peu dire que papa est impuissant, cette fois il est carrément hors-jeu, on va lui retirer une grande partie d'un poumon, en espérant que l'intervention le sauvera.

C'est novembre. L'année 1981, commencée au Mexique, se termine dans un hôtel modeste de Lyon, à proximité de l'hôpital où doit être opéré mon père. Je partage une chambre avec maman. Deux petits lits en bois, un décor chaleureux de chalet savoyard qui convient bien pour la circonstance. Je suis aux petits soins pour elle, je veille à ce qu'elle se couvre bien, c'est moi qui la conduis en voiture à l'hôpital, au restaurant, partout où elle le souhaite, je m'efforce de la faire rire et j'y parviens sans mal – maman n'est pas dans l'émotion, elle est solide, elle en a vu d'autres, et je la convaincs que papa va s'en sortir.

Curieusement, je n'ai aucune image de mon père sur son lit d'hôpital. Je ne le vois pas, je n'ai d'yeux que pour maman que je veux protéger à tout prix. Et je ne ressens ni chagrin ni émotion, comme si cet homme, que j'aime pourtant, m'était devenu indifférent. Se peut-il qu'à force de s'effacer, de ne jamais vouloir prendre position, de ne jamais s'être intéressé à ma vie, il ait fini par en sortir ? C'est bien possible. Quand il mourra, seize ans plus tard, en décembre 1997, je le regarderai partir avec tristesse, mais sans bouleversement.

Le chirurgien est satisfait, l'opération s'est bien passée, et papa revient doucement à la vie quand j'apprends que Roger Louret cherche à me joindre depuis Monclar.

Il a dû téléphoner au magasin, Nydia l'a mis au courant, car je me revois, un soir, attendant son appel, plantée devant la cabine téléphonique de l'hôpital.

Enfin, ça sonne.

— Muriel ! Comment vas-tu depuis tout ce temps ? Je viens d'apprendre pour ton père…

— Il va s'en sortir.

— Et toi ?

— Eh bien moi aussi, j'espère !

— J'ai beaucoup pensé à toi depuis ta venue… Tu sais, je viens de terminer la rédaction d'une pièce, une comédie musicale, et tout au long de l'écriture, c'est toi que je voyais dans le premier rôle.

— Vraiment ?

— J'ai tellement regretté que tu t'en ailles après Musset, tout le monde me parle encore de la marquise, tu étais formidable.

— Je devais finir le Conservatoire, Roger.

— Je sais. Mais maintenant, tu reviendrais ?

— Pourquoi pas ? Si je peux laisser ma mère seule, je reviens. Je n'ai aucun autre engagement. Tu me laisses lui en parler ?

Je prends le temps de ramener mes parents à Andrézieux – mon père qui entame une longue convalescence, maman qui a compris qu'elle pouvait le perdre et veille désormais sur lui avec une tendresse qu'on ne lui soupçonnait pas.

Puis je rappelle Roger Louret pour lui annoncer mon arrivée. Je ne sais rien de cette pièce qu'il a écrite en pensant à moi, je ne sais pas ce que me réserve Monclar, mais j'ai tellement aimé l'homme et son village que j'abandonne, sans regrets, mes comités d'entreprise et l'idée de repartir en voyage le nez au vent.

Merci Roger !

Chapitre 10

Avec quel bonheur je retrouve Monclar ! Monclar sous la neige au milieu de février 1982, la maman de Roger qui m'embrasse, les grandes tablées le soir dans son café, les permanents de la compagnie, les villageois… Tout le monde semble content de me revoir. On me dégote une chambre chez l'habitant et, passé les embrassades, je suis déjà dans le bain.

La pièce écrite par Roger s'appelle *Sus aux zazous !*, elle met en scène la patronne d'un cabaret (moi) et tout son petit monde. Aux histoires qu'on se raconte se mêlent des chansons, c'est en effet une sorte de comédie musicale, mais déjantée, poétique, charmante. J'adore le texte et le rôle, c'est peut-être la première fois que je me sens aussi heureuse sur scène, à la fois Maillan et marquise, car cette patronne de cabaret se donne des airs de grande bourgeoise. Roger m'aime en bourgeoise, en tenancière, en chanteuse, je me sens soutenue, admirée, et dans cet état de grande confiance, j'apprends à mieux donner.

Nous jouons dans le petit théâtre de Monclar (quatre-vingts places) puis nous partons en tournée. Il nous arrive de jouer dans des granges, de devoir courir dans la neige en costume et escarpins pour rejoindre la scène, de construire des tréteaux de fortune en rapprochant des tables de cantine, mais partout nous remplissons les salles et les gens viennent parfois de loin, de Bordeaux, de Périgueux, d'Agen, pour nous applaudir.

C'est après une représentation à Monclar que je fais la connaissance d'Annie Grégorio, qui va demeurer mon amie, ma complice, près de trente années durant. Annie a fait partie de la compagnie, elle en a même été la star pendant des semaines en interprétant *J'ai vingt ans ! Je t'emmerde*, une pièce également écrite par Roger Louret et dont le succès a été d'emblée considérable. Elle est revenue à Monclar pour voir *Sus aux zazous !* et elle va y rester jusqu'à ce que nous repartions ensemble pour Paris.

Elle est singulière, talentueuse, drôle, incroyablement drôle, et tout de suite nous partageons ça, le rire. Nous allons rapidement nous retrouver à jouer ensemble dans une autre pièce désopilante de Roger Louret, *Chialer sur les idoles*, un spectacle musical sur les années twist où nous apparaissons en jupes à carreaux et coiffées de couettes à la Sheila.

Les semaines passent, et la vie s'organise pour moi à Monclar. Nous ne gagnons pas grand-chose, juste de quoi nous acheter nos cigarettes et sortir prendre un verre en boîte de temps en temps, mais nous sommes logés, nourris, et nous n'avons besoin de rien de plus pour être heureux. Je parviens tout de même à m'offrir une vieille Méhari orange qu'un paysan me vend trois balles et qui me permet de m'échapper à l'occasion. Côté cœur, Brigitte est toujours dans ma vie comme une amie précieuse, même s'il ne se passe plus rien d'amoureux entre nous (elle va venir me voir à Monclar), et je m'autorise à flirter gentiment avec un comédien de la troupe.

Moi qui rêvais de quitter Saint-Étienne pour Paris, la province pour la capitale, je suis étonnamment apaisée et heureuse dans ce village qui ne compte qu'une boulangerie, une boucherie, une église et deux bistrots. Certains soirs d'été, je vais m'asseoir toute seule sur un banc, au sommet du bourg, et je contemple la plaine. Alors je retrouve des sensations éprouvées au Mexique et au Guatemala – quand le regard porte loin, très loin, on dirait que le cerveau voit plus large et que le cœur se sent moins à l'étroit, moins oppressé. La liberté que je cherchais, ce n'est pas à Paris que je l'ai trouvée, mais à Monclar.

Aussi, je m'investis dans la vie de la troupe, comme si je voulais rendre à tous ces gens qui m'entourent un peu du bonheur qu'ils me donnent à vivre, à me réveiller le matin, à me coucher fatiguée et comblée le soir. Pour entrer dans notre théâtre de poche, on doit passer par le bistrot d'Huguette, la maman de Roger, et vraiment les murs ont besoin d'un sérieux ravalement. J'entraîne toute la troupe derrière moi et nous repeignons la maison du sol au plafond. Nous en profitons pour refaire les éclairages, les toilettes, accrocher de jolis rideaux ici et là, et ça y est, c'est autre chose, on se sent tout de suite mieux, on entre dans notre petit théâtre avec le sourire.

Après ça, je m'investis dans les coulisses où s'entassent dans un désordre inextricable costumes de scène et chaussures. Pour les costumes, c'est facile, je fabrique des cintres et réorganise la pièce. Pour les chaussures, j'ai l'ambition de construire des casiers en bois comme j'ai appris à le faire avec papa au temps des marchés. J'en parle à Roger, que ça ne passionne pas, mais qui m'envoie vers son père.

— Il va te donner le bois pour construire ton truc.

René, le père, me regarde venir, genre celle-ci, elle arrive de la capitale, elle s'imagine qu'on découpe du bois comme ça et que les choses se font par l'opération du Saint-Esprit.

— Vous me faites marrer les Parisiens... Tu te pointes comme ça, sans les dimensions. Comment je fais, moi ?

— Mais je ne suis pas parisienne !

Et là, je lui sors mon plan, et je vois que tout de suite il change de tête.

— Ah ben pardon, toi t'es pas une fille comme les autres alors...

On se met aussitôt à bavarder, et deux jours plus tard il vient admirer mes casiers. « Mon père, tu peux lui demander ce que tu veux, me dit Roger. Il n'avait jamais vu une fille comme toi. » Oui, c'est une chose qu'on m'a déjà dite.

Puis le garçon qui s'occupait de la comptabilité s'en va, Roger n'a personne pour le remplacer et je m'y colle. J'apprends toute seule, j'ai mon petit bureau, je gère au mieux les finances de la compagnie, moi qui n'ai jamais voulu mettre le nez dans celles des magasins de Madame Robin.

Et c'est à Monclar que je rencontre également Élie Semoun ! Il a dix-neuf ans, a déjà écrit deux recueils de poèmes, et nous nous retrouvons sur scène dans *Les Folies amoureuses*, de Jean-François Regnard. Il est drôle, amical, talentueux, mais il ne pense qu'à déconner tandis que moi je suis à fond. Il n'a pas oublié combien je l'ai engueulé à cette époque, mais trente-cinq ans plus tard nous nous aimons toujours. Entre-temps, il m'a lu ses premiers sketchs, j'ai co-écrit certains de ses spectacles et aujourd'hui il m'appelle « maman Muriel ».

Au début de l'été 1983, je me mets à tousser. L'hiver a été rigoureux, on en a fini avec les rhumes et les bronchites, et du coup je fais le clown avec ma toux en plein mois de juin, exactement comme je l'avais fait avec ma hernie discale. Jusqu'au jour où je crache du sang. Bernard, le jeune médecin du village qui soigne toute la troupe, m'envoie aussitôt passer une radio à Villeneuve-sur-Lot.

Je ne suis pas près d'oublier la tête du médecin devant ma radio – la caricature du type en blouse blanche qui se la joue.

— Muriel Robin... Vous fumez beaucoup, non ?

— Je fume pas mal, oui.

— Hum hum... je vois ça.

Puis il fait durer le suspense, et comme je sors tout juste du cancer de mon père, indiscutablement lié aux kilomètres de gauloises qu'il s'est enfilés, je songe avec une certaine émotion : cette fois, c'est mon tour, au mieux il va me virer la moitié d'un poumon, au pire il me reste six mois à vivre, et encore, en calculant large.

— Si c'est un cancer, docteur, je préfère que vous me le disiez tout de suite, ça ne sert à rien de me faire attendre.

— Non, c'est la tuberculose. Vous avez la tuberculose, mademoiselle.

Pour un peu, je me serais écriée : « Ouf ! Bonne nouvelle ! La tuberculose, je prends ! Tant que ça n'est pas un cancer, je prends tout. Mettez-m'en trois kilos si vous voulez. »

Comme c'est une maladie terriblement contagieuse, il me fait immédiatement hospitaliser. Je comprends que ma guérison va dépendre de la façon dont mon organisme réagira au traitement. Ça peut prendre un mois, ou beaucoup plus, on ne sait pas.

Pour protéger mes parents, je ne leur dis rien, jamais ils ne sauront que j'ai eu la tuberculose. Je les appelle depuis l'hôpital, et j'écourte les conversations en prétendant que je suis en pleine répétition, qu'on m'attend. Je ne me sens pas abandonnée, Annie et Roger passent me voir aussi souvent qu'ils le peuvent. Et même Huguette, la mère de Roger, qui est en train de redécouvrir Balzac et qui me lit quelques pages du *Père Goriot*.

Après seulement trois semaines – les médicaments ont été formidablement efficaces –, j'entre en convalescence. Et là, je fais une expérience inédite chez les Robin, celle de la « fatigue », un mot que j'ai appris à considérer comme une insulte dans la bouche de ma mère. Une vendeuse ne s'assied jamais, même si le magasin est vide, elle est tenue d'attendre le client au garde-à-vous. J'entends encore ma mère, la voix étranglée par la colère : « Vous êtes fatiguée, Michèle ? – Non, madame. – Alors enlevez-moi vos fesses de là. Si vous êtes fatiguée, rentrez donc chez vous dormir, et restez-y, je n'ai rien à faire de filles fatiguées. » Oui, je suis fatiguée, terriblement fatiguée, à ne pas avoir la force de lever un bras, d'autant que les médicaments m'ont amoché le foie, et j'ai honte, je n'ose pas me l'avouer. Comment puis-je être fatiguée, moi, une fille Robin ? Si maman me voyait, elle me renierait probablement, et ça serait mérité. Aujourd'hui encore, c'est une chose que je me refuse, c'est un mot que je ne parviens même pas à prononcer. Je rentre à la maison épuisée, après une journée de répétitions, et je me mets à tourner en rond pour ne pas tomber.

Alors Anne, mon amour dont je vous parlerai bientôt, avec son plus beau sourire :

— Toi, ma chérie, tu ne t'es pas ménagée, je vois ça tout de suite.

— Non, je crois que je suis…

— Tu es quoi ? Dis-le ! Dis-le pour voir !

— Je n'y arriverai pas.

— Tu es fatiguée, Muriel.

— Voilà, c'est ça !

— Ben dis-le !

— Peux pas. Impossible.

— D'accord, alors répète après moi : « Je suis fa-ti-guée. »

Mais non, je ne répète pas. Peut-être que le jour où j'arriverai à le dire, je serai guérie.

Enfin, je rejoins la troupe à Monclar, sur mes deux jambes, le poumon cicatrisé. Mais je pressens qu'il est temps de partir, j'ai vingt-huit ans, je ne peux rien apporter de plus à la compagnie, et elle ne peut plus rien m'apprendre en retour. Il est temps d'écrire un nouveau chapitre.

Et puis Annie est à terre. Elle vient de perdre sa mère dans des conditions affreuses, je veux la raccrocher à la vie, la remettre en mouvement, et je lui propose de retourner avec moi à Paris. Elle accepte. À partir de ce moment, je vais la considérer comme ma petite sœur et vouloir constamment la protéger.

Retourner à Paris, mais pour y faire quoi ? Sur quel projet ? La réputation de Bouvard et de son *Petit Théâtre* est parvenue jusqu'à Monclar, on dit que c'est un bon tremplin pour se faire remarquer des producteurs, mettre un pied dans le cinéma peut-être. Mais on dit aussi que Philippe Bouvard est à la fois affreusement désagréable et terriblement exigeant. Pile pour moi. Affreusement désagréable ? Je connais, ma mère m'a bien appris, c'est un truc qui n'a plus vraiment de secret pour moi. Et terriblement exigeant, ça me donne des ailes ! C'est à l'instant où j'ai compris que le Conservatoire ne prenait que deux candidats sur cent que je m'y suis précipitée. Je dois aimer les défis, je m'en colle depuis le biberon : faire rire les miens à cinq ans pour les dissuader de s'entre-tuer, sauver maman à dix ans pour pallier les carences de papa, prendre la défense de mes sœurs à quinze, marcher sur les traces d'Annie Girardot à dix-huit, etc., etc.

Le 4 octobre 1983, après une vingtaine de mois à Monclar et sur toutes les scènes du Lot-et-Garonne, je débarque à Paris flanquée de mon Annie. Les premiers temps, nous sommes hébergées par le frère de Roger Louret, rue du Faubourg-Poissonnière, métro Bonne-Nouvelle, dans un immeuble où nous allons finalement vivre pas mal de temps car, très vite, un appartement s'y libère.

Cet appartement, c'est notre premier coup de chance. Un petit deux-pièces au quatrième étage, tandis que Guy Louret est au second. Certes, tout est à refaire, la plomberie, l'électricité, les sols, les peintures, mais ça ne me fait pas peur, j'ai désormais ma caisse à outils, ma perceuse, ma ponceuse, Annie dans le rôle de l'apprentie, et nous passons la fin de l'année en bleu de chauffe, d'abord couvertes de poussière, puis de peinture. Pour Noël, nous sommes chez nous, chacune son petit lit de cent dix de large (il n'y a pas trop de place), un rideau pour séparer nos espaces, une barre de danse pour suspendre nos vêtements, beaucoup de rouge et de blanc sur les murs, le sol peint en bleu (Annie craignait que ça fasse un peu piscine, ou drapeau tricolore, et finalement ça fait les deux, elle n'avait pas tort), enfin bon, tout refait à la perfection. Ce qui nous réjouit surtout dans cet appartement, ce sont les deux marches qui séparent la salle de bains du reste. Elles nous permettent de nous mettre en scène dans *Champs-Élysées*, la fastueuse émission de Michel Drucker. On aperçoit ses invités sortir de voiture dans la nuit parisienne, puis on les voit descendre les marches du Studio Gabriel – cette descente des marches, c'est notre moment préféré, et donc chacune à notre tour nous descendons nos deux petites marches en chantant le générique de l'émission et en hurlant de rire.

Aux premiers jours de la nouvelle année 1984, je me pointe dans les bureaux de Philippe Bouvard. Je suis reçue par une secrétaire qui m'explique un peu comment le maître sélectionne les candidats à son *Petit Théâtre :* il faut écrire un sketch et venir le présenter. Soit il prend, soit il ne prend pas. Le sketch ne doit pas excéder les trois ou quatre minutes. « Si ce n'est pas bon, me prévient la secrétaire, il vous arrête avant la fin. Monsieur Bouvard n'aime pas qu'on lui fasse perdre son temps. » Parfait, j'ai compris.

Nous sommes trois pour l'occasion, une autre comédienne de Monclar, Catherine Depont, nous a rejointes. Nous n'avons jamais inventé le moindre sketch, ni même écrit quoi que ce soit susceptible d'être joué, mais nous nous y mettons. L'une de nous trouve l'idée d'un magasin de vêtements qui n'a plus rien à vendre et propose à ses clientes des sacs-poubelles, comme si c'était le dernier chic.

— Il nous reste ces robes de chez Sac-poub, dit la vendeuse.

— Ah tiens, je ne connaissais pas, s'étonne la cliente.

— Vous voulez essayer ? C'est très tendance.

— Avec plaisir ! Et dans quels coloris existent-elles ?

— Noir ou bleu. Essayez la bleue, c'est plus gai pour l'été.

C'est moi qui joue la cliente (de sorte que pour mon premier passage à la télévision, je vais apparaître en slip et soutien-gorge !). J'enfile mon sac-poubelle, on a de bonnes répliques, ça claque bien, c'est drôle, rapide. En voilà un en boîte. J'insiste pour qu'on en écrive deux ou trois autres pour que Bouvard sente qu'on en a sous le pied, pour peu qu'il achète le premier.

Arrive le jour de l'audition, un mardi. Par une curieuse ironie du sort, l'épreuve se déroule au Studio Gabriel, là même où Michel Drucker enregistre *Champs-Élysées* que nous pastichons avec délice sur les deux marches de notre salle de bains. Sauf que nous ne jouons pas sur le plateau de *Champs-Élysées*, mais dans un renfoncement du hall, en plein courant d'air (un endroit devenu depuis le vestiaire). Philippe Bouvard est le seul à disposer d'une chaise, les candidats, eux, s'assoient par terre en attendant leur tour. Et le sketch est joué là, sans le moindre élément de décor ni d'éclairage.

C'est à nous ! Les répliques s'enchaînent, les secondes passent à toute allure, nous parlons trop fort, comme si nous étions sur scène à Monclar, et je me rappelle que Bouvard nous en fera la réflexion, mais quand le sketch est fini et que nous nous tournons toutes les trois dans sa direction, nous entendons : « J'achète. » Et un instant plus tard : « Enregistrement demain, la secrétaire va vous donner l'adresse. Suivants ! »

C'est une première victoire. Il ne nous a pas demandé si nous avions d'autres sketchs, mais rendez-vous est pris pour le lendemain, quelque chose est amorcé.

Nous sommes un peu perdues pour l'enregistrement. Dernières arrivées, dernières maquillées, donc dernières à passer. Je vois que les deux autres ont le trac, tandis que moi, non. Pourquoi ? Plus tard, en constatant que le trac m'épargnera, même à l'instant d'entrer seule en scène devant les quatre mille personnes d'un Zénith, je me dirai que si j'avais réalisé mon rêve d'être musicienne, je l'aurais sans doute, mais qu'il n'y a pas d'enjeu pour moi à faire le clown, puisque ça ne représente ni un choix ni une grande ambition, juste une chose que je sais faire, et que je m'applique à faire le mieux possible, en bonne ouvrière, parce que je ne veux pas décevoir les gens qui m'aiment et que leurs applaudissements me touchent immensément. Je me dirai ça, sans trop savoir si c'est la bonne explication.

En tout cas, l'angoisse monte chez mes deux complices, et quand enfin on nous appelle, il connaît un pic car nous nous perdons dans les coulisses du studio d'enregistrement. Personne n'a pris la peine de nous accompagner, nous nous heurtons à des portes closes, soulevons de lourds rideaux, traversons des ténèbres, nous prenons les pieds dans des câbles électriques, repartons dans l'autre sens, partagées entre le fou rire et la panique. Quand enfin nous déboulons sur le plateau, Philippe Bouvard est manifestement agacé, et cela me donne des ailes, j'adore, je pense en un quart de seconde : « Je vais le retourner comme une crêpe, il va voir à qui il a affaire. » Et c'est ce que je fais. Je ne suis jamais autant en forme que lorsqu'il y a un défi à relever, et du coup j'entraîne les deux autres qui semblent paralysées par la trouille.

C'est gagné. À la fin de l'enregistrement, Philippe Bouvard s'inquiète de savoir si nous avons d'autres sketchs.

— Plein nos tiroirs ! dis-je en riant, comme s'il suffisait de se baisser pour les ramasser.

— Eh bien revenez me les présenter mardi, Studio Gabriel.

Et il disparaît, ni bonjour ni au revoir, comme une certaine Madame Robin.

« Celui-là, je me dis, je veux qu'il me repère, je veux qu'il m'aime, et avant trois mois il m'aimera. »

Le mardi suivant, Annie et moi nous présentons sans la troisième, partie vers d'autres aventures. Nos trois sketchs récoltent un beau succès ; ils sont tous achetés.

De nouveau, nous enregistrons le lendemain. Et pour la première fois, nous nous voyons à la télévision quelques jours plus tard.

Ai-je conscience, à ce moment-là, de m'engager sur une voie qui n'est pas celle qui conduit au cinéma – le cinéma pour lequel j'ai quitté Saint-Étienne sept ans plus tôt ? Non, je suis au contraire persuadée que le *Petit Théâtre de Bouvard* est un bon moyen d'accéder au cinéma, comme j'ai cru que le Conservatoire et le théâtre m'ouvriraient les portes du grand écran.

C'est pourquoi, m'observant à la télévision et constatant que nos noms ne sont jamais cités, que nous sommes des comédiens anonymes et interchangeables, je me dis : « Maintenant, il faut que je m'occupe de mettre un nom sur cette fille-là, que les gens ont vue, qu'ils vont bien finir par repérer. Il faut qu'ils m'identifient et comme ça, au mieux on viendra me chercher, au pire on me reconnaîtra quand je me présenterai chez un producteur. »

Chapitre 11

Ça y est, j'ai un pied au *Petit Théâtre de Bouvard*. Je ne prétends pas que le patron a plaisir à voir ma bouille tous les mardis, ni même qu'il connaît mon nom, mais les secrétaires m'accueillent désormais comme une habituée. Je suis bien consciente que tout cela ne tient qu'à un fil, que je peux être virée du jour au lendemain si je ne suis plus drôle, et je m'en tiens donc à ne présenter que deux sketchs par semaine, mais deux bons, et pas un de plus. Comme nous sommes payés au sketch, j'ai noté que certains les multipliaient, au détriment de la qualité, tandis que moi, en bonne ouvrière, je me l'interdis. Et puis j'ai conscience que ce sont des choses qui resteront et je ne veux pas, dans vingt ans, avoir honte de ce que j'ai fait.

Annie et moi continuons d'écrire ensemble et de faire équipe la plupart du temps, mais j'ai fait la connaissance de Catherine Blanchard un jour que nous étions assises côte à côte sur le carrelage glacé du Studio Gabriel en attendant notre tour, et j'écris également avec elle. Catherine a quelques années de plus que moi, elle est très inventive, très drôle, et nous resterons amies – elle sera même un temps mon habilleuse, bien plus tard, quand je serai connue, avant de retourner vers le théâtre. Et je lui en ferai voir. Pardon, Catherine, j'ai fait comme j'ai pu. Et surtout merci.

Je creuse mon sillon, je gagne ma vie (à raison de mille huit cents francs par sketch, je tourne à seize mille francs par mois, ce qui est beaucoup pour une fille qui arrive de Monclar où on se fichait bien de l'argent), tout en attendant une opportunité d'accélérer le rythme, d'ouvrir d'autres portes.

Enfin, vers le mois de mai, un petit vent nouveau se lève et c'est Bouvard lui-même qui en est l'initiateur : l'idée lui est venue d'organiser une tournée à travers la France avec ceux qui voudront bien le suivre. Son seul problème, apparemment, c'est l'argent, il dispose d'un budget limité, et donc pour lever des volontaires il procède à l'inverse d'un commissaire-priseur en salle des ventes : il part du plus gros cachet en descendant progressivement :

— Qui est prêt à partir pour trois mille francs par soir ?

À ce tarif-là, tout le monde lève la main.

— Qui est prêt à partir pour deux mille francs ?

Ceux qui ont une très haute idée d'eux-mêmes renoncent déjà.

Quand il arrive à cinq cents francs, nous ne sommes plus que trois à lever la main. Les autres nous regardent comme si nous étions trois connes, mais on s'en fout, on veut jouer, on a même si hâte de jouer qu'on partirait pour un repas.

Pour nous, l'essentiel est que les choses bougent, que des occasions nous soient offertes d'être repérées, et nous sommes contentes.

Nous allons de ville en ville, et nous jouons nos sketchs dans toutes sortes de salles, un peu comme nos tournées dans le Lot-et-Garonne au temps des Baladins de Roger Louret. Bouvard peut être parfois assez dur, mais je connais ça par cœur, c'est toute mon enfance, alors j'encaisse, j'ai les épaules. Annie, en revanche, abandonne. Elle ne trouve pas ses marques et décide de rentrer à Paris.

Anonymes à la télévision, nous devenons des petites stars en tournée – c'est même un argument de vente de Philippe Bouvard pour son spectacle : présenter chacun comme un grand artiste en herbe, avec son univers, ses obsessions, ses marottes imprévisibles. Je deviens dans sa bouche, comme je vous l'ai dit, « Muriel Robin, la dernière arrivée, certainement la plus drôle de toute l'équipe, donc la plus drôle de la télé, donc la plus drôle de France. »

J'avais parié que ce type finirait par m'aimer, eh bien j'ai gagné.

De retour à Paris, la fête continue, puisque nous reprenons nos sketchs pour deux mois au Théâtre Saint-Georges.

Je ne me vois pas glisser insensiblement vers le one-man-show. Je me souviens que, sur la scène du Saint-Georges, j'ai foi en mon destin de comédienne polyvalente. Selon moi, on peut démarrer en racontant des blagues de Toto et terminer dans la peau de Lady Macbeth, après être passée par Jacqueline Maillan et Annie Girardot. Selon moi, tout est possible, tout est ouvert, et quand on m'expliquera que je ne dois pas mentionner sur mon CV mes années Bouvard si je veux être prise dans des castings et accéder au cinéma, sous prétexte que « Bouvard c'est un peu *cheap* », je le prendrai très mal – « Comment ça, un peu *cheap* ? Bien sûr que je vais mettre Bouvard sur mon CV ! Plutôt deux fois qu'une, oui, je ne vais sûrement pas renier quoi que ce soit de ce que j'ai fait. »

Et voilà soudain qu'à l'automne de cette année 1984, Philippe Bouvard me prend à part pour me fixer rendez-vous un soir dans un restaurant. Cela fait pratiquement neuf mois que je travaille dans sa troupe et c'est la première fois qu'il éprouve le besoin de me parler en tête à tête. Je ne sais pas ce qu'il veut me dire, s'il va me proposer quelque chose, mais c'est un événement dont je mesure la portée. D'ailleurs, les images qui me viennent alors à l'esprit sont celles de Thierry Le Luron avec le même Philippe Bouvard dans des émissions que j'adorais. Ce qui me fascinait plus que tout, c'était le regard que portait Bouvard sur Le Luron : un regard rempli d'admiration, lui auprès duquel bien peu trouvaient grâce. Et moi, j'aurais tellement voulu être à la place du Luron, objet de cette admiration, de cette vénération presque. C'est à cela que je songe en allant à notre rendez-vous.

Et c'est un peu ce qui arrive : Philippe Bouvard m'observe et me parle avec une bienveillance tout à fait inhabituelle chez lui. Il me dit que j'ai du talent, un talent qui n'a pas cessé de le surprendre au fil des mois. Il me dit qu'il aime ma façon d'être, mon caractère, mon « inébranlable » confiance en moi, c'est le mot qu'il emploie.

— Ah oui, vous avez remarqué ça ?

— Faudrait être aveugle ! Ça te vient d'où, ce truc ?

— Je n'ai pas peur. Pas peur d'échouer, je veux dire. Je suis arrivée à Paris sans rien dans les poches, alors je n'ai rien à perdre…

En réalité, je n'ai pas la confiance en moi qu'il me prête, sinon j'aurais déjà réalisé un ou deux films et quelques mises en scène, mais je n'ai rien à perdre, oui. Je suis sur le point de lui révéler que j'aurais voulu être chef d'orchestre, et que, chef d'orchestre, j'aurais été paralysée d'effroi avant chaque concert parce que j'ai une passion démesurée pour la musique et la crainte constante de ne pas être à la hauteur, d'être trop petite pour la musique. Mais pour la scène, j'ai le sentiment que je serai à la hauteur, je le sais depuis que je suis enfant, depuis que je faisais le clown à l'arrière de la voiture. C'est inscrit dans mes neurones, dans mon cœur, c'est une seconde nature, d'une certaine façon. Je suis sur le point de le lui dire, mais à la place je lui parle de son duo avec Thierry Le Luron et du désir que j'ai ressenti qu'il me regarde un jour avec le même ravissement.

Il éclate de rire.

— Eh bien ce jour est arrivé ! Tu en veux une preuve ? Je t'ai fait venir ce soir pour te proposer un rôle dans ma nouvelle pièce. Celui de l'épouse légitime.

La pièce a pour titre *Double Foyer*, elle met en scène les tribulations d'un homme qui partage sa vie entre sa femme, au rez-de-chaussée, et sa maîtresse à l'étage au-dessus. Le texte a déjà circulé à l'intérieur de la troupe, et il se murmure que Bouvard aurait donné le rôle de l'épouse à une fille que j'ai vue jouer, une comédienne de ma génération, mais déjà reconnue.

— J'ai entendu dire que vous aviez pressenti quelqu'un d'autre pour la femme.

— Je l'avais envisagé, oui.

— Dans ce cas, je préfère que vous ne changiez rien. Je ne me vois pas du tout volant une place, rien que l'idée…

Alors Bouvard, soudain cassant :

— Tu n'as pas ton mot à dire là-dessus. Je te rassure tout de suite, ça ne sera pas elle de toute façon. Tu prends le rôle ou tu ne le prends pas ?

Son regard bleu métallique étincelle, je n'ai pas plus d'une minute pour donner ma réponse.

— Si c'est ça, j'accepte.

Et je me retrouve donc pour la saison 1985 au Théâtre de la Potinière, avec Régis Laspalès dans le rôle du mari et Caroline Masiulis dans celui de la maîtresse.

J'apprends beaucoup en jouant cette pièce. C'est aussi la première fois que je suis à l'affiche à Paris et j'ai l'espoir que cette aventure va m'emmener plus loin. Mais ai-je envie de passer toute une saison au théâtre à répéter les mêmes répliques, moi qui ai du mal avec la routine ? Je continue de douter, d'aspirer à autre chose, au cinéma évidemment.

Je m'interroge beaucoup durant cet hiver 1985.

Double Foyer m'apporte néanmoins deux événements heureux. Le premier est l'arrivée dans ma vie de Vitamine. Philippe Bouvard a mis un chien dans sa pièce, un chien qui, lui aussi, passe d'un foyer à l'autre. Le producteur envisage de le louer, comme on loue une voiture, ou une tondeuse à gazon, c'est à la fois drôle et pas drôle du tout (mon affection pour les animaux qui soudain me rattrape et me fait ricaner jaune), si bien qu'un matin je me retrouve dans une animalerie et que je fonds pour un caniche. Moi, louer un animal ? Jamais. Il neige, ma vie amoureuse est un désert, j'ai envie de la petite boule de poils, là, je paye le prix et je glisse ma Vitamine dans mon blouson. Voilà, quelqu'un m'aime.

Sur scène, Vitamine a un double en peluche que Régis Laspalès fourre dans la poche de son manteau quand il monte retrouver sa maîtresse, mais certains soirs, la véritable Vitamine, qui s'ennuie en coulisses, surgit à ce moment-là et la salle explose de rire.

L'autre heureux événement est plus troublant. Je porte alors l'alliance de maman, comme si j'étais son mari, n'est-ce pas, moi qui en ai justement pris le rôle à peine sortie de la petite enfance. Un jour, ma mère a ouvert une boîte sous mon nez, j'ai aperçu cette alliance qu'elle ne mettait plus et je lui ai demandé de me la prêter. Voilà donc huit ans que je l'ai au doigt. C'est aussi pour moi une façon d'affirmer socialement que je ne suis pas homosexuelle puisque, en dépit de mon émotion pour les femmes, je ne suis pas certaine de l'être. En tout cas, je porte cette alliance jusqu'au soir où je l'oublie dans ma loge.

Le lendemain, elle a disparu. Quelqu'un a forcé la lucarne étroite qui donne sur la rue et m'a volé différents objets, dont cette bague. Sur le coup, je suis très embêtée, parce que je me demande comment annoncer la chose à maman. Puis, au fil des jours, c'est un sentiment de libération qui me gagne, de soulagement aussi, comme si on m'avait débarrassée d'une chaîne. « Tiens, me dis-je, c'est maintenant que je ne l'ai plus que j'en ressens le poids, et combien il m'était pénible de la porter tous les jours. » Si je croisais mon voleur, je le remercierais d'avoir contribué à me rendre un peu de ma liberté, de ma légèreté.

Curieusement, avec le recul, l'événement m'apparaît aujourd'hui prémonitoire, puisqu'il se situe quelques semaines seulement avant une scène d'une grande violence entre ma mère et moi, une scène qui va mettre en évidence combien elle ne comprend rien à ce que je suis, combien elle prête peu d'intérêt à ma vie, à mes aspirations artistiques, combien je suis une étrangère pour elle.

Dans mon souvenir, tout cela se produit peu de temps après le premier affrontement que je vous ai rapporté, où, lui racontant ma vie parisienne dans l'espoir de la voir sourire – et pourquoi pas m'admirer –, elle m'a lancé :

« Tu sais combien tu nous as coûté ? » Et un instant plus tard : « C'est ça, va faire ton intéressante ! »

Oui, parce que c'est l'époque où je roule à moto.

Cette fois, je ne cherche pas à divertir ma mère : je lui téléphone depuis Paris parce que je voudrais avoir son avis, et son soutien, à la veille d'une décision que je m'apprête à prendre.

— Maman, je peux te parler cinq minutes ?

— Oui, qu'est-ce qui se passe encore ?

— Ben voilà, je vais arrêter Bouvard…

— Quoi ?

— Je vais arrêter Bouvard. Je voulais te l'annoncer et que tu me donnes…

— Qu'est-ce que tu nous ponds encore ?

— Je ne te ponds rien du tout, maman, mais je ne vais pas rester chez Bouvard toute ma vie.

— Tu passes à la télé, les gens te reconnaissent, qu'est-ce que tu veux de plus ?

— Je m'en fous de passer à la télé, comment peux-tu croire…

— Eh bien si tu t'en fous, ne viens plus jamais te plaindre. Démerde-toi ! Et dis-toi qu'on ne sera peut-être plus là pour t'aider…

Ma colère, ou mon chagrin, de la découvrir si fermée, si aveuglée, elle qui a toujours voulu voir grand. Durant une poignée de secondes, j'ai encore l'espoir que mon père lui prendra l'appareil des mains et que je vais l'entendre : « Bien sûr, Muriel, bien sûr que tu ne vas pas passer le reste de ta vie à faire le clown pour

Philippe Bouvard, moi je te comprends, et ta mère aussi, dans le fond. Laisse-moi le temps de lui parler, et tu vas voir, tout va s'arranger. » Mais c'est idiot, jamais mon père… C'est bien simple, jamais je ne l'ai entendu au téléphone, jamais je ne l'ai même vu composer un numéro, à croire que ses doigts n'entrent pas dans les trous du cadran. Ne jamais compter sur lui, ne jamais rien attendre de lui, à part un coup de main pour monter un mur ou découper du bois.

Je me demande si, dans mon désarroi, je n'insulte pas maman, si je ne la traite pas d'idiote, ou pire. Je voudrais lui dire : « Quand j'ai eu besoin de ton soutien pour le baccalauréat, tu m'as répondu que c'était moi qui savais, que toi tu n'y connaissais rien, résultat je suis rentrée me coucher le matin de l'épreuve de maths ; quand je me suis trouvée enceinte, tu n'as rien vu, rien su, tu n'étais tout simplement pas là ; quand j'ai fait mes premiers enregistrements devant Bouvard, tu ne m'as jamais passé un coup de fil – ce Bouvard qui te semble si précieux, aujourd'hui ; par la suite, tu ne t'es jamais inquiétée de savoir comment je m'en sortais à Paris, tu n'es jamais venue me voir. Et pour une fois que je réclame un conseil, tu ne cherches même pas à m'entendre, j'ai à peine ouvert la bouche que déjà tu me démolis. Mais merde, vous êtes nos parents tout de même, est-ce que les parents ne sont pas tenus de s'intéresser si peu que ce soit aux destins de leurs enfants ? » En tout cas, je lui raccroche au nez (ce que je lui avais défendu de me faire) et je m'aperçois que je suis en larmes.

Je doute de moi : je ne suis pas sûre de ne pas commettre une erreur en abandonnant Bouvard, et j'attendais de trouver en elle un éclairage, un soutien, au lieu de quoi, je sors de cet échange plus fragilisée et plus seule que jamais.

Et je ne lui ai rien dit de mon projet.

Si je romps avec Philippe Bouvard, c'est pour m'engager dans un pari artistique qui me réveille la nuit, certes, mais qui m'enivre aussi, moi qui ne suis pas facile à enthousiasmer.

Comme nous patientions au Studio Gabriel, assis par terre, j'ai fait la connaissance d'un garçon singulier qui m'a semblé posséder sa propre voix, sa propre inspiration, assez différente de celle des autres candidats. Didier Bénureau m'intrigue, m'attire, nous engageons la conversation, puis petit à petit nous nous découvrons des affinités artistiques. Un jour, tandis que nous quittons le studio en bavardant, l'un de nous deux, je ne sais plus lequel, se demande à haute voix pourquoi nous n'écririons pas des choses ensemble.

— Des sketchs, tu veux dire ?

— Ou même plus que ça.

— C'est vrai qu'on ne va pas passer notre vie au *Petit Théâtre de Bouvard*.

— Non. Tu n'as jamais eu envie d'écrire une pièce ?

— Oh si, bien sûr !

— Pourquoi on n'essaierait pas ensemble ?

— Mais oui ! Pourquoi pas ? D'accord, essayons !

Et voilà comment nous nous retrouvons un matin chez Didier, à Levallois, en train de lancer des idées pour une pièce qui va voir le jour et que nous allons baptiser : *Maman ou Donne-moi ton linge, j'fais une machine*.

Nous l'écrivons de concert. C'est l'histoire d'un couple étrange, une mère et son fils de trente-cinq ans. La mère est dramatiquement possessive, le fils se débat pour survivre. J'ai trente ans, comme Didier, mais je joue sa mère, les cheveux plaqués en arrière, une robe en mousse de nylon bleu et blanc, un tablier à fleurs par-dessus (si vous voulez être sûre qu'aucun homme ne vous regarde jamais, portez de la mousse de nylon). Un jour, le fils se pointe avec une fiancée, et je joue également la fiancée. Tout se déroule dans le décor étriqué d'un appartement minuscule, le coin cuisine, le lit pliant qui fait office de canapé, c'est étouffant, ça fonctionne très bien.

Notre idée est de partir en tournée avec notre pièce, et donc avec notre décor, la seule contrainte étant que tout devra tenir sur (ou dans) la voiture de Didier, une petite Alfasud. Nous n'avons pas les moyens d'acheter un camion, encore moins de faire construire notre décor par des professionnels, et j'ai donc l'idée de filer pour Andrézieux le construire avec l'aide de papa, mon fidèle complice en bricolage.

Papa, qui s'est remis de son cancer et n'a plus trop de souffle (mais qui ne fume plus !), m'accueille avec bonheur dans le grand atelier qu'il s'est aménagé au rez-de-chaussée de leur maison. Nous faisons les plans du décor ensemble : de hauts panneaux de bois qui devront se replier sur eux-mêmes à la façon d'un paravent pour tenir sur le toit de l'Alfasud. Chaque panneau sera soutenu, à l'arrière, par une forte équerre lestée d'une gueuse. En façade, nous aurons du papier peint à fleurs, une porte qui devra fonctionner (sans faire tomber le décor), un meuble de cuisine, un faux évier et de faux robinets, le tout rétractable, et le fameux canapé clic-clac, lui aussi repliable en accordéon. À cela nous ajouterons les accessoires indispensables : les casseroles, l'aspirateur, l'horloge murale…

Papa est si formidable, si inventif, que je lui fais la surprise de mettre son nom sur notre affiche : « Décor : Antoine Robin. » J'ai toujours cette affiche, que je garde aujourd'hui comme un trésor. Elle non plus ne nous coûte pas trop cher : c'est un copain de Didier qui nous prend en photo, nous réalisons nous-mêmes la maquette et l'imprimeur nous fait un prix.

La tournée démarre à Monclar où la pièce est créée dans le petit théâtre, le 19 juin 1986. Date inoubliable puisque tandis que je retrouve avec bonheur les gens du village, et leur présente Didier, un homme surgit soudain de chez lui, les yeux remplis de larmes : « Coluche est mort ! Coluche est mort ! – Oh mon Dieu… – Il se serait tué à moto… Ils viennent de l'annoncer à la radio. »

Pas facile, après ça, de faire le clown. Mais le théâtre est plein, et cette première, marquée par la mort de Coluche, est empreinte d'émotion et de toute la chaleur qu'on trouve à Monclar.

Nous enchaînons avec le festival d'Avignon. La salle où nous jouons s'appelle Le Club de bridge, elle est située au-dessus d'un magasin de chaussures (ça ne s'invente pas), et nous l'occupons de quatorze à seize heures. Chaque jour, nous montons et démontons notre décor pour laisser la place au spectacle suivant. À cette heure de la journée, il ne fait pas loin de quarante degrés dans ce théâtre de fortune logé sous les toits, et en dépit de cela nous jouons tous les après-midi à guichets fermés (et en eau). Notre pièce marche, elle est soutenue par un bon bouche-à-oreille, et après quelques jours, nous pouvons même payer des jeunes pour « tracter » à notre place dans les rues d'Avignon.

Chaque soir, Didier et moi partageons la recette, nous gagnons bien notre vie, c'est très joyeux. D'autant plus joyeux que nous logeons chez la nièce, ou la cousine, du mari de Gigi, mon amie du Bistrot de Saint-Étienne chez qui j'ai passé tant de soirées à l'adolescence. La maison donne sur un jardin, nous dînons dehors tous ensemble, sous le ciel rose de la Provence, dans la douceur de l'été…

Tout semble encore nous sourire lorsque nous reprenons la route, notre increvable décor (merci papa) sur le toit de l'Alfasud, pour jouer ici et là au fil d'une tournée assez largement improvisée mais qui, malgré tout, fonctionne. Nous arrivons la veille dans les villes ou les villages, collons nous-mêmes nos affiches avant de monter notre décor et d'enfiler nos costumes. Les gens se rappellent-ils nous avoir vus au *Petit Théâtre de Bouvard* ? La rumeur d'Avignon nous précède-t-elle ? En tout cas, nous remplissons les salles partout où nous passons, et les rires et les applaudissements nous portent.

Puis nous cherchons une salle à Paris pour reprendre notre pièce durant la saison 1987, et là encore la chance est avec nous, c'est du moins ce qu'il nous semble : le fils de Michel Galabru, qui vient de reprendre le Théâtre de Dix heures, nous accueille avec enthousiasme.

Le théâtre vient d'être refait, tout y est somptueux, mais cette fois le succès n'est pas au rendez-vous. Nous ne remplissons la salle qu'en fin de semaine, le reste du temps nous jouons – et c'est la première fois – devant un public clairsemé et c'est une épreuve. On a beau vouloir y croire, se réconforter mutuellement, se persuader que ça va démarrer, le spectacle des sièges vides nous ronge petit à petit le cœur et notre jeu doit s'en ressentir.

Qu'allons-nous devenir à la fin de la saison ? Notre pièce ne nous a ouvert aucune porte, aucun producteur ou metteur en scène n'est venu frapper à ma loge pour me proposer un rôle dans son prochain film, en somme nous avons joué dans le désert, nous n'intéressons personne, *je* n'intéresse personne, et lors des dernières représentations je me dis que je vais quitter ce pays, cette ville de Paris qui ne me vaut rien, décidément, pour tenter ma chance au Canada. (Pourquoi le Canada ? me direz-vous. Eh bien parce que c'est l'Amérique, la mythique Amérique, et qu'ils parlent français là-bas.)

Pourtant si, un homme est venu me voir après le spectacle, Jean-Michel Rouzière, directeur du

Théâtre du Palais-Royal et directeur du Théâtre des Variétés. Il est alors une des personnalités les plus en vue du monde du théâtre. « Je vous ai trouvée formidable, me dit-il, on va faire des choses ensemble. » Je l'écoute, mais je suis si abattue (et déjà partie, dans ma tête, pour le Canada) que lorsqu'il ajoute : « Je vous appellerai un jour, et je ne dis pas les choses en l'air », j'acquiesce poliment mais n'y crois pas une seconde.

Et ainsi s'achève la saison.

Chapitre 12

Nous sommes en janvier 1988, j'habite toujours mon petit appartement rue du Faubourg-Poissonnière, et je me revois ce matin-là, mon plateau de petit-déjeuner sur les genoux, me répétant : « Mais qu'est-ce que je fous là ? Cette ville, ce pays… c'est trop petit. Rien ne bouge, il ne se passe rien, je n'intéresse personne. Je vais me casser au Canada, il faut que je me tire d'ici, et vite, vite, avant de perdre toutes mes forces. » Oui, je me revois ce matin-là, balançant entre colère et déprime, quand soudain la sonnerie du téléphone m'interrompt net.

— Oui, allô ?

— Jean-Michel Rouzière à l'appareil. Bonjour Muriel, comment allez-vous ?

— C'est une blague ?

— Pas du tout, je vous avais prévenue que je vous appellerais.

— Ah oui, pardonnez-moi, maintenant je reconnais votre voix. Jean-Michel Rouzière… Attendez, laissez-moi me remettre…

— J'ai quelque chose pour vous. Est-ce que nous pourrions nous voir ?

— Certainement.

— Quand pourriez-vous passer ?

— Eh bien... Eh bien tout de suite, si vous voulez.

— Parfait, je vous attends.

J'ai vendu ma moto, il me semble bien que j'ai mon scooter rouge à ce moment-là, ou ma petite Autobianchi crème à la vanille, je ne sais plus, mais en tout cas je fonce, et une demi-heure plus tard on m'introduit dans le bureau de Jean-Michel Rouzière.

— Ah, Muriel ! Asseyez-vous, mettez-vous à l'aise, je vous avais bien dit qu'on se reverrait...

— Oui, oui, merci.

— Je viens de lire la nouvelle pièce de Françoise Dorin, et j'ai immédiatement pensé à vous. Maillan pourrait la jouer, mais je vous imagine parfaitement dans le rôle. Je trouverai autre chose pour Jacqueline. Et vous auriez pour partenaire Daniel Prévost.

C'est énorme, jamais je n'ai eu une proposition de cette ampleur, et je reste un moment le souffle coupé à me demander ce qui ne va pas.

— Eh bien ? s'inquiète Jean-Michel Rouzière. Vous ne dites rien ?

— Pardonnez-moi, je suis... Je suis un peu abasourdie, là, je crois.

— Mais l'idée vous plaît ?

— Si l'idée me plaît ? Bien sûr qu'elle me plaît ! Bien sûr !

— Alors prenez le texte, lisez-le, et donnez-moi vite votre sentiment.

Ça y est, on me propose Maillan, un rôle destiné à Maillan que j'admire tant, et cependant je cherche tous les prétextes pour dire non, pour ne pas y aller. J'ai sans doute affreusement peur de ne pas être à la hauteur, de décevoir Jean-Michel Rouzière, mais je ne me l'avoue pas, et quand on veut tuer son chien, n'est-ce pas, on ne lui trouve soudain que des défauts. C'est vraisemblablement ce que je m'applique à faire et, comme d'habitude, je suis seule, je n'ai personne auprès de moi pour me dire : « Ne pense pas à ce qui cloche, Muriel, vas-y, fonce, c'est une opportunité formidable, ça va t'ouvrir toutes les portes possibles ! » Je n'ai pas cette main qui m'a déjà tellement manqué dans l'enfance (celle du père, puis celle d'un homme dans ma vie) pour prendre la mienne et m'entraîner, m'ouvrir le chemin.

Cependant, je ne dis encore rien de mes réserves à Jean-Michel Rouzière, et quand le moment vient de faire une lecture chez Françoise Dorin pour voir si le rôle est bien pour moi, si je m'y sens à l'aise, et recueillir les impressions de Françoise aussi, bien sûr, j'y vais en bon petit soldat.

Et je réussis l'épreuve. Je crois que tant Rouzière que Françoise Dorin sont convaincus. En somme, je n'ai plus qu'à dire oui. Et je m'entends dire non. Je dis non à un rôle qu'aurait accepté Jacqueline Maillan que pourtant j'adore, je dis non au théâtre de boulevard, moi qui en étais l'unique interprète au Conservatoire, et je ne sais pas pourquoi je dis non, car dans l'instant même où je m'entends refuser, j'ai conscience de commettre une erreur monumentale. Si quelqu'un avait été là pour me prendre par la main, j'aurais dit oui, c'est évident. J'imagine que je suis seulement perdue, trop seule, sourdement effrayée par le défi à relever, et que c'est tout simplement plus facile de dire non.

Jean-Michel Rouzière encaisse la nouvelle avec perplexité, mais beaucoup d'élégance – « Je le regrette, Muriel, mais je vais vous trouver autre chose, je suis persuadé que nous allons travailler ensemble. »

Il mourra un an plus tard, le 13 février 1989, sans avoir eu le temps de me faire une nouvelle proposition, me laissant avec le regret de n'avoir pas su trouver les mots pour le remercier de sa confiance.

Entre-temps, Michèle Laroque m'a proposé un autre projet. Nous nous sommes brièvement croisées sur le plateau de *La Classe*, l'émission de Guy Lux présentée par Fabrice, où nous avons sympathisé. Michèle me téléphone un soir. Elle a les droits d'adaptation, me dit-elle, d'une pièce du dramaturge américain Lanford Wilson, intitulée *La Face cachée d'Orion*, et elle a songé que nous pourrions en faire l'adaptation ensemble (Michèle est parfaitement bilingue), puis la jouer de même. Pourquoi pas ? Je lis la pièce, une conversation entre deux amies qui se retrouvent après des années de silence, or il apparaît qu'à la fin, le personnage que je dois interpréter révèle son homosexualité. Je ne suis pas à l'aise avec ça, j'en suis encore à espérer que mon ambivalence ne se voit pas. Cette fois, cependant, je dis oui, secrètement tentée peut-être par ce défi, et durant le printemps 1988, nous parvenons toutes les deux à élaborer une traduction qui nous semble à la fois fidèle, émouvante et juste.

Nous en sommes à chercher un lieu pour jouer à l'automne de cette même année 1988 (et je crois même que nous avons décroché L'Européen, près de la place Clichy) quand Michèle m'annonce qu'elle part trois semaines se reposer aux Maldives avec son mari. Très bien. Quant à moi, j'ai proposé à Brigitte de lui prendre sa fille Leslie, treize ans, pour la soirée. Nous sommes fin juin, les vacances d'été démarrent. J'ai connu Leslie petite, je suis un peu sa marraine, et je cherche quelque chose à faire pour la distraire.

Un ami m'a parlé d'un certain Pierre Palmade qui se produit dans un café-théâtre, le Tintamarre, rue des Lombards, et qui a, paraît-il, un humour incroyable. « Ce soir, dis-je à Leslie, je t'emmène dans un café-théâtre, tu vas voir, on va bien s'amuser. »

C'est donc ce fameux soir du 1er juillet 1988 que je découvre Pierre Palmade, eh bien, le 21 juillet, trois semaines plus tard exactement, je serai sur scène à sa place ! Si, si, je sais, ça ressemble à de la magie, mais c'est pourtant la réalité. Aujourd'hui, trente ans plus tard, je me dis que si je n'avais pas rencontré Pierre, je n'aurais sans doute jamais fait de one-man-show. Mon destin bascule donc ce 1er juillet, pour le pire et le meilleur – le meilleur, me dis-je certains jours, tellement heureuse de revenir sur scène avec un nouveau spectacle ; le pire, me dis-je, certains matins de déprime, puisque sans le one-man-show, je serais sans doute partie sac au dos pour le Canada. Enfin, peut-être. Qui sait ? Éternel conflit intime qui n'a jamais cessé de me tourmenter.

La rencontre avec Pierre est fulgurante. Elle est d'abord de l'ordre de l'éblouissement : je vois sur scène un garçon de dix-neuf ans seulement, lumineux, vibrionnant, avec une écriture qui lui est propre, des sketchs absolument imprévisibles bien que puisés dans la vie de tous les jours, le sens de la rupture, de la repartie, du rire. Il est encore un acteur débutant, et cependant il parvient à faire exploser de rire le public du Tintamarre. Plus je l'écoute, plus j'ai la certitude que ce garçon est un pur diamant.

Après le spectacle, je l'attends dehors avec la petite. Je ne sais pas ce que je veux lui dire, mais je ne peux pas envisager de partir comme ça, sans lui livrer le choc que représente pour moi la découverte de son talent.

Or, je n'ai pas le temps d'ouvrir la bouche, c'est lui qui parle le premier dès qu'il m'aperçoit :

— Muriel Robin !

— Mais comment me connaissez-vous ?

— Je vous ai vue chez Bouvard. Je vous suis depuis le début. Je vais même vous dire un secret : vous êtes une de mes trois comédiennes préférées !

— Et qui sont les deux autres ?

— Jacqueline Maillan et Sylvie Joly.

À la bonne heure ! Nous sommes en famille, le courant passe immédiatement. Je lui dis alors le bien immense que je pense de son travail, ma sidération, à quel point tout ce qu'il écrit fait écho en moi. L'un et l'autre, excités comme des puces sous le regard de la petite Leslie, n'arrivons pas à nous séparer après seulement un quart d'heure sur le trottoir : il nous emmène boire un verre, de l'autre côté du boulevard de Sébastopol, dans un endroit qui entre également dans ma vie ce même soir, L'Amazonial, tenu par Tony et Bertrand, qui vont devenir mes amis, mes frères.

Je dois parler de Monclar, de Didier Bénureau et de la façon décevante dont a été accueillie à Paris notre pièce, *Maman ou Donne-moi ton linge*, du refus inexplicable que j'ai opposé à Jean-Michel Rouzière – bref, de mon ambivalence à l'égard du théâtre qui me poursuit depuis le Conservatoire, puisque j'entends encore Pierre :

— Et pourquoi tu ne ferais pas du one-man-show, plutôt ?

— Comme toi, seule en scène ? Jamais je ne pourrai. Quand je t'ai vu apparaître, tout à l'heure, je me suis demandé comment c'était possible.

— Je t'ai beaucoup regardée chez Bouvard, dès que tu arrives sur scène, on rit. Tu as ce truc qu'a Maillan, tu ne dis pas seulement des choses drôles, tu les joues. Si tu as pu faire Bouvard, tu peux faire du one-man-show.

— Tu crois ?

— J'en suis sûr.

Il m'ébranle, ou me tente, je ne sais pas trop. Quelque chose en moi est touché, en tout cas, puisqu'on se donne rendez-vous deux jours plus tard pour dîner, un lundi, jour de relâche.

De nouveau, il se passe entre nous cette espèce de fusion de nos circuits électriques, comme si le cerveau de l'un se connectait aussitôt à celui de l'autre, pour le prolonger, ou lui donner la réplique, sans que nous l'ayons décidé. Je commence une phrase et Pierre la termine, ou le contraire, nous rions aux mêmes mots, aux mêmes situations, nous déclenchons par notre seule rencontre une espèce d'avalanche de quiproquos, d'absurdités, qui nous entraîne et nous enivre. Plus tard, quand nous serons devenus de vieux complices, il arrivera à Pierre de s'écrier nerveusement : « Sors de mon cerveau, Muriel, sors de mon cerveau, je n'en peux plus, c'est trop fatigant d'être avec toi. » Mais là, nous en sommes seulement à découvrir le phénomène, et nous sommes fascinés, dans l'ivresse de nous être trouvés.

C'est cette complémentarité vertigineuse, cette espèce de gémellité, qui nous donne l'idée d'écrire ensemble. Pour avoir écrit avec Annie Grégorio, Catherine Blanchard et Didier Bénureau, je sais combien le fait de se donner la réplique, d'être deux, est stimulant dans l'invention d'un sketch ou d'un dialogue de théâtre. Pierre va découvrir la chose très rapidement puisque, de nouveau frustrés de devoir nous séparer, nous prenons rendez-vous pour le lendemain matin.

Et là, ce qui arrive est stupéfiant et dépasse tout ce que j'ai pu connaître. J'accueille Pierre dans mon petit deux-pièces du Faubourg-Poissonnière et aussitôt nos cerveaux entrent en fusion. Le premier sketch que nous écrivons est « Le Noir », qui va devenir un classique. Pierre en a l'idée, l'ébauche, et je me rappelle qu'en à peine trois heures le sketch est pratiquement bouclé. Il lâche une phrase, je lui lance aussitôt la réplique – ce qui donne à peu près ce dialogue que nous affinerons par la suite :

« Patricia, ça fait un quart d'heure que tu me parles de ce Félix…

« J'ai très bien compris où tu veux en venir : je suis ta mère, je te connais…

« Tu veux savoir si je suis d'accord pour que tu le fréquentes… Pour que tu???… l'épouses ?!

« Je le connais ? Je le connais pas… Ton père le connaît ? Non plus !… Finalement, personne le connaît…

« Un problème ? Ça ne vient pas de nous, j'espère ? Alors quel problème ? Il est… noir ?!

« Mais tu en es sûre ?

« Si ça me gêne ? Alors là pas du flou… pas du plou… pas du flouchlouplou, s'il est noir, c'est qu'il a de bonnes raisons de l'être…

« Mais dis-moi un petit peu, il est noir noir noir, ou noir un peu… un peu blanc ?

« Ah noir noir, complètement noir… oui… on n'est pas dans la merde…

« Oh, mais tu as tout à fait le droit d'épouser un nègre, alors là…

« Pardon ? J'ai dit "nègre" ? Oh, ça m'étonnerait que j'aie dit un truc comme ça…

« J'ai dû faire un lapsus parce que tu vois, j'en parlais encore à midi avec ton père, et je lui disais : “Chéri, y a beaucoup trop de blancs dans la famille...” Des blancs, toujours des blancs, moi, j’en ai marre...

« Je le dis tous les jours “Vive les noirs !”, alors...

« Et les parents de cet homme de couleur, ils sont noirs ? Et oui, eux aussi... Mais ils le savent ?

« Non, que leur fils épouse une blanche ? Ils sont plutôt contents ? Tu penses...

« Dis-moi, je pense à un détail : tous ces noirs d’un coup d’un seul, t’as pas peur que ça fasse un peu deuil pour un mariage, toi ? »

Etc., etc.

Je me souviens à quelle allure jaillissaient les répliques, comme si elles s’échappaient de nous véritablement, et d’ailleurs il y a de ça puisqu’une fois sur deux nous sommes si surpris par ce que nous nous entendons dire que nous tombons de rire. Nous tombons littéralement – je revois encore Pierre basculant de sa chaise et pleurant de rire sur mon lino, et moi secouée par le fou rire, affalée sous la fenêtre, ne parvenant plus à sortir un mot.

Dès ce premier sketch, deux personnages se trouvent virtuellement en scène, la mère et Patricia, on peut presque voir Patricia répondant à sa mère, alors qu’évidemment seule la mère sera incarnée (par moi, en l’occurrence). Dans « L’Addition », le sketch que nous créons peu de temps après « Le Noir », nous ne sommes plus deux mais quatorze ! Je suis seule en scène, mais je porte les treize autres, et la salle finit par les voir, au point que des spectateurs m'enverront parfois des dessins les représentant tous autour de moi, Myriam, Jean-Marc, Nicole, Patrick, Sophie...

Les sketchs pluriels, ou polyphoniques, s'imposent d'emblée comme notre marque. Ils nous vont comme un gant, ils collent à notre façon de raconter la vie, de la jouer, et j'ai bien conscience que nous mettons là nos pas dans ceux du plus grand artiste dans ce mode de récit : Philippe Caubère. Je ne sais pas si c'est lui qui nous inspire, ou si nous y allons naturellement, mais je veux dire ici mon admiration pour Caubère que j'ai découvert durant mes années au Conservatoire. C'est mon ami Philippe qui m'emmène le voir. Après avoir été un des grands comédiens du Théâtre du Soleil d'Ariane Mnouchkine, Caubère s'est lancé dans l'écriture d'une œuvre monumentale, *Le Roman d'un acteur*, onze spectacles de trois heures chacun. Je vois le premier avec Philippe, et j'en sors éblouie – Caubère est seul en scène mais il incarne un nombre incalculable de personnages, parfois d'un geste minuscule il nous signifie qu'il est celui-ci, ou celui-là, et ça fonctionne. Moi aussi, ce soir-là, je pourrais dessiner tous les personnages virtuels de Caubère, *je les ai vus*, et pourtant ils n'étaient pas là.

L'écriture de « L'Addition » nous demande deux après-midi. C'est l'histoire d'un groupe d'amis partis dîner au restaurant. Au moment de payer, je propose qu'on partage en quatorze parts égales, « parce que sinon y en a pour la nuit ». Et c'est là que les ennuis commencent :

« Pardon, Myriam ??... Ça t'ennuie qu'on partage???... T'as pris qu'une salade, toi ??...

«Eh ben, tu vas la payer à part ta p'tite salade, hein ! Et puis nous, on divise le reste, on préfère !...

« Non???... Ah, vous préférez qu'on fasse le détail.

« Bien, alors vous m'annoncez les plats, hein, tout le monde est bien là ?

« Ok, Nicole, je t'écoute... Qu'est-ce que t'as mangé ce soir, Nicole ?

« Poireau vinaigrette, oui, combien ?... 28 ? Ensuite ? Tournedos ?... 72. Après ? Dessert ?... Pas de dessert ! Tant mieux ! Huit et deux, dix, sept et trois... dix ! Cent francs !

« Ensuite Patrick, j't'écoute... Alors ?...

« Quoi, formule ?... Menu ! Formule... Tu dis “Menu” comme tout le monde!!!

« Bon, alors ceux qui ont pris les “Formules”, levez la main.

« Sophie, t'as pris une formule ou tu t'refais le chignon, là ? J'comprends rien du tout !

« Pourquoi ils lèvent tous la main au fond du restaurant ?

« Ah non, on s'est pas compris... Non, eh oh ! Bonsoir, non, c'est juste pour MA table, hein ?... Bonne soirée, oui !

« Geneviève, je t'écoute, qu'est-ce que tu as mangé ce soir, Geneviève ?

« Et allez, elle se rappelle plus ce qu'elle a bouffé, elle, maintenant!!! Ah ben moi, j'sais pas ce que t'as... J't'ai pas regardée toute la soirée, Geneviève... Va voir dans la cuisine si tu retrouves pas tes assiettes sales !!... Là, à ce niveau-là, hein, ça m'échappe moi.

« Mais pleure pas... Arrête, je t'agresse pas, j'veux savoir ce que t'as bouffé!!!

« Mais qu'est-ce qu'elle a à chialer ? Elle est moche en plus, c'est pénible !

« Oh, qu'est-ce que tu veux, toi ? Qu'est-ce que tu veux toi, avec ton chignon... Tu vas arrêter avec tes barrettes et tout ton bazar ? La prochaine fois, ton chignon, tu le prends en kit, tu l'démontes et tu l'fous par terre!!! »

Etc., etc.

Tenant sur une idée minuscule, l'histoire prend de l'ampleur au fil de nos répliques pour devenir un sketch d'une douzaine de minutes qui lui aussi va devenir un classique.

On écrit « Le Répondeur », « La Boum », « Le Salon de coiffure »... Ça va vite, c'est vertigineux, nous sommes en transe en permanence et certains soirs Pierre reste dormir sur le canapé tellement nous sommes excités, pressés de poursuivre. D'ailleurs, « Le Salon de coiffure », nous en avons l'idée parce qu'il m'y accompagne – nous ne nous séparons plus, et tout ce que nous croisons dans la rue devient objet de création.

On écrit « Christine », l'histoire de la fille lâchée par son mari qui vient chercher du réconfort chez sa bonne copine (moi), elle-même embêtée par ses deux gosses, Jérôme et Séverine, et sur ce thème, de nouveau, les répliques fusent, nous sommes intarissables.

« Mais je comprends, je comprends que tu aies besoin de te confier à quelqu'un, et je dois te dire que je suis plutôt flattée que ce soit moi. C'est vrai qu'il y a toujours eu entre nous une espèce de complicité, c'est au-delà des mots...

« Jérôme et Séverine, allez jouer plus loin, je discute avec Christine !...

« Pas trop loin non plus, après je ne vous vois plus...

« Dis donc, t'as une petite mine, toi... Alors raconte, qu'est-ce qui s'est passé... Raconte, j'ai – tout – mon – temps ! (En jetant un œil à sa montre.)

« Alors ? C'est Jacques ? J'm'en doutais un petit peu... Alors qu'est-ce qu'il a dit exactement ?...

« Jacques-a-dit (sur le point de pouffer de rire). Jacques-a-dit "fous le camp !" Christine, si Jacques a dit "fous le camp", salut Christine ! Excuse-moi, pleure pas... Excuse-moi, excuse-moi, j'pensais que ça allait te...

« Alors qu'est-ce qu'il a dit ? Il a dit quoi, lui ? "Popo" ?!!! Pourquoi il a dit "popo", Jacques ? Ah pardon, c'est Jérôme... Deux secondes...

« Non Jérôme, pas "popo", p'tits pots ! Ben regarde dans le frigo, ils sont pas dans la voiture, oh...

« Excuse-moi Christelle... Christine ! Christelle ?!... Christine ! C'est bien, ça me va bien, moi, en tout cas, j'aime bien...

« Bon alors, Jacques et toi, ça va pas... Pis alors quand ça va pas, ça va pas hein... Ça va pas, ça va pas, ça va PLUS !...

« T'as un truc dans l'œil, tu veux un Kleenex, non ? C'est pénible pour moi, parce qu'il est juste en face, je le vois bien... Séverine, attrape un Kleenex pour Machine...

« Oui, alors, je t'écoute, oui (tout en arrangeant mes cheveux dans la glace qui se trouve derrière Christine). Il est parti depuis trois jours, ah oui, quand même... T'as vu, j'ai changé de coiffure moi... Oui, trois jours, ah oui, oui...

« Tu vas t'en ramasser une, Jérôme !

« Foutez le camp dans la chambre... C'est terrible, j'arrive pas à me concentrer sur cette pauvre Crétine... Christine ! Oui, je le sais, c'est laborieux, faut dire que t'es pas claire, toi aussi, quand tu racontes... »

Etc., etc.

Très vite, dans cette folie des premiers jours, Pierre me suggère de le remplacer au Tintamarre. Il a réservé pour tout l'été, mais il ne se sent pas suffisamment préparé pour tenir la distance.

— Tu prends ma place, et tu arrives avec tous nos nouveaux sketchs.

— Je prends ta place ? Comment ça je prends ta place ? Mais je n'ai jamais fait de one-man-show, moi !

— Tu es faite pour ça ! Je te regarde depuis trois jours, c'est énorme, tu vas faire un carton.

— Mais comment...

— Tu le fais, Muriel. Tu le fais !

D'accord, je le fais. En moins de huit jours, ma décision est prise : le 21 juillet, je prends la suite de Pierre, avec un nouveau spectacle.

C'est la grande époque du feuilleton américain *Les Oiseaux se cachent pour mourir*, eh bien moi ça sera *Les Majorettes se cachent pour mourir*.

Nous avons le titre, nous pouvons lancer l'affiche. Nous la collons nous-mêmes dans tout Paris avec l'aide d'amis montés de Monclar pour l'événement.

Cette fois, c'est parti, j'ai mon nom et ma photo sur les murs, je suis seule en scène au Tintamarre à compter du 21 juillet avec des sketchs que Pierre et moi avons écrits en deux semaines.

Le 20 juillet, Michèle Laroque rentre de ses vacances aux Maldives. Quand elle est partie, il était entendu que je lui donnerais la réplique dans *La Face cachée d'Orion* – quand elle revient, trois semaines plus tard, je suis la vedette des *Majorettes se cachent pour mourir*. Comment lui expliquer que j'ai réalisé dans ce laps de temps une révolution de cette ampleur, et complètement imprévisible ? Comment la convaincre que je ne savais rien le jour de son départ, que je n'ai rien prémédité, que nous avons véritablement écrit tout ce spectacle en une poignée de jours (ce que je n'arrive pas à croire moi-même)? C'est abominable. Je suis certaine qu'elle va penser que je me suis foutue d'elle et je tourne fiévreusement autour de mon téléphone avant de me décider à l'appeler.

J'ai le souvenir d'être si mal, si sûre qu'elle ne va pas me croire, qu'elle ne *peut* pas me croire, que je patauge lamentablement. Je la plante, je ne jouerai pas avec elle alors que la pièce est prête, que nous l'avons répétée, que le théâtre est loué, c'est d'une violence inouïe et je ne sais que dire, que faire, pour tenter de me justifier. Je suis, à mes propres yeux, la fille sur laquelle on ne peut pas compter, qui peut trahir, et c'est la pire chose qui puisse m'arriver.

Qu'a-t-elle pensé ce jour-là ? Nous sommes amies, nous avons retravaillé ensemble depuis, et dernièrement pour *Ils s'aiment depuis 20 ans*, tandis que je terminais ce livre, mais jamais je n'ai osé lui poser la question. Par bonheur, elle n'a pas eu à tout annuler, elle a bien joué *La Face cachée d'Orion* aux dates prévues, mais avec Claire Nadeau dans le rôle que je devais prendre, et cela m'a secrètement rassérénée.

Quant à moi, je me suis souvent demandé par la suite quel aurait été mon destin si je m'étais lancée avec Michèle Laroque plutôt qu'avec Pierre Palmade. Aurais-je fini à la Comédie-Française dans la peau de Lady Macbeth ? La « grande famille du cinéma », que je rêvais d'intégrer à quinze ans, m'aurait-elle tendu les bras ? Suis-je passée à côté d'une autre vie dont je ne saurai jamais la teneur ? Oui, sûrement. Je me dis que nous passons tous, sans nous en douter, à côté d'une multitude d'autres vies, emportés par des événements ou des hasards, qui ont la force d'un torrent furieux et sur lesquels nous ne pesons pas beaucoup plus qu'un pagayeur du dimanche au beau milieu des rapides.

Mais Pierre, mon Pierrot chéri, sois certain que je te remercie pour ton talent bien sûr, approchant parfois le génie et pour ce que nous avons accompli de si beau ensemble... Tu es le petit frère ou le fils que j'aurais rêvé avoir. Je t'aime pour toujours.

Chapitre 13

Dès le premier soir, le spectacle fait en effet un carton. Il est vrai que Le Tintamarre ne compte que cent vingt places, mais il n'y en a plus une de libre et je vais jouer tous les soirs à guichets fermés. La rumeur doit se répandre très vite car Patrick Sébastien se pointe dès le début dans le public. Trois jours plus tard, il me fait faire ma première télévision comme invitée, en tant qu'artiste de one-man-show. Je joue « Le Noir » sur le plateau de TF1, et j'imagine que je déclenche pas mal de fous rires dans les chaumières car j'en ressens l'impact dès le lendemain dans la rue : des gens me reconnaissent, me sourient, j'entends des « Patricia » ici et là, des « Noir noir noir, ou noir un peu ? » des « Et les parents de cet homme de couleur, ils sont noirs ? ».

Du coup, on se presse en plus grand nombre encore et la direction du café-théâtre prolonge le spectacle – je devais jouer à peine deux petits mois, je vais y rester sept.

Quand j'y repense, aujourd'hui, il me semble que je suis à la fois inconsciente et portée par la grâce. Je n'ai pas le trac, j'entre sur scène avec un sentiment de légèreté que je ne connaîtrai plus par la suite. Jamais je ne me suis sentie si bien dans mon corps – j'ai d'ailleurs arrêté de fumer du jour où je me suis mise à travailler avec Pierre (mais je reprendrai deux ans plus tard, malheureusement). Mon poids est normal, ma silhouette élégante, mes cheveux ni trop courts ni trop longs. J'apparais déjà dans un tailleur noir strict, chemisier blanc boutonné jusqu'au cou, talons hauts, la fille pas vraiment sympathique en somme, la mère de Patricia, la bonne copine de Christine, et si j'enlève la veste, je suis parfaite pour « L'Addition ».

Après chaque représentation, on se retrouve tous à L'Amazonial pour dîner – Pierre Palmade, Annie Grégorio, Roger Louret qui ne m'a pas mise en scène cette fois mais qui le fera dans tous les spectacles suivants, Bernard Fau, mon voisin du Faubourg-Poissonnière qui dessine et crée des décors, des affiches dont je vais bientôt dire un mot, et tous les amis de Monclar qui passent à tour de rôle. On fête chaque soir le succès des *Majorettes* avec Bertrand et Tony, nos hôtes de L'Amazonial, qui deviennent véritablement ma famille, mes frères, mes amours. Bertrand est homosexuel, mais ça ne l'empêche pas, dès qu'il a bu un verre de trop, de vouloir me faire un enfant – « Non, Bertrand, tu sais bien que ça n'est pas possible » – tandis que Tony, auquel je peux tout dire, aurait pu être

« l'homme de ma vie », la main qui m'aurait guidée.

Avec Bernard Fau (voilà, j'y viens), tous ceux-là constituent mon premier cercle d'amis depuis que je suis revenue à Paris. J'ai connu Bernard à Monclar et je le retrouve dans une chambre de bonne, sur le même palier que moi. C'est un type très grand, costaud. Il s'est monté son petit atelier dans sa chambre. Je frappe à sa porte et nous pouvons perdre l'après-midi à bavarder. Je l'aime, cet homme. Certaines nuits, si je vois de la lumière sous sa porte, je lui apporte une assiette de pâtes et nous poursuivons la conversation. Lui me regarde comme une femme, moi je suis toujours perdue dans ma sexualité, on pourrait avoir une histoire, il me semble que parfois il suffirait d'un rien, mais nous n'en avons pas, et nous n'en aurons pas. « Tu sais bien que toi et moi, c'est pour la vie », me dit-il, aujourd'hui encore, « j'aurais dû... », « on aurait dû... », oui, d'accord, mais en attendant on passe à côté.

Et pourtant, ma vie sentimentale est toujours aussi vide, occupée par Brigitte sans l'être vraiment, puisque Brigitte est plutôt une mère de substitution, si j'essaie d'être lucide.

Pour la centième représentation, comme le veut la tradition, nous faisons une soirée spéciale à laquelle nous invitons des personnalités du monde artistique et du spectacle pour faire la fameuse photo autour du gâteau planté de cent bougies. Quelques-uns des *Grands Enfants* que j'ai tellement aimés adolescente sont présents, je vois Jean-Marc Thibault, Jean Yanne, Jacques

Martin, mais aussi Valérie Lemercier et Michèle Laroque pour la jeune génération. Et puis Line Renaud et Loulou Gasté ! Ces deux-là, je les regarde avec amour, je n'ai pas oublié la main de Loulou posée sur celle de Line à l'émission de Michel Drucker, je n'ai pas oublié mon rêve secret que Line soit ma deuxième maman, mais je ne tente rien ce soir-là, trop timide. La rencontre se fera deux ans plus tard, et c'est d'ailleurs Line qui la provoquera, se souvenant de cette centième et de la photo autour du gâteau.

Tiens, à propos de « maman », je vois beaucoup de visages connus et aimés ce soir-là, mais pas ceux de mes parents. Je les cherche sur la photo et je ne les trouve pas. Se peut-il qu'ils ne soient pas venus, trop accaparés par leurs chaussures ? Non, ils n'auraient pas raté la centième, tout de même ! Enfin, je ne sais pas, j'espère. Je n'ai aucun souvenir de leur présence. Et je ne vois pas non plus mes sœurs. En réalité, je ne vois personne de ma famille, aucun Robin aucune Robine, si ça se trouve ils n'ont pas mis les pieds au Tintamarre durant les sept mois où j'ai tenu l'affiche. C'est difficile à croire, dites-vous ? Eh bien, oui, surtout pour moi.

Les Majorettes se cachent pour mourir me vaut ma première nomination aux Molières – je serai nommée à six ou sept reprises au cours de ma vie sur scène, la dernière fois pour mon rôle dans *Momo*, la pièce de Sébastien Thiéry que nous créons au Théâtre de Paris à l'automne 2015, mais jamais je n'obtiendrai le moindre Molière. Tant pis. Et merci quand même d'avoir pensé à moi.

Durant ces sept mois, il se passe un événement extraordinaire dont je ne mesure pas immédiatement la portée. Michel Habert, producteur de nombreux artistes, et de Dave en particulier, dîne avec moi à L'Amazonial.

— Muriel, tu viendrais pour deux soirs à l'Olympia, en première partie de Jerry Lewis ?

— C'est une blague ?

— Pas du tout ! Je suis désolé de te le présenter comme ça, d'ailleurs, mais j'ai d'abord demandé à Jerry Lewis s'il était OK pour faire ta première partie et il a refusé.

Michel Habert, qui est un grand ami de la Tunisie, m'explique qu'il organise ces deux soirées au profit d'une association de ce pays. Il fait venir tout exprès Jerry Lewis, mais il veut une artiste qui surprenne le public en première partie.

J'accepte. Nous arrêtons deux dates, en profitant des jours de relâche au Tintamarre.

Il est entendu que je jouerai trois sketchs : « Le Noir », « L'Addition » et « Le Répondeur ».

Le jour dit, je mesure soudain que je vais passer d'un coup d'une salle de cent vingt places à une de deux mille deux cents, et on doit un peu me pousser pour entrer en scène. Mais une fois sur les planches de l'Olympia, bien plantée sur mes talons hauts – « Patricia, Patricia, ça fait un quart d'heure que tu me parles de ce Félix... », eh bien, ma foi, je me sens tout à fait à mon aise. Jusqu'à ce qu'au beau milieu de « L'Addition » mon micro explose. C'est là que je mesure combien j'ai appris le métier au fil de nos tournées avec Les Baladins de Monclar, à force de jouer en plein air, dans des granges ou sur des tables de cantine : le micro tombe en panne, je continue !

J'ai le souvenir d'un carton énorme, et de deux mille deux cents personnes pliées de rire, puis applaudissant, c'est une tempête, un ouragan, comparé à cent vingt.

Michel Habert me révélera plus tard combien Jerry Lewis, qui n'est pas un gentil, fut mécontent et le lui fit savoir – « Qu'est-ce que vous m'avez mis là, en première partie ? Après elle, les gens semblaient presque déçus de me voir… »

Tant pis pour Jerry Lewis, et tant mieux pour moi, puisque ce soir-là Jean-Michel Boris, qui dirige alors l'Olympia, me repère. C'est lui qui viendra bientôt me chercher pour que j'occupe sa scène, en vedette cette fois.

Merci Michel, depuis trente ans mon ami.

Le rideau tombe pour la dernière fois sur *Les Majorettes* en février 1989, et là je propose à Pierre qu'on parte ensemble en vacances à la Guadeloupe.

— On a gagné des sous, on va en profiter !

Je m'entends le dire avec une joyeuse colère, car c'est évidemment à ma mère que je songe – « Les vacances, c'est pour les cons qui n'ont rien d'autre à faire, nous, on travaille. » Eh bien nous, on va faire comme les cons, pour une fois.

Pierre n'y aurait peut-être pas pensé, mais il est ravi, et il file aussitôt faire quelques séances d'UV pour bien préparer sa peau au soleil. Quand on se retrouve pour dîner à L'Amazonial, avec

Tony et Bertrand, la veille du départ, je vois tout de suite que quelque chose cloche : il est écarlate et gonflé de partout. Il nous explique que les lampes étaient défectueuses, qu'il est un peu brûlé, mais rien du tout, une bonne nuit de sommeil là-dessus et il aura l'air de rentrer des sports d'hiver, ce qui collera impeccable avec la Guadeloupe.

Mais le lendemain, dans l'avion, il est toujours aussi rouge et il a le regard fiévreux du type qui couve un sale truc. À l'arrivée à Pointe-à-Pitre, il a séché en position assise, je vois ça tout de suite car il ne parvient pas à s'extraire de son siège, et j'ai l'idée que si on le forçait à se déplier, on pourrait bien le faire craquer comme un poulet rôti.

Je réussis à le mettre tel quel dans un taxi, mais aussitôt arrivé à l'hôtel il se couche. Et la fièvre explose. J'appelle un médecin, puis je cours à la pharmacie faire des provisions de Biafine. Je l'enduis de pommade de la tête aux pieds – or vous devez savoir que Pierre et moi ne nous touchons pas, jamais. Alors la pommade, ce n'est pas anodin. Mais ça le soulage et il parvient à s'endormir. Comme il ne veut pas inquiéter sa mère au téléphone, nous lui racontons nos vacances de rêve sur la plage depuis notre chambre d'hôpital, enfin, d'hôtel.

De temps en temps, je l'abandonne pour profiter un moment de la plage. Pierre au lit, moi toute seule. C'est à se demander si maman n'a pas raison – les vacances, quand on n'a pas appris tout petit, vaut peut-être mieux éviter.

Enfin, les deux derniers jours, Pierre est à peu près rétabli. Je m'empresse de louer un scooter des mers et je l'emmène se promener derrière moi tout habillé le long du littoral. La plage, les fritures sous les paillotes, tout ça, il est préférable d'oublier, sauf par temps de pluie.

Signe de sa guérison, il retrouve son humour, et le dernier jour nous écrivons ensemble « La Maison de retraite », la femme qui part avec le mari et les deux gosses rendre visite à mamie Jaquote, mon sketch préféré, aujourd'hui encore.

« Vert ! C'est vert !... T'es sourd ou quoi ? Alors eh ben vas-y, avance. Ah !... Quoi les enfants ? Quand c'est qu'on arrive ? Quand c'est qu'on arrive ? On arrivera quand on arrivera... Toute façon, on a de l'avance, mamie Jaquote nous attend pas avant midi, alors... On a bien fait de partir plus tôt, comme ça si on tourne un petit peu on sera dans les temps.

« Allez, vas-y ! Roule ! (Et là, je chantonne dans la voiture.)

« Dis donc, y a du fric dans l'coin hein ! Y a d'ces baraques !

« Comment, Jérôme ? Ah non ! Mamie Jaquote... ah non, elle habite plus rue des Rochers, ah non, non, non, maintenant que papi Jaquot est mort on l'a mise dans un... non heu, enfin... elle habite, elle habite, bien sûr qu'elle habite... Elle habite dans une grande maison avec plein d'autres vieilles dames, ah ! ah ! ah ! que leur mari est mort aussi d'ailleurs ah ! ah ! ah !

« Hein ? J'sais pas pourquoi j'rigole, alors j'peux pas dire.

« Comment ? Mais je comprends que c'est joli... un peu que c'est joli ! Elles ont chacune leur box, enfin... ou bien... leur truc comme à la SPA oui... non... oui... enfin oui, si, sauf qu'à la SPA c'est pour les animaux abandonnés alors que mamie Jaquote... on l'a jamais abandonnée, c'est vrai ! Ta mère, on s'en est toujours bien occupé hein ?

« Hein ? Ouais, ouais, ouais, ouais, elle devrait être bien là-bas, hein ? Elle PEUT !

« Ah ben nous on va bien le sentir passer quand même, hein ? Ah oui ! Tu t'es bien arrangé avec ton frère ? J'te le demande comme ça, pour parler. T'en as parlé, oui ? Avec Francis et Liliane ? Oui, parce que sa femme c'est le même topo quand il s'agit du fric, ben j'sais pas, ils nous ont déjà "gnammouché" les vacances l'année dernière, ils vont pas encore nous grappiller sur la maison de retraite ! Oui, ben moi, j'veux pas le savoir ! C'est ton frère, alors ta mère vous la coupez en deux. Voilà !

« Doucement derrière, les enfants, on ne s'entend plus !

« Ah non, chéri, fais pas cette tête. Si elle est pas bien là, on la mettra ailleurs, bien sûr... chez Francis ! Quoi Liliane ? Écoute, Liliane, tu vois, elle a que ça à foutre, elle peut s'en occuper. Oui, ben nous on l'a fait l'essai, elle fait peur aux gosses ! Pis arrête, vous me parlez, on va se paumer. De toute façon, j'ai le plan, tout va bien.

« Jérôme ! T'as pris quel parfum, le vacherin ? » Etc., etc.

On me dit qu'après le Tintamarre, je dois impérativement choisir une grande salle parce qu'on a refusé du monde tous les soirs. Je visite le Théâtre de la Porte-Saint-Martin qui fait mille places, et je ne le sens pas. Trop grand, j'aurais l'impression d'avoir sauté une étape. Alors je me rabats sur Le Splendid qui me semble tout à fait adapté au moment où j'en suis avec ses quatre cents places.

Au Tintamarre, je n'avais pas de metteur en scène, Pierre Palmade et moi avions improvisé. Cette fois, je choisis Roger Louret pour me mettre en scène, mon Roger de Monclar, mon ami, en qui j'ai une confiance absolue. Et pour un one-man-show, la confiance en celui ou celle qui va vous mettre en scène, c'est quatre-vingts pour cent du job. Le choix des décors, les déplacements, les enchaînements, l'éclairage, tout cela tient très bien dans les vingt pour cent restants.

La confiance, oui. À l'instant où nous démarrons les répétitions, je mesure combien le regard de Roger est précieux, salvateur, combien tout pourrait s'effondrer s'il n'était pas là. Parce que ça y est, mes sketchs, il y a bien longtemps qu'ils ne me font plus rire. Je les ai rodés au Tintamarre jusqu'à la perfection et quand je me les remets en bouche sur la scène du Splendid, je suis soudain saisie par le doute, ce poison.

— Roger, j'ai repensé toute la nuit à « Christine », je crois que je ne vais pas le reprendre.

— Comment ça ?

— Il n'est pas top. Ça allait pour démarrer dans un petit café-théâtre mais là…

— Mais tu es folle ! « Christine », c'est un bijou ! Hier, aux deux répétitions, j'étais plié de rire. Il fonctionne merveilleusement, c'est une mécanique de précision.

— Tu crois ?

— Muriel, regarde-moi bien : je ne crois pas, je suis certain.

— J'ai tout de même envie de laisser tomber le « Jacques-a-dit », tu sais, « Jacques-a-dit fous le camp »...

— Jamais ! On n'enlève rien, pas une réplique. Je connais ce que tu traverses, Muriel, alors tu te reposes sur moi et on avance. Si une seule réplique était mauvaise, je te la ferais virer. « Christine » est un diamant, tu le joues merveilleusement, mais là tu n'es plus capable ni de l'entendre ni de te voir en train de jouer, alors laisse-moi te prendre par la main pour une fois, je suis là, c'est moi qui conduis.

Ce que je traverse, comme dit Roger, c'est une tempête intérieure effrayante comme je n'en avais jamais connu. Ni pour le concours d'entrée au Conservatoire, ni chez Bouvard, ni au Théâtre de Dix Heures je n'avais été prise par le trac comme je le suis là, au fil des répétitions. Jusqu'à présent, la seule perspective du défi à relever – remporter le Conservatoire qu'on prétendait imprenable, séduire Bouvard qu'on disait irréductible, etc. – m'avait en quelque sorte électrisée. Je n'avais jamais éprouvé le trac, sans doute parce que je n'avais rien à perdre, que je me foutais de tout en général, et de moi en particulier, or cette fois la peur me fait chanceler. Je l'ai là, au creux du ventre, c'est une bête agitée et cruelle qui ne me lâche pas, et il m'arrive de quitter la scène en pleine répétition sous un prétexte quelconque pour aller sangloter dans les toilettes.

J'ai peur de décevoir, j'ai peur de ne pas être à la hauteur. Et en y repensant, aujourd'hui, je vois combien cette crainte est saine finalement : elle est le signe que je commence à compter à mes propres yeux. L'indifférence qui m'avait accompagnée jusqu'ici témoignait du peu d'attention que je me portais – puisqu'on ne m'avait pas beaucoup aimée, pas beaucoup écoutée, pas beaucoup respectée, je ne me respectais pas beaucoup non plus, or voilà que pour la première fois on m'a aimée au Tintamarre, follement aimée, même, puisque tant et tant de gens sont venus m'applaudir. Alors je devine d'où vient mon trac : je veux que tous ces gens continuent à me porter dans leur cœur, oh oui, je le veux de toutes mes forces ! Et je suis terrifiée à l'idée de les décevoir, de les perdre.

Du coup, je n'ai plus cette indifférence, ou cette désinvolture, qui avait fait ma force, et sans Roger Louret, je m'effondrerais sans doute. Mais Roger est là, il tient le spectacle et ne laisse rien passer, il a le chemin de fer en tête, il me fait travailler les enchaînements, toute la journée je me nourris de sa confiance – « C'est formidable Mumu ! Vas-y, tu n'as jamais été aussi bonne » – je prends, je prends, et comme ses réserves de foi en moi semblent inépuisables, je parviens à y croire.

Nous avons le titre : *Tout m'énerve*. C'est un cadeau involontaire de ma mère, ce titre – est-ce que je ne suis pas comme elle, sans cesse à cran ? Si je regarde mes sketchs, je reconnais aussitôt cette part d'elle (*de nous*, devrais-je écrire) dans la mère de Patricia, avenante comme un cactus, dans la bonne copine de Christine qui a tout son temps mais regarde sans cesse sa montre, dans la mère de famille exaspérée de « La Maison de retraite » – « Quoi les enfants ? Quand c'est qu'on arrive ? On arrivera quand on arrivera... Toute façon mamie Jaquote nous attend pas avant midi... » – dans la fille de « L'Addition », au bord de la crise de nerfs, ou encore dans la patronne robotisée et survoltée du « Salon de coiffure ». Toutes celles-ci pourraient être maman.

Entre-temps, nous avons écrit de nouveaux sketchs avec Pierre Palmade que je vais jouer pour la première fois au Splendid, et en particulier « La Lettre ».

Celui-ci nous est venu dans un Quick où nous étions entrés pour manger rapidement avant de remonter travailler. Et paf ! Jacques Brel, *Ne me quitte pas*. Dans un Quick ! Comme ce pauvre Mozart dans mon ascenseur – je me dis chaque fois que je vais finir par arracher les fils électriques, tout le bazar, tellement j'ai honte pour Mozart. Enfin, *Ne me quitte pas*, dans ce fast-food donc. D'un seul coup, les mots deviennent indécents, ridicules. « Ne me quitte pas, ne me quitte pas, ne me quitte pas – C'est bon, on a compris, on voudrait manger ! » Je m'entends le dire, et dans la seconde nous l'avons, le sketch. Je me rappelle le sourire de Pierre, puis à quelle allure on est repartis vers la maison sans toucher nos plateaux.

Le soir même, il était pratiquement écrit :

« On vient de me remettre une lettre. Je crois que c'est mon fiancé. Je vous demande deux petites minutes, hein, j'voudrais être fixée...

« *Ma chérie,*

« C'est moi... J'vais la lire alors, hein ? Deux secondes. Je vais me mettre là, ça sera pas plus mal... Alors...

« *Ma chérie, je t'écris d'Amsterdam où je me sens si seul sans toi, je ne sais pas vivre sans toi, je t'en supplie : ne me quitte pas, il faut oublier, tout peut s'oublier...*

« Enfin, y a des trucs que j'ai bien en travers, moi, quand même, hein, mais enfin bon !

« *Qui s'enfuit déjà...*

« Quoi ? Qui s'enfuit déjà ? J'comprends pas c'que ça veut dire. Excusez-moi, j'suis un peu troublée, j'm'attendais pas à une lettre comme... Je, je reprends alors...

« *Il faut oublier, tout peut s'oublier, qui s'enfuit déjà...*

« Pour moi, ça n'veut rien dire du tout hein !... Aaaah, d'accord ! Il faut oublier, tout peut s'oublier... (pause) Qui s'enfuit, déjà??? Bon, qui s'enfuit, on l'saura pas ! Y a pas plus que ça...

« *Oublier le temps des malentendus et le temps perdu à savoir comment, oublier ces heures qui tuaient parfois à coups de pourquoi le cœur du bonheur...*

« Des heures, des après-midi, des week-ends entiers... Ah oui, hein ! Le jour, la nuit... Lui, c'est un garçon, ça ne le dérangeait pas de me réveiller à quatre heures du matin pour savoir si j'l'aimais. Moi, à quatre heures du matin, je n'aime personne. JE DORS !

« *Ne me quitte pas, ne me quitte pas, ne me quitte pas, ne me quitte pas...*

« Ça m'rappelle une chanson, moi, ça ! Je sais ! Serge Lama ! "Je suis malade". C'est ça, c'est toujours ces garçons qui vous font du chantage affectif en fin de compte... Et c'est quand on s'en va qu'ils se rendent compte de votre valeur, voilà ! Alors...

« *Moi, je t'offrirai des perles...*

« J'en veux pas de tes perles ! Il pense que c'est avec des cadeaux qu'il va rattraper le coup, lui. Je sais très bien pourquoi y'met ça, parce qu'une fois déjà on s'était disputés et il m'a eue comme ça... avec une grenouille ! Oui, parce que je fais la collection de grenouilles...

«... *de pluie...*

« Quoi, de pluie ? C'est pas clair son truc... Ah...

« *Moi, je t'offrirai des perles de pluie venues de pays où il ne pleut pas.*

« Très fort, toujours plus malin que les autres ! Oh non, mais ça c'est...

« *Je creuserai la terre jusqu'après ma mort...*

«????

«... *pour couvrir ton corps d'or et de lumière...*

« Faut quand même que je vous dise une chose importante : il se droguait déjà avant que je le connaisse ! »

Etc., etc.

La première, enfin, le 7 septembre 1989. Je ne dors pratiquement pas la nuit d'avant. Toute la journée je m'appuie sur Roger, mais la nuit je suis seule et le doute m'assaille. La réplique, là, je ne sais pas… Et si je la jouais plutôt comme ça ? Je me relève, je la récris différemment. Non, ne plus rien toucher, Roger était formel. Et puis ce n'est pas la veille qu'on rouvre un chantier… Oui, mais s'ils ne rient pas… Roger riait, c'est entendu, mais quatre cents personnes qui vous arrivent de leurs petites affaires, avec chacun son lot d'emmerdements, c'est tout de même autre chose. Il faut que je les fasse décoller, les quatre cents, qu'à la minute où j'ouvre la bouche ils oublient le crédit, la belle-mère, les gosses, la voiture emboutie… Et quand on n'est pas drôle, on est ridicule. Il n'y a rien de plus pathétique, d'abominable, qu'un type qui essaie de faire rire et qui s'enfonce, qui s'enfonce, tandis que la salle grince, je veux dire les sièges, les trousseaux de clés, les sacs à main. Enfin un type… une fille, aussi bien. Même si moi ça ne m'est jamais arrivé… Jamais… Non, même en cherchant bien, toute petite déjà, je les ai toujours fait rire… Ah oui, oui, même que Nydia me faisait taire à la fin – « Maintenant tu arrêtes, Muriel, papa est en train de s'étouffer… » Bon, je vais essayer de dormir une heure ou deux.

Mais à la minute où j'ouvre la bouche, ce jeudi 7 septembre 1989, je les entends, les rires. Tous ceux qui m'aiment sont venus, aucun doute, il n'y a pas un siège vide, et d'un seul coup tout se remet en place, un poisson dans l'eau, comment ai-je pu douter ? Comment ai-je pu avoir le trac ?

Je les emporte avec moi, même le mari là-bas au fond qui ne voulait pas venir, je l'emporte, je sais faire, aussitôt que le rire est là je me réconcilie avec moi-même, je suis le petit clown de la banquette arrière qui déridait les miens, qui les empêchait de s'entretuer, j'ai confiance en mon talent, je le sais bien que je suis drôle depuis le temps. Comment ai-je pu l'oublier ? Drôle, et inépuisable, et intarissable. C'est bien simple, je me dis souvent que si je n'avais pas si bien appris à faire rire les autres, je serais probablement morte de solitude et de chagrin.

On écrit que je suis « la nouvelle Maillan » et c'est à ce moment-là que je téléphone à Jacqueline pour lui présenter mes excuses. Du coup, elle vient me voir, je la reçois dans ma loge, nous nous embrassons, nous rions, je pourrais lui donner la longue lettre d'amour que je lui ai écrite il y a quelque temps déjà, mais je n'ose pas. Elle mourra trois ans plus tard sans savoir tout l'espoir qu'elle m'a donné à quinze ans, tout le bien qu'elle m'a fait.

Jean Poiret vient également me voir, je m'embrouille un peu dans tout ce que je voudrais lui dire – comment lui raconter en peu de mots qu'à Saint-Étienne, coincée entre le magasin de chaussures et le cours Sévigné, il a illuminé ma vie ? –, mais lui parvient à me signifier combien il me trouve talentueuse, avant de me glisser : « Vous avez du génie, nous allons travailler ensemble. » Lui aussi mourra trois ans plus tard, et, par une cruelle ironie, à quelques semaines seulement de Jacqueline Maillan.

Et puis… Et puis… Et puis Annie Girardot frappe un soir à ma loge. Annie Girardot sans laquelle je serais sans doute à Saint-Étienne en train de vendre des godasses.

C'est notre seconde rencontre, et le moment est donc venu de vous raconter la première.

Elle a eu lieu deux ans plus tôt peut-être, au moment où je suis en relation avec Jean-Michel Rouzière, le grand homme de théâtre dont je vais inexplicablement refuser la main tendue. Jean-Michel Rouzière a créé « les lundis du Palais Royal ». Puisque le théâtre (qu'il dirige) relâche le lundi, il convie ce soir-là des comédiens à venir déclamer des textes autour d'un thème. Il m'invite, on ne m'a pas donné les noms des personnes présentes, et en pénétrant dans la grande salle où nous devons répéter, je reste un instant sans voix en y découvrant Annie Girardot.

Elle se tient assise seule dans un coin, et elle fait des mots fléchés sur ses genoux. J'ai le cœur brisé, je n'ose pas m'approcher – entre tout l'amour que je lui porte et l'émotion de la trouver là, dans une solitude qui me bouleverse, je pourrais bien me mettre à pleurer. Et donc je ne prends pas le risque d'aller me présenter, encore moins de lui demander la permission de l'embrasser. Mais tout en répétant mon propre texte, je ne la quitte pas des yeux.

On m'informe qu'elle va dire un extrait du *Bel Indifférent*, de Jean Cocteau, mais je constate qu'elle ne travaille pas son texte, comme le font tous les autres. Elle semble ailleurs, et si seule.

Puis, à un moment, je l'entends dire : « On boirait bien une bière », comme ça, à la cantonade, levant son beau visage de ses mots fléchés.

« Mon Dieu, me dis-je, comment est-ce possible ? C'est une reine que nous avons là, et personne ne se précipite, personne ne prend même la peine de lui répondre. »

Alors je vais lui chercher une bière, et en la lui offrant je trouve la force de lui souffler : « Bonjour, Annie Girardot. Moi c'est Muriel, Muriel Robin, je suis... – Merci, mon petit. »

Un sourire, ce sourire extraordinaire rien que pour moi... et puis elle a replongé le nez dans ses mots fléchés. Tant pis, je ne lui ai rien dit.

À la dernière répétition, je vois qu'elle semble un peu fragile sur son texte :

— Annie, si vous voulez, je vous soufflerai.

— Tu ferais ça ?

Son sourire un peu las, et de nouveau :

— Merci, mon petit. Merci.

Le soir de la représentation, je suis sa souffleuse.

Voilà comment nous avons fait connaissance, elle dans cette solitude qui l'accompagne désormais, et moi incapable de lui dire la seule phrase qui me trotte dans la tête : « Grâce à vous, je me suis donné le droit de vivre, d'espérer, parce que s'il n'y avait eu que des Grace Kelly, je me serais tiré une balle. »

Et donc voici Annie Girardot qui vient m'applaudir au Théâtre Fontaine. Rien que cette phrase, c'est impossible. Comment Annie Girardot, que je place si haut, pourrait-elle m'applaudir, moi ? Je la vois au premier rang, elle s'approche et me tend les bras. Je voudrais m'agenouiller sur la scène et lui embrasser les mains.

Plus tard, dans ma loge, je commence à lui expliquer maladroitement tout ce qu'elle incarne à mes yeux, de beauté, de talent, de réconfort, de force, de courage.

Je commence seulement, et jusqu'au jour de sa mort je le lui dirai, et je lui répéterai combien je l'aime.

Combien je vous aime, Annie Girardot.

Chapitre 14

La dernière du Splendid est prévue le 2 février 1990, et c'est ce soir-là que Catherine Lara vient me voir. Le 1er février, Luc Plamondon, en me félicitant à l'issue du spectacle, m'a prévenue qu'il allait revenir, accompagné de Catherine. C'est une certaine Sandrine Cohen qui a parlé de mon spectacle à Catherine et, comme la vie est bien faite, Sandrine est depuis trente ans mon amie. Catherine la surnommait « Bougon des Flandres », mais moi je l'ai baptisée « Choucrette ». Je les aime les bougons, les désagréables même parfois, car je suis bien placée pour savoir que, derrière, il y a des sacs de tendresse et de larmes. Choucrette était à l'époque journaliste en Suisse et j'ai tout de suite dévoré tous ses papiers, talentueux, et j'oserais dire courageux. Elle est aujourd'hui pour moi comme une petite sœur.

Catherine ne me connaît pas, mais moi je la connais. Je l'ai vue une année plus tôt au Salon de la musique, à La Villette, où j'étais allée un peu par hasard, et cette fille m'avait aussitôt séduite. Pas seulement par sa beauté, par son allure, mais parce qu'elle est musicienne, violoniste, et qu'elle incarne sans doute ce que j'aurais tellement voulu être. Dans les semaines qui avaient suivi ce salon, je m'étais fait un joli film avec Catherine Lara, j'avais réécouté toutes ses chansons, je n'avais plus écouté que Catherine, à vrai dire, me remplissant le cœur d'elle. D'une certaine façon, je le vois bien en y repensant aujourd'hui, j'étais tombée amoureuse, ou plutôt je m'étais mise en condition de tomber amoureuse.

Et c'est ce qui arrive, d'autant plus joliment que les sentiments de Catherine font immédiatement écho aux miens. Après avoir vu le spectacle, elle me rejoint dans ma loge, conduite par Luc Plamondon, comme prévu. Notre rencontre ressemble à un coup de foudre : le mien est né dans la musique, indissolublement liée à la personne de Catherine ; celui de Catherine vient de voir le jour dans le rire, et elle en est encore secouée, larmoyante, lorsque je lui ouvre ma porte.

Notre histoire d'amour commence dans le rire. Catherine est morte de rire, elle m'embrasse, tombe assise sur une chaise, et son rire est si joyeux, si communicatif, qu'elle parvient à me faire pouffer de mes propres sketchs.

Du coup, nous allons dîner ensemble à L'Amazonial où Tony et Bertrand m'attendent, comme tous les soirs – « Catherine, je te présente ma famille ! »

Bref, tout le dîner, nous rions. Une vague, un raz-demarée de bonheur est en train de me

© Coll. personnelle de l'auteur

Je ne vois pas mes parents, je suis accrochée à Nydia. Elle n'a que onze ans, mais je la considère comme ma maman.

© Coll. personnelle de l'auteur

Maman est belle, vive, lumineuse, habillée à la dernière mode de Paris et chaussée de talons hauts, comme elle le sera toute sa vie. À la gauche de maman, sur la photo, ma sœur Martine.

J'ai le souvenir que les enfants veulent que je sois la chef de classe parce que je mène les jeux dans la cour. Je suis déjà la fille solide sur laquelle on peut compter.

Nydia, Martine et moi avec papa. Je suis déjà la complice de mon père, le garçon qu'il rêvait d'avoir et que la vie lui a refusé.

Mon unique souvenir de « vacances » : nous sommes à Marseille et nous faisons les marchés. Brigitte Bardot vient de lancer la mode du vichy et papa a eu l'idée de créer une ligne de vêtements d'été en vichy (mon pantalon !).

Je rêve d'emprunter la moto de mon voisin, je m'habille comme un garçon, pantalon de cuir et col roulé, et comme les boots n'existent pas encore pour les femmes, j'en lance la mode.

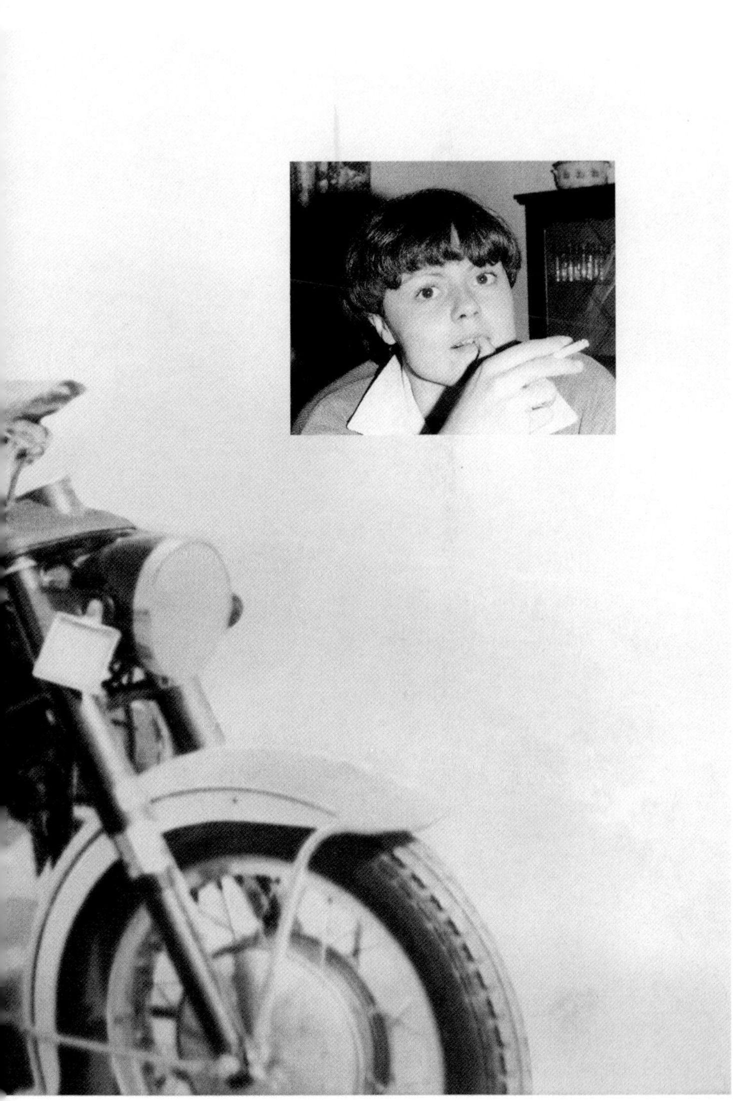

Si Annie Girardot existe, alors moi aussi je peux vivre ! Merci Annie pour les cheveux courts, pour les clopes, pour les pantalons, merci d'être belle et pas belle à la fois.

Je suis admise première au Conservatoire national d'art dramatique. Au fil du temps et des spectacles, je vais m'éloigner de plus en plus de la fille possible que j'étais à ce moment-là, pas mal foutue, féminine, en jupe, talons et pull coton.

© D.R.

Élève au cours Florent, je me présente à la grande audition de fin d'année qui se tient au Théâtre de la Michodière, devant un public de professionnels, et j'interprète une scène de *Croque-monsieur*, de Marcel Mithois.

© D.R.

À Monclar, en 1982, avec Nicolas Marié, un merveilleux comédien. Nous jouons *Les Folies amoureuses*, de Jean-François Regnard.

À Monclar encore, avec Annie Grégorio et Cyril Lévi-Provençal.

Philippe Bouvard peut être assez dur, mais je connais ça par cœur, c'est toute mon enfance, j'encaisse, j'ai les épaules. J'avais parié que cet homme finirait par m'aimer. Eh bien voilà, j'ai gagné, il me propose un grand rôle dans sa dernière pièce. À sa droite, mon amie et comédienne Catherine Blanchard.

Autour de papa et maman, avec mes deux sœurs et mes deux neveux que j'adore : Olivia, la fille de Martine (l'une et l'autre à ma droite), et Charles, le fils de Nydia (à ma gauche).

© Max Colin

Annie Girardot est venue m'applaudir au Théâtre Fontaine. Je la vois au premier rang, elle se lève, s'approche et me tend les bras. Je voudrais lui embrasser les mains.

gonfler le cœur, je le sens bien trop petit pour contenir tout ça. C'est trop, trop joyeux, trop brûlant, il me semble que je ne me suis jamais trouvée dans cet état, et tous doivent le ressentir car il y a ce soir-là, autour de la table, un plaisir de vivre insolent.

Deux jours plus tard, Catherine et moi nous retrouvons, et le plaisir est immédiatement là, plus incandescent, plus précieux, comme grandi par l'attente. Tomber amoureuse ! J'avais oublié combien c'est bon, combien c'est immense, l'ivresse, le sentiment de ne plus toucher terre, et je me laisse emporter, et nous nous laissons emporter.

Toutes mes vies semblent soudain se précipiter, s'accélérer. Ma vie amoureuse avec l'apparition lumineuse de Catherine Lara. Ma vie d'artiste avec la demande à peine croyable de Jean-Michel Boris : « Muriel, je vous attends quand vous vous voulez à l'Olympia. Je vous ai trouvée formidable, je vous offre l'Olympia en vedette. »

Je fais des bonds dans ma loge après le départ de Jean-Michel Boris. L'Olympia, c'est le pompon ! À cinq ans déjà, sur le petit manège de Montbrison, je rêvais de le décrocher. C'est ce soir-là, dans ma loge, tant d'années après, que tout s'éclaire : mon appétit pour les défis, il est né sur le petit manège de Montbrison, bien sûr. J'ai toujours voulu décrocher le pompon, de toutes mes forces, rageusement (Nydia obligée de patienter parce que je refusais de descendre du manège tant que je ne l'avais pas attrapé), au risque de ne savoir que faire de ce pompon une fois obtenu. C'est le Conservatoire, où j'entre première, que j'arrache contre toute attente, et dont je ne sais que faire ensuite, au point de repartir pour Saint-Étienne vendre des chaussures. C'est Jean-Michel Rouzière m'offrant un premier rôle, un rôle écrit pour Jacqueline Maillan, mon modèle, mon étoile, et moi embrassant ce pompon, le caressant, le respirant, avant de le lui rendre – « Non merci, je suis contente de l'avoir décroché, mais je n'en veux pas, finalement. »

Je viens de « décrocher » l'Olympia, est-ce que je vais le garder cette fois ? Oui, j'ai grandi, dans quelques mois j'aurai trente-cinq ans, je vais essayer de faire quelque chose de mon pompon plutôt que de le rendre tristement à son propriétaire avant de retourner à mes atermoiements.

Je n'ai toujours pas cette main solide que j'ai vainement attendue : un père, un mari, qui saisirait la mienne et me montrerait le chemin, mais tiens, je le réalise soudain, c'est à ce moment-là que je signe chez Artmedia et que je prends un agent. Est-ce qu'un agent n'est pas un substitut de « grosse » main ? Quelqu'un qui saura me dire ce que je dois faire ?

L'Olympia, donc, c'est énorme. Je suis entrée dans le one-man-show sans le vouloir, un an et demi plus tôt seulement, au hasard de ma rencontre avec Pierre Palmade, et voilà qu'on me propose déjà la scène la plus emblématique de France. Je rêvais de faire du cinéma et, en fait de cinéma, je suis devenue presque malgré moi la figure comique qui monte, qui monte. Est-ce bien ma place ? Et jusqu'où vais-je monter à cette allure ?

Mais ça y est, les dates sont arrêtées : je quitte Le Splendid en février 1990, et six mois plus tard, en septembre de la même année, je tiendrai l'affiche à l'Olympia. Les dés sont jetés, il n'est plus temps de se torturer les neurones, j'y vais.

Je prends les mêmes et je continue : mon Roger Louret à la mise en scène, mon Pierre Palmade à la co-écriture puisque nous écrivons ensemble (oui, oui, j'écris mes sketchs, ça me fait plaisir de le rappeler, tiens, parce que trop souvent on me le vole, ce truc-là). Le spectacle sera le même qu'au Splendid, il portera d'ailleurs le même nom, *Tout m'énerve*, mais nous l'enrichissons de quelques sketchs que nous écrivons au fil du printemps.

« L'Amnésique », en particulier, qui part d'un coup de fil. Je raccroche, et je dis à Pierre : « Je ne sais pas à qui j'ai parlé, dis donc... J'ai pas imprimé. » Il éclate de rire, et on démarre là-dessus. « J'imprime pas » (un mot qui va descendre dans la rue, comme « noir-noir », et quelques autres).

« J'suis contente ! On a bien travaillé, on a bien dégrossi avec le médecin...

« Simplement, y a quelques petites choses qui sont pas très claires dans ma tête, alors on va les voir ensemble, hein, je les ai notées, parce qu'en ce moment, j'imprime pas !

« Je reçois bien, je comprends bien, mais alors j'imprime pas du tout, rien !

« Alors tout de suite une question importante, je voulais savoir : est-ce que j'ai des enfants ?

« Non ? Eh bien tant mieux ! Ça m'enlève une bonne épine du pied. À cinq heures j'aurais pas pu aller les chercher, j'ai plein de trucs à faire aujourd'hui.

« Ah, j'ai fait comme vous m'aviez dit, j'ai complètement arrêté les biscuits… meuh, le téléphone était beaucoup trop loin.

« Ah oui, j'ai retrouvé cette photo… Qui est cet homme???

« Mon mari ?!… Depuis dix ans ?!…

« Y m'plaît pas du tout hein ! Physiquement, pas du tout !

« J'suis pas contente, non. Je vais en prendre un autre.

« Ce qu'il y a c'est qu'à cette heure tous les magasins vont être fermés…

« En ce moment, y a plein de choses qui n'vont pas, je vais être obligée d'en parler à mes parents…

« Ils sont morts ?!… Merde !… Euh, je veux dire… je suis désolée, je n'pouvais pas savoir…

« Mais y a longtemps ? C'est bizarre, ce que vous m'dites là, ils m'en ont jamais parlé de cette histoire…

« Mon père d'abord ?… Ça, ça m'étonne pas de lui, toujours avant les autres : “Moi d'abord, moi d'abord, moi d'abord”, hein !

« Et ma mère, elle devait être contente !… Malheureuse ? Ah oui, c'est vrai ?

« Et je m'en suis occupée ?… J'ai bien fait, j'aurais fait pareil pour ma mère. »

Etc., etc.

Pour l'Olympia, je suis encore assez bien dans ma peau, sauf que j'ai les cheveux trop courts et que je ne m'en rends pas compte. Je le vois aujourd'hui, avec le recul. Sur le moment, il y a quelque chose qui me plaît dans l'idée d'avoir les cheveux très courts – je suis convaincue que j'exprime ainsi ma féminité, or c'est tout le contraire. Cette féminité que je ressens très fortement en moi, je ne parviens pas à la donner à voir, je m'embrouille une fois de plus. Et le phénomène va aller en empirant : au fil du temps et des spectacles, je vais m'éloigner de plus en plus de la fille possible que j'étais à vingt ans, pas mal foutue, féminine, en tailleur-jupe, pour donner le spectacle de mon mal-être.

Avec l'Olympia, je passe de quatre cents à deux mille places, et pourtant je n'ai pas le trac comme avant Le Splendid. C'est fini, je ne connaîtrai plus jamais le trac, sauf aux premières : est-ce que le rire va bien tomber comme prévu ? S'il n'y a pas le rire, c'est foutu ! Mais s'il tombe à l'endroit précis où je l'attends, à dix minutes du spectacle, je suis heureuse, je sais que c'est gagné. Les gens m'aiment, ils seront au rendez-vous. J'ai toujours la sourde crainte de les décevoir, bien sûr, mais je n'ai plus cette peur affreuse qu'ils m'abandonnent, qu'ils me tournent le dos. Quelque chose est là que je sens solide entre eux et moi, entre vous et moi. J'ai confiance, mais il est vrai aussi que je m'en donne les moyens.

Je suis restée la fourmi ouvrière de mes premiers sketchs, la bosseuse. Les deux mille, là, je veux les prendre dans mes bras, les materner, je veux que le temps s'arrête pour eux lorsqu'ils seront avec moi, qu'aucun souci du dehors ne trouve la faille d'une demi-seconde pour venir les distraire. Le « Chéri, tu penseras à appeler ta mère », glissé dans le blanc minuscule après les applaudissements, ça non, non, non et non ! Du coup, j'enchaîne à une cadence vertigineuse, et si le rire ne tombe pas toutes les deux phrases, je sais que je vais penser : « Ils s'ennuient, c'est une catastrophe. » Je règle mon spectacle au centième de seconde, tout est prévu, cent fois répété, jusqu'à l'instant où je disparaîtrai pour boire pendant les applaudissements entre les sketchs : une personne se tiendra de chaque côté en coulisses avec une bouteille d'eau (à moitié pleine, la bouteille, pour que je ne m'en fiche pas partout) et avant même qu'ils aient fini d'applaudir, non seulement j'aurai bu mais j'aurai déjà en bouche la phrase d'introduction du sketch suivant.

Et cela pendant deux heures et quinze minutes, sans interruption, quand mon premier spectacle au Tintamarre ne dépassait pas une heure.

Pour la première, j'invite mes parents et Juliette. Juliette de Montbrison, la plus fidèle amie de maman, celle chez qui je chantais à cinq ans, debout sur la table du restaurant, « Fais-nous danser Julie la Rousse ».

« Tu nous avais envoyé trois billets de train, me raconte-t-elle aujourd'hui, et ta mère m'avait réservé une chambre à l'hôtel Belmont avec eux.

« Nous sommes arrivés en avance à l'Olympia, et je me rappelle du moment où on a découvert ton nom en grosses lettres rouges et lumineuses sur le fronton : “Muriel ROBIN”. On descendait du taxi et on a vu. Mon Dieu ! Je crois qu'aucun de nous trois ne s'attendait à ça... C'était énorme, immense, on aurait dit que ton nom illuminait d'un seul coup tout le ciel de Paris. Aimée semblait paralysée, j'ai vu que ton père cachait ses larmes, alors j'ai dit : “Venez, venez, allons de l'autre côté du boulevard, on verra mieux.”

«J'ai pris ta mère sous le bras, elle s'est laissé conduire, on a traversé comme on a pu le boulevard des Capucines, entre les voitures, et Antoine a suivi.

« Arrivés sur le trottoir d'en face, le fronton nous a paru encore plus monumental et on s'est mis tous les trois à pleurer.

« “Tu te rends compte... tu te rends compte...” répétait ta mère. Elle n'arrivait plus à parler.

« Antoine se tenait là, le nez en l'air, les bras le long du corps, et il pleurait silencieusement. Tu te souviens comment il était ton père, hein, c'était un taiseux, aucun mot ne lui venait.

« “Tu te rends compte ce qu'elle a fait !” a fini par dire Aimée.

« “Notre Mumu, notre petite Mumu”, ai-je ajouté. J'étais émue, tu ne peux pas savoir...

« “Ce petit bout de femme, jusqu'où elle nous emmène”, a encore dit ta mère.

« On pleurait, on pleurait, on n'arrivait pas à détacher les yeux de ce fronton, de ces lettres rouges. Pour nous, tu sais, arrivant de province, c'était inimaginable... »

— Je ne savais pas, Juliette. Je n'ai pas su qu'ils avaient pleuré.

— Oh mon Dieu, si ! Ils étaient tellement fiers de toi !

— Je suis heureuse de l'entendre. Mais pourquoi ils ne me l'ont jamais dit ? Pourquoi ? J'aurais été tellement touchée que ça vienne d'eux, ce soir-là justement. C'est aujourd'hui que je l'apprends, alors qu'ils sont l'un et l'autre morts depuis des années.

— Tu étais leur fierté, Muriel.

— Comment aurais-je pu le deviner ? Ils n'ont même jamais pris la peine de venir voir où j'habitais. Quand ils montaient à Paris pour leurs chaussures, il fallait que ça soit moi qui me déplace, eux n'avaient pas de temps à me consacrer. On dînait au Drugstore à côté, et c'était tout juste s'ils me demandaient comment j'allais. Ce que je faisais, ils avaient l'air de s'en foutre complètement.

— Pourtant, ils étaient fiers, je peux te le dire. D'ailleurs, le soir de la première, on était assis au premier rang, et ta mère n'a pas cessé de me souffler à l'oreille : « Tu te rends compte le cadeau qu'elle nous fait » Je me rendais compte, oui. Toi, seule en scène, et tant de gens connus qui s'étaient déplacés pour toi. Je me rappelle qu'il y avait Julien Clerc assis à ma gauche.

Après le spectacle, ils me rejoignent tous les trois dans ma loge. On devrait se tomber dans les bras, se serrer, s'embrasser, pleurer, aujourd'hui je sais comment font les gens normaux, c'est une si grande occasion, n'est-ce pas ? Mais on ne sait pas le faire, alors on reste un moment à se contempler sans se toucher, en souriant confusément, en acquiesçant vaguement du chef, et comme il faut bien que quelqu'un se lance, c'est encore moi qui m'y colle.

— Tu as aimé, Antoine ?

— Oh !

Que dire ? Bien sûr qu'il a aimé, mais il n'a pas les mots, il soupire, il est embêté. Je l'ai vu rire au premier rang à s'en péter les côtes, alors je ressors cette phrase de mes dix ans, de mes douze ans, quand on bricolait ensemble et que je le voyais secoué par le fou rire, s'étouffer :

— À un moment, j'ai eu peur de te faire caner.

— Pour sûr que tu m'as fait rire.

— T'es content alors ?

— Oh, ben oui !

Maman aussi est embêtée. Elle cherche peut-être comment elle pourrait bien m'exprimer la fierté dont elle a fait part à Juliette un peu plus tôt, me glisser d'une façon ou d'une autre que ma réussite est un « cadeau » à ses yeux, puisque c'est le mot qu'elle a employé. « Muriel, c'est ma revanche », dira-t-elle à Juliette, qui me le répétera après sa mort –, mais là, tout de suite, elle ne trouve pas la solution, elle n'a jamais entendu ni son père ni sa mère lui dire qu'elle était un cadeau, qu'ils étaient fiers d'elle, alors elle n'ose pas se lancer. Du coup, elle vole au secours d'Antoine, et c'est sa façon de parler pour elle aussi :

— Ton père, il est fier de toi, tu sais.

— Ah oui ?

— Il me le disait dans le taxi, en venant : « La petite, tout de même… »

— Ben oui, reprend papa, c'est sûr.

« La petite, tout de même… » Voilà, c'est le maximum qu'ils puissent me dire.

Un dîner est prévu au Grand Café Capucines. Je leur présente Catherine Lara. Juliette dit que pendant le dîner, voyant Catherine assise à côté de moi, nos deux visages heureux, nos mains qui s'effleurent, elle a compris. Elle m'assure qu'Antoine aussi a compris, qu'ils ont échangé un regard qui en disait long, paraît-il, mais qu'ils n'en ont jamais parlé par la suite.

Moi, en tout cas, c'est le moment que je choisis pour informer maman. Jamais nous n'avons évoqué ensemble quoi que ce soit de ma vie privée. À vingt ans, j'ai failli me marier avec Yves, mes parents l'aimaient beaucoup, et ils ont pu croire que j'allais suivre le chemin classique. Qu'ont-ils compris de ma rupture avec lui ? Qu'ont-ils su de ma relation avec Brigitte pour laquelle j'ai quitté Yves ? Pas grand-chose, sans doute, puisque ma rencontre avec Brigitte a correspondu à mon départ pour Paris, pour le Conservatoire. Quinze années ont passé depuis et ils ne m'ont jamais posé la moindre question sur ma vie sentimentale.

J'entraîne maman dehors vers la fin du dîner. Je me rappelle qu'à l'instant de lui parler, je la prends par les coudes, peut-être pour canaliser mon émotion, peut-être pour la contraindre à m'écouter (c'est la première fois que je la touche, et vous noterez que je choisis les coudes qui ne sont pas particulièrement réputés pour leur sensualité, je ne prends pas de risques inutiles) :

— Je t'ai présenté Catherine, je voulais te dire que je vais souvent te parler d'elle parce qu'elle compte beaucoup dans ma vie.

Je vois que là, elle comprend, elle *me* comprend, et ça me touche.

— Si tu es heureuse comme ça, dit-elle.

— Oui, je suis heureuse comme ça.

Je ne saisirai que plus tard la portée de la réplique qui va suivre :

— Mais ça ne va rien m'enlever, à moi ?

Je suis si surprise que je ne trouve rien à lui répondre. C'est le lendemain seulement que, me répétant sa phrase, je la reverrai soudain l'année de mes onze ans : « Tu ne te marieras jamais, toi, hein ? – Non, maman. – Tu me le promets ? – Oui. » Là, déjà, j'avais dû promettre de ne rien lui enlever. En d'autres termes, de rester sa chose, son ange gardien, son petit bonhomme, son mari de substitution. En somme, c'est une piqûre de rappel qu'elle vient de m'administrer. C'est bien, j'ai tenu ma promesse, je ne me suis pas mariée avec un homme. Il ne faudrait pas cependant que mon histoire d'amour avec une femme la prive en quoi que ce soit de ma personne. Certes, elle est rassurée que ce soit une femme, mais tout de même, elle s'inquiète, c'est bien le sens de sa question – « Mais ça ne va rien m'enlever, à moi ? »

Non, maman, enfin je ne sais pas, mais j'aurais aimé que tu te poses la question de savoir ce que ça m'a enlevé à moi, ta fille, d'être plus attirée par les femmes que par les hommes. Et aussi la question de ta responsabilité dans ma confusion sentimentale.

Je dis ça, mais je ne t'en veux pas, je sais bien d'où tu viens, tu n'as rien reçu, tu ne pouvais donc rien donner, tu n'étais pas équipée pour avoir des enfants. Tu n'auras jamais pensé qu'à ta propre survie, qu'on ne t'enlève rien du peu que tu étais parvenue à posséder.

J'ai des sentiments très forts pour Catherine, qui me le rend bien, et cependant notre histoire s'arrêtera bientôt pour des raisons qui tiennent plus à mon intranquillité, à ma difficulté à vivre, qu'à notre relation.

Merci Catherine pour tes si belles notes de musique... et pour le reste, bien sûr.

Chapitre 15

Et voilà que Line Renaud entre dans ma vie. « Enfin », suis-je tentée d'ajouter, puisqu'il s'est écoulé bien trop de temps, à mon goût, entre le soir où je l'ai découverte chez Michel Drucker avec Loulou Gasté et où j'ai tellement désiré qu'elle soit ma mère, ma deuxième mère, et ce soir de juillet 1990 où ça y est, elle me prend par la main.

L'événement a lieu le 7 juillet 1990, précisément, tandis que nous nous rendons à la réception pour le mariage de Johnny Hallyday avec Adeline Blondieau, à Saint-Tropez. Catherine, Line et moi sommes assises à l'arrière de la même voiture, moi au milieu. Line, qui est l'exact opposé de ma mère, qui ne peut s'empêcher de toucher la personne à laquelle elle s'adresse, de lui témoigner son affection d'une façon ou d'une autre – Line s'est emparée de ma main. Je suis émue, comme si mon rêve était en train de se réaliser, et je retiens mon souffle. Qu'elle garde ma main ! Qu'elle me garde ! Qu'elle ne me lâche plus !

— On se reverra, Muriel, n'est-ce pas ?

— Bien sûr, Line !

Mais là, aussitôt, je bats en retraite, rattrapée par la mauvaise image que j'ai de moi-même : comment Line Renaud, si lumineuse, si aimée de tous, et dans le monde entier de surcroît, pourrait-elle souhaiter *sincèrement* me revoir ?

— J'en ai très envie, Line, dis-je plus bas, mais vous devez déjà avoir tellement d'amis...

— ... que je ne vais plus avoir de place pour toi ? C'est ça ? C'est ce que tu penses ?

— Je ne sais pas... Oui.

— Les amis, tu sais, on s'imagine qu'on en a beaucoup, mais les vrais, on peut les compter sur les doigts d'une main.

Son sourire, à la fois élégant et grave.

— Tu peux me croire, Muriel, j'adore la vie, j'adore les rencontres, mais je ne suis pas dupe de tout.

— Oui, je comprends. Alors d'accord, on se reverra.

Elle presse ma main, la garde dans la sienne.

Quelques semaines plus tard, je sors d'un spectacle de Clémentine Célarié et je patiente à un feu avant de traverser quand Line et Loulou Gasté s'immobilisent à ma hauteur.

— Muriel ! Ça alors ! Où vas-tu comme ça ?

— Ah bonsoir ! Je rentre chez moi.

Nous échangeons quelques mots, ils sortent du même spectacle.

— Tu ne veux pas venir dîner avec nous ?

— Dîner ? Oh ben oui, d'accord.

Nous nous retrouvons Chez Charlot. Je suis assise à côté de Line, Loulou en face de nous. De ce premier dîner en tête à tête, je conserve le souvenir de Loulou Gasté me chantant une chanson qu'il vient de composer pour Yves Montand, « C'est un pianiste américain ». Je vois cet homme s'accompagnant en frottant la nappe en tissu de ses doigts pour retrouver le chuintement des balais du batteur, et ça c'est un cadeau inouï. Je suis émue, d'autant plus émue que nous sommes le 1er août et que, le 2, c'est mon anniversaire.

Alors, à minuit pile, je me lance :

— J'aimerais bien vous offrir le champagne, je viens d'avoir trente-cinq ans !

Line et Loulou m'embrassent et nous trinquons. Cet anniversaire qu'on ne m'aurait certainement pas souhaité à la maison, Line et Loulou sont donc les premiers à me le fêter.

On ne l'oubliera pas, et après la mort de Loulou, en 1995, quand Line aura l'idée de faire sortir un album regroupant une quinzaine de ses plus belles chansons, interprétées par différents artistes tels que Nana Mouskouri, Garou ou Charles Aznavour, elle me proposera de chanter « C'est un pianiste américain » – « Ma chérie, celle-ci, c'est une évidence, elle est pour toi » – et naturellement j'accepterai.

Ce qui va sceller notre amitié, faite de tendresse et de confiance, c'est un pressentiment qui me traverse le cœur quelques instants sans doute avant que Loulou Gasté s'éteigne. C'est un dimanche matin, je me réveille tôt, et je ne sais pas trop pourquoi, je sors mes photos du placard et je me mets à les regarder. Alors je tombe sur ces clichés pris à la centième du Tintamarre, et sur trois ou quatre en particulier où l'on voit Line et Loulou, le visage illuminé par un sourire. Je sais que Loulou est malade, et je me dis que je vais les appeler – j'en ressens l'urgence, comme si Line avait besoin de moi.

J'appelle. Je laisse sonner longtemps. Enfin, je reconnais la voix d'Hervé, l'assistant de Line.

— C'est Muriel, Hervé.

— Ah bonjour, Muriel. On t'a prévenue ?

— Prévenue de quoi ?

— Loulou vient de mourir.

— Je viens, je m'habille, j'arrive. J'arrive, Hervé.

— Oui, viens, comme ça, tu accueilleras les gens.

Je suis la première auprès de Line, et je passe en effet la journée à recevoir les visiteurs, comme si j'étais de la famille, et dans ma tête je le suis, bien sûr. Line, très sensible aux signes, n'oubliera pas ma présence ce dimanche si triste de janvier, et après ça nous ne cesserons plus jamais d'être présentes l'une pour l'autre.

Le même phénomène se reproduira quelques années plus tard, lorsque Line perdra sa mère. Je suis alors en tournée avec *Toute seule comme une grande*, mon quatrième spectacle, et j'ai le pressentiment que je dois rentrer à Paris. C'est très compliqué en pleine tournée, mais je le fais. Cette nuit-là, je dors chez Line, dans la chambre voisine de celle de sa mère, et Line, épuisée, s'endort sur mon épaule. Nous sommes donc l'une près de l'autre quand l'infirmière nous annonce avant l'aube que Simone vient de partir.

Nous partagerons nos deuils, oui, mais nous partagerons aussi des moments de joie intense, des soirées à rire, des anniversaires, des séjours en Corse, nos premières, et même, en 2008, la scène du Théâtre des Variétés, avec *Fugueuses*, de Pierre Palmade et Christophe Duthuron.

Presque trente ans après notre rencontre, je veux te dire, Line, à quel point je t'aime. Je ne te dirai jamais assez merci pour ce que tu m'apportes de force, de confiance et d'amour. S'il te plaît, ne meurs jamais. Je n'imagine pas la vie sans toi.

L'Olympia terminé, je pars en tournée avec *Tout m'énerve*. Le succès est tel que je remplis les Zéniths. Ça y est, je suis connue, on m'a vue et revue à la télévision avec quelques-uns de mes classiques, « Le Noir », « L'Addition », « Le Répondeur », et partout les salles sont pleines.

Je renoue avec les kilomètres, les valises et les hôtels, comme au temps des Baladins de Monclar puis de notre tour de France avec Didier Bénureau pour *Maman ou Donne-moi ton linge.* Sauf que cette fois je suis seule en scène et que tout repose sur mes épaules.

J'ai mon rituel et mes petites manies, comme tous les artistes de one-man-show en tournée – ce sont ces choses minuscules mais ritualisées qui nous donnent le sentiment que tout fonctionne, que nous tenons la route, en dépit du tourbillon permanent. Certains ne peuvent pas manger avant, ils ont l'estomac noué, ils dînent après, moi, je mange avant *et* après. J'ai besoin de me remplir l'estomac avant d'engager mon marathon de deux heures et quinze minutes. Si j'entre en scène à 20 h 30, je veux être prête à 20 h 15, et donc j'organise mon compte à rebours à la minute près.

Je dîne seule, parfois en compagnie d'Olivier Claverie, un comédien que j'ai rencontré à Monclar, brillant, gentil, tellement drôle, qui est devenu à la fois un ami précieux et mon assistant sur cette tournée. Olivier semble prendre tout cela avec beaucoup de légèreté, mais il a un souci d'horloger pour les détails, il pense à tout, veille sur tout, et sur moi en particulier. Il tient à jour mes tenues de scène, m'aide à m'habiller. Ensuite, je m'assois devant ma table de maquillage, j'ai besoin que tout soit placé exactement au même endroit d'un soir sur l'autre, mon fond de teint, mon Rimmel, mes trucs, si ma main ne tombe pas dessus automatiquement, si j'ai besoin de chercher, je peux péter un câble et partir en vrille. Je ne suis pas idiote, je sais bien que ça ne sera qu'un prétexte pour exprimer toutes les douleurs de ma vie privée, mais autant éviter car une demi-heure avant d'entrer en scène, c'est de la folie d'exploser de partout.

Je me parfume au dernier moment. Je ne suis pas superstitieuse, mais si j'ai oublié de me parfumer alors que j'ai déjà un pied sur la scène, je retourne aussitôt dans ma loge. Jamais je n'ai joué sans être parfumée. Oui, donc, c'est que je dois être superstitieuse, d'accord.

À 20 h 25, Olivier m'accompagne jusqu'à la scène, histoire que je n'aille pas me perdre dans les couloirs.

— Comment est la salle, Olivier ?

— Ils t'attendent. Tu n'entends pas ?

Nous marquons le pas. « Mu-riel ! Mu-riel ! »

— Ah oui, j'entends. Ils m'aiment dis donc.

— Ben oui.

À cette seconde-là, toutes les douleurs de ma vie privée je les dépose en coulisses, je les laisse. Soyez sages, je vous retrouve dans un peu plus de deux heures, je ne vous abandonne pas, nous repartirons ensemble (malheureusement !), mais là j'ai juste besoin d'un peu d'air sinon je ne vais pas pouvoir les faire rire. Ils sont tout de même quatre mille, hein, et moi je suis toute seule.

Ma vie privée, dont presque chaque soir je dois me défendre avant d'entrer en scène.

Je pense à mes sœurs, à Nydia, à Martine. Nydia, qui ne se doute pas de ce que c'est que de porter seule un spectacle, et qui m'appelle une demi-heure avant. Maman l'a encore traînée plus bas que terre sous prétexte qu'elle a osé mettre son nouveau manteau de fourrure, ou porter une jupe au-dessus du genou.

— Je n'en peux plus, je peux te parler un moment ?

— Oui, un petit moment seulement parce qu'ensuite…

Je l'écoute, je l'aime, elle m'a élevée, ça m'arrache le cœur qu'elle souffre, alors je n'ose pas lui dire que je suis en train de m'habiller et que dans trente minutes je serai sur scène.

— Tu es la seule personne à qui je peux me confier.

— Je sais, Nydia.

La folie destructrice de notre mère que je ne connais que trop, que je suis parvenue à fuir et qui me rattrape, là, noyée dans les mots de Nydia. Je sens la colère monter, la colère et une forme de désespoir. Ça n'en finira donc jamais ? Je fais signe à Olivier de me laisser, il me montre gentiment le cadran de sa montre – « Je sais, Olivier, cinq minutes ! » – et je commence à tourner en rond dans ma loge en songeant : « Je vais la tuer ! Je vais la tuer. »

— Nydia, je vais l'appeler, je vais l'insulter.

— Non, ne l'appelle pas. Je n'aurais jamais dû te dire tout ça, mais je ne peux en parler qu'à toi, il n'y a que toi qui peux comprendre.

— On me fait signe, il faut que j'y aille...

— Ça m'a fait du bien de te parler.

Tiens, Martine qui m'a appelée le matin même m'a dit exactement la même chose. Ça leur fait du bien de me parler, mais moi ça ne me fait pas du bien d'entendre tout ça. Certains soirs, je suis dans un tel état de souffrance que j'appelle notre mère.

— Maman, qu'est-ce qui s'est passé avec mes sœurs ?

— Qu'est-ce qu'elles sont allées te raconter encore ?

Pour elle, bien sûr, il ne s'est rien passé, elle ne voit pas en quoi elle a blessé Nydia, ni humilié Martine. Elle ne voit pas.

Par bonheur, Olivier réapparaît. Je raccroche, j'allume une énième cigarette.

— Muriel, je viens d'aller jeter un œil, ils sont très en forme ce soir.

— Pas moi, mais bon. Toi, ça va, Olivier ?

— Super !

— Tu ne veux pas y aller à ma place ? J'ai un petit coup de mou, là.

— Pour les textes, y aurait pas de problème, mais je ne suis pas sûr de rentrer dans la jupe.

Parfois, je suis si secouée par le chagrin des uns et des autres que je m'endors cinq minutes. Je m'abats, je tombe. Comme les accidentés de la route après le choc : ils sont indemnes, mais le traumatisme a été si violent qu'ils s'endorment un instant au milieu du chaos. Ils ont besoin de récupérer, sinon ils pourraient se mettre à sangloter ou à hurler, on ne sait pas.

Et maintenant vas-y, va faire rire !

Des appels de mes sœurs dix minutes avant d'entrer en scène, et de ma colère contre notre mère, je ferai un jour pleurer de rire des milliers de personnes dans le spectacle où je tente de raconter ma vie (d'une façon moins grave que dans ce livre), *Robin revient (tsoin tsoin)*, en 2013-2014.

Puis, le spectacle passé, nous prenons la route pour rejoindre la ville où je dois jouer le lendemain. On a une grosse voiture, un chauffeur, les kilomètres défilent très vite, on trace, on trace. Olivier s'assoit avec moi derrière, on joue au backgammon et on rit, on rit.

Merci Olivier.

Retour à Paris. Je mange à l'endroit, à l'envers, quand c'est fini je recommence, je mange trop, n'importe quoi, n'importe comment. L'important, je le vois bien, c'est de remplir ce vide en moi qui me terrifie, de combler le chagrin d'être seule, si profondément seule. Je mange, je bois, je fume – et je songe que ce geste de tirer sur une cigarette, quand on souffre, c'est un baiser qu'on adresse à la mort parce qu'on n'a personne d'autre à qui le donner.

Je grossis, ma silhouette s'alourdit, et ainsi chaque jour qui passe, je m'aime un peu moins.

Je me rappelle ce voyage à Los Angeles, vers la fin de ma tournée. Cette fois, Catherine m'accompagne, ainsi que Tony et Bertrand, mes tendres amis de L'Amazonial. Je suis devenue si grosse que je n'arrive plus à m'habiller nulle part, mais j'ai découvert la veille du départ un magasin pour homme où tout me va, des pantalons dans lesquels je rentre enfin, j'en ai acheté douze.

Je ne me suis jamais beaucoup aimée, mais cette fois je ne m'aime plus du tout. Je fais l'expérience du dégoût de soi, du dégoût de son propre corps, et à l'instant de me préparer pour sortir je m'entends murmurer tout bas : « Une grosse vache, voilà ce que je suis devenue. Une grosse vache. » Nous habitons Beverly Hills, nous sommes invités par Véronique Sanson dans une maison somptueuse. Autour de nous, tout n'est qu'élégance et légèreté, et moi je pèse près de cent kilos, je me déplace avec difficulté, je suis essoufflée, je transpire. Bientôt, de retour en France, je refuserai toutes les invitations par honte de me montrer. Je dirai oui, puis au dernier moment j'annulerai sous un prétexte quelconque, découragée par ma silhouette, ne trouvant plus rien à me mettre. Je resterai chez moi à boire du champagne et à fumer.

De quoi est-ce que je me punis ? Sans doute de n'être pas « aimable » puisque je suis si peu aimée, si mal aimée. Sans doute aussi d'avoir « réussi », de gagner autant d'argent, si rapidement, si facilement, quand mes sœurs et mes parents travaillent un mois pour gagner la moitié de ce que j'empoche en une soirée.

Parce que ça y est, avec l'Olympia, puis la tournée, l'argent coule à flots. Tout cet argent dont je ne sais pas quoi faire, qui me précipite dans des abîmes de culpabilité. Comment puis-je gagner autant de fric en faisant une chose qui m'est si naturelle, qui me demande si peu d'efforts ? Faire rire, j'ai toujours su. Qu'on me paye une fortune pour vendre des chaussures, ça oui, ça serait équitable, parce que vendre des chaussures me rend malade, mais pour faire le clown ?

Du coup, je suis celle qui paye, toujours, pour tout le monde. Cet argent qui me tombe sur la tête injustement, je le dépense en restaurants, pour mes amis, pour tous ceux qui passent par-là, des gens que je ne reverrai jamais pour certains. Je glisse discrètement ma carte de crédit, et là je ne peux pas m'empêcher de sourire en songeant à Gabin, bien sûr. Sur une tablée de trente personnes, c'est évidemment à Gabin qu'on va donner l'addition. Qui d'autre aurait la classe de payer pour tout le monde ? Eh bien moi, je suis Gabin, je joue au grand seigneur, au parrain, je fais l'homme.

Mais tout cet argent réveille aussi en moi une vieille colère, celle que j'accumule contre mes parents depuis mes quinze ans. J'avais dit que, moi, je n'allais sûrement pas brûler toute ma vie, et sacrifier mes propres enfants, pour n'arriver qu'à cela : posséder un magasin de chaussures à Saint-Étienne ! Les vies piétinées de Nydia et de Martine, la mienne bien amochée, le spectacle de notre mère à cran du matin au soir, et je ne parle pas de papa finalement réduit à son ombre – tout ça pour un ma-ga-sin ! Comment croire une chose pareille ? Si encore Madame Robin était parvenue à créer au fil de sa vie une multinationale de la godasse, je ne dis pas, et encore. Mais ces vies gâchées, tant de sacrifices, le cauchemar qu'a été notre quotidien, pour un malheureux magasin !

Alors j'achète ma première Porsche cette année-là (j'en aurai trois, avant d'arrêter les voitures qui ne m'intéressent pas en réalité) et je descends pied au plancher jusqu'à Saint-Étienne. Au fond de moi, je veux leur « régler leur compte » une bonne fois pour toutes : arriver rue Michelet, garer mon bolide décapotable et hors de prix devant la boutique, et je prie le ciel pour qu'il y ait une place libre bien en vue.

Ce jour-là, j'aurais pu dire à ma mère : « Voilà, maman, j'ai trente-cinq ans, je n'ai pas eu besoin de toute une vie, et de sacrifier celle des miens, pour "réussir", comme tu dis ! »

Chapitre 16

Je suis en colère, je ne décolère pas, et pourtant je les aime, Aimée et Antoine. Un soir, je m'entends dire à Nydia : « Cette famille, c'est une machine à broyer. » Un autre soir : « Si j'étais restée à Saint-Étienne, je l'aurais tuée, elle. Ou les deux, tiens, j'aurais tué les deux, tant qu'à faire. » On peut dire des énormités sous le coup de la colère.

Au fil de ce livre, je vois que parfois la colère m'a emportée. J'ai essayé de glisser ici ou là qu'il y avait tout de même des moments joyeux dans notre famille, mais je ne suis pas certaine que le lecteur l'aura noté, et pour peu que ça tombe en bas de page, dans un recoin, personne ne l'aura vu.

Vous seriez venu chez nous à l'improviste, le dimanche après-midi après le marché, dans les années 1970, vous auriez été surpris de trouver Aimée et Antoine en train de danser parmi quelques couples d'amis. Des forains, comme eux. Aimée que vous n'auriez pas reconnue, riant sans façon de ce rire que j'adorais, que nous adorions tous parce qu'il était à la fois tonitruant et généreux. Aimée faisant des blagues – car elle savait être drôle quand elle n'était plus dans son magasin – et Antoine s'étouffant avant de l'entraîner dans un pas de danse. « Ces deux-là, dit Juliette, c'était à la vie, à la mort. » Certes, il y avait eu Jacques, Jacques Hamalian, Aimée l'avait passionnément aimé, clandestinement, durant une dizaine d'années, mais jamais elle n'aurait quitté Antoine qui l'avait sauvée du désastre des siens et dont le dévouement et la loyauté la rassuraient. Elle l'aimait, son Antoine, peut-être plus comme un père qu'un mari, mais elle l'aimait.

Ou d'autres dimanches encore, vous les auriez vus chez Juliette, justement, à Montbrison, dans la grande salle du restaurant transformée en dancing. Il paraît que les gens se disputaient la compagnie d'Aimée parce qu'elle mettait de l'ambiance dans les fêtes, qu'elle brillait, qu'elle allumait le regard des hommes.

Plus tard, quand je suis à Paris au Conservatoire et qu'ils achètent la grande maison d'Andrézieux, ils organisent de belles fêtes, certains dimanches de printemps. On mange sur la pelouse, ils chantent, ils boivent, ils dansent, ils sont heureux, et quand je regarde aujourd'hui toutes les photos de ces après-midi, je me dis que s'ils avaient été mieux équipés pour la vie, moins apeurés, ils auraient pu nous faire profiter de ce bonheur qu'ils ne s'autorisaient que le dimanche, et encore, pas tous les dimanches, bien sûr.

En dépit de tout, je les aime, oui, et c'est bien pourquoi j'organise une fête mémorable pour les soixante-dix ans de papa, le 12 novembre 1991, dans leur maison d'Andrézieux.

Je suppose que j'en parle avec maman, et que je prends l'affaire en main. En tout cas, j'amène tous mes amis de Paris : Catherine Lara est là, mais aussi Annie Grégorio, Tony et Bertrand, Roger Louret, *mon* Roger. Tous les amis de nos parents sont également présents, et la première d'entre eux, Juliette, qui les a connus se cachant pour s'embrasser, puis fuyant le martinet de la vieille Antoinette Robin, cette sorcière. Je fais même venir de Paris un groupe de musiciens gitans, chanteurs et guitaristes.

Papa est ému et maladroit. Je le revois encore ouvrant ses cadeaux, il n'en a jamais reçu autant. Il ne trouve pas les mots pour exprimer son bonheur, mais le bonheur est là. Sachant aujourd'hui qu'il ne lui reste que six années à vivre, je suis heureuse qu'on lui ait offert cette fête. Maman est éblouissante, l'opposé de « Madame Robin des chaussures Robin » honorablement connue et crainte du tout Saint-Étienne, elle charme mes amis, les fait rire, les emballe, et pour un peu ils me jalouseraient d'avoir une mère aussi pleine d'humour.

L'année 1991 s'achève. Contrairement à ce que j'avais espéré, le succès considérable de *Tout m'énerve*, tant à l'Olympia qu'en tournée, ne m'ouvre aucune porte vers le cinéma. Pas un producteur, pas un metteur en scène ne songe à moi pour son prochain film. Pourquoi ne me voient-ils pas ? Chaque matin, en préparant mon café, je me pose la même question. Je n'en reviens pas. Comment le cinéma, pour lequel j'ai quitté Saint-Étienne, qui allait m'ouvrir grand ses bras, j'en étais certaine, peut-il continuer de m'ignorer alors que tous les journaux parlent de moi, que j'ai été de nouveau nommée aux Molières ? On évoque mon talent de comédienne, et ça ne produit aucun écho chez les gens de cinéma.

Comment leur signifier que je les aime ? Que je voudrais qu'ils m'adoptent ? « Ma famille, c'est le cinéma », je le disais à vingt ans, je le glisse de nouveau ici ou là, à la radio ou à la télévision, mais c'est à peu près comme si je m'adressais à des sourds. Aucun retour. Il est vrai qu'à part acheter chaque semaine tous les magazines de cinéma, les dévorer et les découper, je ne démarche personne, je ne passe pas un coup de fil, bien trop timide pour me vendre. Ou trop fière. « Bonjour Claude Chabrol, je suis Muriel Robin... – Muriel Robin, Muriel Robin... Ah oui, qu'est-ce que vous voulez ?... » Non, ça, je ne pourrais pas. Quant aux castings, je ne sais même pas pourquoi je n'en ai fait que deux.

Je devrais peut-être en parler à Michel Bouquet, qui ne m'a pas oubliée, qui me félicite pour *Tout m'énerve* – « Tu vois comme tu as eu raison de t'accrocher, Muriel, de ne pas abandonner... » –, mais je n'ose pas. Chacun de ses appels est un événement qui me laisse tremblante, et d'ailleurs je continue de le vouvoyer à trente-cinq ans quand les élèves du Conservatoire le tutoyaient déjà. Et puis moi, demander quelque chose, je n'ai jamais pu, je ne sais pas faire.

Si le cinéma vient à moi, c'est à travers les héros de mon adolescence, un peu par hasard, et pas du tout pour me faire tourner. Quand je me suis installée à Paris pour démarrer chez Bouvard, j'étais encore transie d'amour pour Alain Delon, le Delon insolemment beau de *La Piscine*, et j'avais fait une chose que je n'oserais plus trop faire : j'avais enregistré sur mon répondeur téléphonique un message qui laissait penser que nous vivions ensemble. Ça m'avait pris la journée, cette histoire, parce que j'avais d'abord dû repiquer des phrases d'Alain Delon précédemment enregistrées par mes soins à la radio. Après des heures de montage, le message donnait à peu près ceci : « Bonjour, vous êtes bien chez Muriel Robin et Alain Delon, nous ne sommes pas là pour le moment mais laissez-nous un message. » On entendait alors la voix d'Alain qui me murmurait un truc à l'oreille, et la mienne, un peu coquine : « Non, arrête Alain, pas maintenant... », comme s'il était venu me chatouiller quelque part pendant la prise de son et que nous avions trop à faire, entre nos vies d'artistes et notre passion torride, pour nettoyer la bande.

Arrive le jour où une amie me fait rencontrer Alain, le vrai, après mon premier Olympia, je crois, et je ne suis pas du tout impressionnée. Si peu que j'ose même lui dire : « J'ai tout fait avec vous en rêve, je vous ai sorti de prison, on s'est mariés, et tant d'autres choses, donc nous sommes intimes ! » Nous buvons un verre ensemble, nous sympathisons. Je me dis qu'un jour je vais tourner avec cet homme-là, le Delon de *Rocco et ses frères*, du *Guépard*, de *Mélodie en sous-sol*. Ça fait si longtemps que je suis prête pour ce grand rendez-vous.

Un soir de relâche à l'Olympia, je roule dans Paris au volant de ma Mercedes et je me demande comment je vais faire avec cette voiture : la veille, j'ai chargé un plateau de fruits de mer sur la banquette arrière, tout s'est renversé, et maintenant ça sent la crevette dans tout l'habitacle, c'est une infection. Est-ce que je dois changer la banquette arrière ? Vendre carrément la voiture à un type qui aime les coquillages ? Je m'interroge, et tandis que je suis en pleine méditation, arrêtée au feu rouge à l'angle de l'avenue Montaigne et de la rue François-Ier, qui descend la rue François-Ier et marche dans ma direction ? Alain Delon soi-même. Oh non, me dis-je, pourvu qu'il ne me voie pas ! J'aurais adoré le prendre en stop, n'importe où, n'importe quand, mais pas ce soir, pas dans cette bagnole qui empeste le poisson. Je m'enfonce sous le volant, je regarde obstinément la jauge d'essence, il va passer, mon Dieu faites qu'il passe, ça va aller, ça va aller… et paf ! il me reconnaît.

J'ai à peine le temps d'asperger la voiture de mon eau de toilette Georgio de Beverly Hills, que déjà il ouvre la portière :

— Qu'est-ce que vous faites là ? (avec sa voix d'Alain Delon)

— Ben je faisais un petit point sur ma vie…

— Vous m'emmenez ? Je ne vais pas loin…

Le jour où Alain Delon monte dans ma voiture, j'ai renversé un plateau de fruits de mer ! C'est vraiment pas de bol !

Et puis je me lance, je lui balance l'histoire du répondeur. Il rigole carrément.

— La prochaine fois, on l'enregistre ensemble !

Entre-temps, j'ai ouvert toutes les fenêtres, c'est un peu plus respirable, et voilà comment s'engage à petits pas notre relation.

Nous nous reverrons plus longuement, trois ans plus tard, au soir de la première de *Feu la mère de Madame*, de Georges Feydeau. Un dîner est prévu, et dans la foule, avant de passer à table, j'aperçois Alain Delon. J'ai le sentiment qu'il ne va pas rester, alors je fais exactement ce que me dicte mon cœur : je vais vers lui, je le prends par la main et je l'assois à côté de moi. Devine-t-il combien je suis bouleversée par sa présence ? Je crois que oui. D'une certaine façon, j'espère ce moment depuis mes seize ans.

Peu de temps après ma balade avec Alain dans la Mercedes aux fruits de mer, c'est Annie Girardot qui me refait signe, par un drôle de hasard également (Alain, puis Annie, les deux grandes figures qui ont fait qu'à seize ans j'ai pu m'imaginer un avenir dans le cinéma). Roger Louret a invité Annie à revenir jouer *Madame Marguerite*, de Roberto Athayde, au festival de Bonaguil, près de Monclar. Bien qu'elle n'ait pas joué depuis longtemps, Annie a accepté, et Roger me demande si je ne descendrais pas avec elle.

— Mais naturellement ! Deux fois plutôt qu'une.

— Tu comprends, ce sera plus chaleureux que de la laisser venir toute seule.

— Bien entendu, Roger, je m'en occupe.

Entre-temps, j'ai échangé la Mercedes contre ma fameuse première Porsche, et c'est donc au volant de ce bolide que je viens attendre Annie Girardot en bas de chez elle.

J'ai beau être fondue d'amour pour elle, je n'en suis pas moins une handicapée des relations humaines, une timide, à deux doigts de préparer une liste de sujets au cas où la conversation viendrait à s'épuiser. J'ai peur des silences, comme dans mes spectacles, car alors je m'imagine que les gens s'ennuient avec moi.

Enfin la voilà. J'ai envie de lui dire combien je l'aime, et surtout pourquoi, tout le bien qu'elle m'a fait avec ses cheveux courts et ses clopes, mais je n'ose pas. Si elle n'a pas envie de parler, le mieux est de la laisser tranquille, et donc je mets la musique. Pas trop fort, c'est une dame (soixante ans cette année-là), que dis-je, une dame ? Une reine, oui, et nous voilà sur l'autoroute.

Songer qu'Annie Girardot est assise à côté de moi, que j'attends ce moment-là depuis vingt-cinq ans, et que nous ne trouvons rien à nous dire me précipite dans une angoisse grandissante. Est-ce que je ne devrais pas… voyons, je ne sais pas… lui poser des questions par exemple ? M'assurer qu'elle est bien assise ? Qu'elle n'a pas soif ? La prévenir que je suis timide, au moins… J'ai chaud, je transpire, j'ouvrirais bien la capote, tiens, mais même ça, je n'ose pas le lui demander. Suppose que je l'ouvre et qu'ensuite ce soit elle qui n'ose pas me demander de la refermer ? Et puis, la capote ouverte, on ne s'entendra plus. Je suis en plein cauchemar, finalement, agrippée à mon volant, malheureuse, écarlate et suante.

Pourquoi suis-je aussi compliquée ? Pourvu qu'elle parle ! Et d'un seul coup, elle me sauve :

— Mets donc la musique plus fort, ma puce, on n'entend rien. Est-ce qu'on n'est pas bien, là, toutes les deux par ce beau temps ? C'est quoi ta voiture, au fait ?

— Une Porsche, Annie.

— Eh bien moi j'aime bien les Porsche, dis donc. Vive les Porsche !

Une fois à Monclar, tout va mieux. Tout le monde veut dire un mot gentil à Annie, et moi je me détends.

J'attends un signe du cinéma, mais le destin décidément semble me préférer en clown puisque c'est Guy Bedos qui m'appelle plutôt que Chabrol ou Lelouch : il est la vedette d'une émission de Michel Drucker et il souhaiterait inviter deux jeunes comiques en pleine éclosion. Il a pensé à Jean-Marie Bigard et à moi.

— Vous accepteriez d'être mon invitée, Muriel ?

— Avec plaisir !

L'élégance légendaire de Guy Bedos, sa gentillesse dans la vie quotidienne, tandis que sur scène il nous fait rire par sa cruauté.

D'ailleurs, à l'émission de Drucker, il me surnomme aimablement « le bulldozer », compliment qui nous inspirera notre sketch d'ouverture un an plus tard. Il me semble que je joue « Le Noir » ou « L'Addition » (dans une version raccourcie) sur le plateau de Michel Drucker, et puis chacun rentre chez soi.

Mais quelque temps plus tard, Guy me rappelle. Il a été sollicité pour présenter un sketch à la soirée des Molières et il a songé à moi :

— Pourquoi on ne jouerait pas plutôt quelque chose ensemble, Muriel ? Ça serait plus gai, non ?

— Ça serait top ! Je suis partante.

— Je ne sais pas si tu as une idée de sketch, mais moi je reprendrais bien « La Répétition » que j'ai pas mal jouée avec Sophie.

Sophie Daumier, qui a été sa femme.

Il m'envoie le texte de « La Répétition », je l'adopte aussitôt, et nous nous retrouvons pour répéter dans le sous-sol du Théâtre des Champs-Élysées.

La soirée des Molières arrive, je me suis mise au régime deux mois plus tôt, et je m'offre pour l'occasion une robe de chez Dior que je paye une fortune. Tous les gens connus se font prêter des vêtements par les grands couturiers, mais moi je paye, je ne veux rien devoir à personne, rien prendre à personne (et comme ça, je suis sûre de ne créer de liens avec personne, de bien verrouiller ma solitude).

« La Répétition », ce sont deux comédiens qui tentent d'interpréter un texte d'une pauvreté consternante sous la direction d'un imbécile qui se prend pour Shakespeare et qu'on entend en voix off.

Ce qui donne ceci, dans la première minute :

« Voix off : En place ! En place !

Moi : Ordure !

Guy : Salope !

Moi : Fumier !

Guy : Vieille vache !

Moi : Je te crache dessus, pauvre con !

Guy : Tu veux ma main sur ta vieille gueule de pute ?

Moi : Essaie, pauvre larve.

Guy : Vieille pétasse !

Moi : Pauvre impuissant !

Guy : Je te démolis !

Moi : Lopette !

Guy : Poufiasse !

Moi : Va te faire machiner !

Guy : Oh ! Ça suffit !

Voix off : Attention, attention mon chou, y a autre chose. Le texte ! Le texte ! Va te faire machiner…

Moi : Va te faire machiner sale con, j'avais oublié "sale con".

Voix off : Va te faire machiner tout seul, c'est plat. Le texte ! Le texte !

Guy : Surtout que le texte est d'une telle densité ! »

Etc., etc.

Juste pour dire que c'est un sketch qui repose quand même pas mal sur le jeu des acteurs, mais vous l'aurez deviné à la subtilité des répliques…

Quoi qu'il en soit, nous faisons un tabac sur la scène du Théâtre des Champs-Élysées, toute la profession est là, et elle est pliée de rire. Je ne sais pas si ça va m'aider à entrer dans le cinéma, mais je suis certaine que ça m'ancre un peu plus dans mon personnage de clown.

Quelque temps plus tard, je suis chez mon coiffeur, en peignoir, la tête pleine de teinture, quand mon gros Nokia se met à bourdonner. C'est encore Guy.

— Je peux te parler Mumu ?

— Attends, je sors, voilà, je t'écoute.

En peignoir sur le trottoir, la tête recouverte de purée de carottes, mon enclume à l'oreille.

— Tu sais, j'ai réfléchi… Pourquoi on ne ferait pas un spectacle ensemble ?

— Un spectacle ensemble ? Mais Guy…

J'étais sur le point de lui dire : « Guy, voyons, tu n'as pas besoin de moi, tout le monde t'aime, à chacune de tes apparitions tu joues à guichets fermés. »

Mais il me coupe la parole :

— J'ai envie de jouer avec toi. Là, tu vois, aujourd'hui, à cinquante-huit ans, c'est ce qui me donne la pêche pour continuer. Je me suis repassé ton Olympia, c'est formidable, mais c'est for-mi-dable ! Dis-moi oui, Mumu, je crois qu'ensemble on va inventer quelque chose de complètement nouveau.

Il ne me voit pas, par bonheur, mais je suis au bord des larmes. Guy Bedos me choisit, il me veut, il m'aime, c'est tout ce dont j'ai tellement besoin dans la vie, qu'on me choisisse, qu'on m'élise, qu'on m'aime.

Il ne peut pas le deviner, mais la moitié du spectacle est déjà virtuellement écrit simplement parce qu'il m'a choisie. Les sketchs vont venir tout seuls, je le sais, je vais être portée par son désir, son affection, son regard.

— Comment je pourrais te dire non, Guy ? Tu sais bien comme j'ai aimé travailler avec toi pour les Molières.

— Alors c'est oui ?

— C'est oui !

— Mumu, je t'adore ! Et qu'est-ce que tu penserais de commencer à travailler le mois prochain ?

— Eh bien... Ça doit pouvoir coller. Faut que je regarde mon agenda.

— Tu viendrais en Corse ? On s'enferme là-bas dans ma maison et on bosse. On sera seuls, il n'y aura personne pour nous déranger.

— Ben... ben oui, d'accord. La Corse, je ne connais pas trop, mais...

— C'est un grand jour, ma Mumu, c'est un grand jour ! Je suis content, tu ne peux pas savoir. J'organise tout et je te rappelle.

Guy, mon grand frère. Je t'aime tant. Merci.

Chapitre 17

Ce n'est pas la Corse qui me fait peur, naturellement, il aurait pu me proposer Hazebrouck ou Charleville-Mézières que cela aurait été la même chose. Non, ce qui me terrifie c'est l'idée de me retrouver seule dans une maison avec Guy Bedos. C'est bien simple, je n'en dors plus – et qu'est-ce qu'on va se dire ? et comment on va faire pour les repas ? pour aller aux toilettes ? Et le soir ! mon Dieu le soir ! est-ce qu'on va d'abord se dire bonsoir et se mettre en pyjama ensuite, ou le contraire ? Moi, en pyjama, venant dire bonsoir à Guy Bedos ? Euh non, non, ça je ne le sens pas... Et puis comment on va se le dire bonsoir ? on va se faire la bise ? se serrer vigoureusement la main ? bonsoir Guy, ce fut un plaisir cette première journée de collaboration, hé hé hé... et l'horreur, l'horreur absolue : le petit-déjeuner en tête à tête au saut du lit ! bien dormi, Muriel ? Obligée de faire la joyeuse, la fille pleine d'entrain et toujours de bonne humeur, alors que le matin, hein, j'ai juste envie qu'on me foute la paix.

Je n'ai jamais vécu avec personne, alors commencer avec Guy Bedos, qui a vingt et un ans de plus que moi, que je ne connais pour ainsi dire pas (en tout et pour tout, nous avons joué un sketch ensemble), c'est un défi à la raison, à la mienne en tout cas. D'ailleurs, je suis si intimidée que je supplie un ami de faire le voyage avec moi jusqu'en Corse. Je lui prends un billet aller-retour pour reculer le moment de me retrouver seule avec Guy, ce qui ne recule rien du tout puisque l'ami me quitte à l'instant où je sonne à la porte de Guy.

J'ai conservé le souvenir de notre premier repas, puisque je dois arriver vers onze heures du matin. Guy, adorable, faisant tout son possible pour me mettre à l'aise, et moi décalquée. Voilà, maintenant je connais la maison, j'ai eu le sentiment de répondre à côté à toutes ses questions, comme ça le premier contact est bien raté, il doit s'imaginer que je suis sous neuroleptiques, ou que j'ai bu.

— Et si on mangeait un morceau avant de se mettre au taf ? Ça te dit Muriel ?

— Ma foi…

Dans la cuisine. Lui et moi dans la cuisine. Exactement le scénario de mon cauchemar, comme c'est bizarre, d'ailleurs je flotte dans un léger coma tandis qu'il fait réchauffer un truc.

— Je pourrais peut-être mettre… les assiettes ?

— Oui, vas-y, fais comme chez toi.

— Et tu me dirais où elles se trouvent ?

Ma voix est fausse, mes gestes sont faux, on ne va pas y arriver, je pense que je ferais peut-être mieux de lui dire tout de suite que je vais repartir pour Paris par l'avion du soir.

Mais je ne dis rien. On mange. Je suis là sans être là.

Le premier après-midi à bosser ensemble est dur, dur. Il faut que j'ose, que j'arrive à balancer des choses, mais je tourne au ralenti. Quand je me remémore ma première journée avec Pierre Palmade, à quelle allure nous nous étions enflammés, je songe que Guy a décidément raison, je suis un bulldozer, que dis-je, un diesel.

Et puis arrive le soir, le moment où on va se dire au revoir avant de rejoindre chacun sa chambre – tenue de ville ? pyjama ?... Là encore, en plein cauchemar. Aujourd'hui, Bedos adore l'histoire du pyjama – « Raconte-la moi encore, Mumu, s'il te plaît », et il pleure de rire à chaque fois. Il dit que c'est notre meilleur sketch, même si personne ne le connaît, même si nous ne l'avons pas écrit, pas encore. Il n'en revient pas que je me sois plongée dans de telles affres avec un type comme lui. Guy est le contraire du tyran domestique, l'opposé de Madame Robin, c'est un tendre, un doux, un gentil, plein de féminité, et qui ne cherche pas à le dissimuler. En vérité, nous avons tout ce qu'il faut pour nous adorer, ça va venir en deux ou trois jours, mais c'est moi qui ne cède rien, au début, enfermée dans ma défiance et ma peur de l'autre. Merci maman.

Oui, ce doit être le troisième jour qu'enfin je renonce, je me lâche, et c'est justement quand nous écrivons ce sketch que nous allons appeler « Première Impro ». Ça viendra au milieu du spectacle, on s'assiéra devant le rideau de scène, et on sera censés improviser. L'idée est de créer un vertige dans la salle comme si réellement on se lançait dans le vide, et donc ça démarre de façon très chaotique :

« Moi : D'habitude tu improvises, tu fais des impros...

Guy : Ah oui, je suis très fort pour ça. Très très fort... je suis le meilleur. Tu dis n'importe quoi, n'importe quel mot, n'importe quelle connerie et je pars.

Moi : Ah, moi aussi je pars, je pars tout de suite et je rentre chez moi, ah ah ah...

Guy : Non, non, on va le faire à deux ce soir, on va rigoler, ça va être très bien. Mesdames, messieurs, improvisation avec Muriel Robin, première ! On l'applaudit pour l'encourager. Top chrono ! Tiens, vous allez jouer avec nous, dans le genre interactif comme à la télé. Allez, bande de feignasses ! Envoyez-nous un mot, n'importe lequel... "Cul !" J'ai entendu "cul" ! Y en a un là-bas dans le fond qui a dit "cul" ! Tu as entendu ?

Moi : Non.

Guy : Si, j'ai pas rêvé. Y en a un qui a dit "cul" ! L'obsédé sexuel de service. Pauvre maniaque ! Y a pas que le cul dans la vie !

Moi : Encore que...

Guy : Encore que, dit ma camarade très brillamment. C'est Léautaud, l'écrivain Léautaud, tu connais ?

Moi : Non.

Guy : Elle m'aide bien ! Elle relance bien !... Desproges avait dit une chose drôle aussi : "Il vaut mieux déjeuner avec Léautaud que dîner avec Léotard." C'est marrant, ça, non ?

Moi : Oui, c'est marrant.

Guy : Bon, Léautaud avait écrit : "On dit que c'est le cul qui mène le monde, non, c'est la queue, s'il n'y avait pas de queue, il n'y aurait pas de cul."

Moi : Ce que je vais faire, moi, c'est que je vais aller me remaquiller un p'tit peu.

(Alors je quitte la scène, en dépit des protestations de Guy qui poursuit tout seul.)

Et quand je reviens :

Guy : Alors ?

Moi : Alors, alors... alors rien. Si, j'ai vu Dédé dans sa p'tite loge qui mangeait son p'tit plat de nouilles. Il est gentil Dédé, il m'a fait voir les photos de sa petite dernière, avec ses deux petites couettes, là, et puis elle a deux petites quenottes sur le devant...

Guy : Tu sais que ça n'intéresse personne ce que tu racontes ?

Moi : Ça, c'est très possible. C'est très possible, mais moi je parle des choses qui m'intéressent, voilà, parce qu'enfin... excusez-moi, monsieur, mais queue, couilles, cul... Cœur, t'as rien à dire sur le cœur, toi ?

Guy : Ben non... Là, tout de suite, non.

Moi : D'accord, ça c'est la pudeur, excuse-moi, Guy, j'ai peut-être dit un mot grossier.

Guy : Mot ! Mot ! Tu connais ce mot de je ne sais qui d'ailleurs... Mais de toute façon personne n'ira vérifier étant donné le niveau culturel de ce pays depuis quelque temps... C'est un mot de moi, en fait c'est de moi, c'est de moi :

“Il y a des gens qui parlent du cœur comme d’autres parlent du nez.” C’est bon, ça !

Moi : Bien, bien, très bien. Mais moi aussi je vais te dire un mot de… je sais très bien qui, mais j’le dirai pas, parce que c’est quelqu’un qu’est pas connu, donc ça n’intéressera personne, sauf peut-être Robert qui n’est pas là ce soir, en même temps c’est quelqu’un qui m’a rendu des services à des moments difficiles de ma vie où mes amis n’ont pas toujours été là… Et on pensera ce qu’on veut de Robert, mais moi je l’aime beaucoup !

Guy : Oui, oui, oui, on comprend plus rien à ce que tu racontes. C’est quoi le mot, le mot, le mot que tu voulais dire ?

Moi : Le mot, c’est “Robert”.

Guy : En fait, je vais vous dire, c’est une très très chic fille qui a un peu disjoncté au printemps dernier. »

Etc., etc.

Voilà, j’ai le souvenir de cette troisième journée où nous écrivons ensemble cette « Impro », où ce « Robert » me tombe soudain du ciel comme un trésor et où je vois Guy s’effondrer de rire. Ça y est, nous sommes raccord, Guy m’a choisie, et maintenant je le fais marrer, nous sommes mûrs pour la folie.

C’est le printemps, il fait doux, et il nous arrive souvent de travailler dans le jardin. Je souris toute seule, aujourd’hui, en songeant que si des gens nous ont vus de l’extérieur nous tordre de rire, ils ont dû nous prendre pour un couple de débiles – « Ces deux-là, à leur âge, ils n’ont rien d'autre à faire qu'à se raconter des blagues de Toto, et ça fait des jours et des jours que ça dure, si c'est pas malheureux ! » Ben oui, mais c'est la seule chose qu'on sache faire.

Le soir, on s'installe devant la cheminée : le bonheur. J'aime cette Corse où les soirées peuvent être fraîches. Un jour, Nicolas débarque, déposé par sa mère. Il n'a que douze ans, je l'entends parler de cinéma avec son père – une critique qu'il vient de lire dans *Le Nouvel Observateur,* à douze ans ! – et je me dis : lui, ça va aller, ça a l'air de bien fonctionner là-haut. Nicolas qui, avec son génie, est en train d'écrire mon prochain « seule en scène ». J'ai beaucoup de chance. Merci Nico chéri. Quand il repart, il m'appelle « tatie », je me sens de mieux en mieux chez les Bedos. Bientôt, nous fêterons Noël tous ensemble, Guy et Joe, sa femme, Victoria et Nicolas, et je songerai que, ces quatre-là, je les aime, qu'être avec eux m'apporte chaque fois une joie profonde. Ma Joe, toujours dans l'ombre de ses trois artistes, mais si présente et précieuse pour eux. Et pour moi aussi d'ailleurs. Merci à tous les quatre d'être dans ma vie.

Puis nous nous revoyons durant cet été 1992. Nous démarrons le 12 octobre à l'Olympia, il est temps de roder le spectacle. Cette fois, je loue une maison de l'autre côté de la baie, et je débarque tous les matins chez Guy en bateau, c'est très chic.

L'année de ma naissance, lui faisait sa première apparition à Bobino, il a connu toutes les scènes, les gens n'ont jamais cessé de l'aimer, et en dépit de ça, il a le trac.

— Et si c'est pas plein, Mumu ? Tu imagines un peu, l'Olympia clairsemé ?

— Ça va être complet tout de suite, je le sais.

— J'aime bien quand tu es confiante.

Oui, je suis confiante, et ce n'est pas de la prétention. Nous avons la même façon scrupuleuse de travailler, de ne rien laisser au hasard, nous sommes des fourmis, des ouvriers consciencieux, le public sera là. Guy n'a pas besoin de moi pour remplir l'Olympia, et l'inverse est également vrai. C'est d'ailleurs ce que nous répondrons aux journalistes qui nous demanderont pourquoi nous avons éprouvé le désir de jouer ensemble : « Parce qu'on n'avait pas besoin de l'autre pour que ça marche – lui fonctionne très bien sans moi, et moi sans lui. »

Il n'empêche que nous avons besoin d'une attachée de presse, et c'est comme cela que je fais la connaissance de Tony Krantz, que je vais aimer, adorer, et avec laquelle je vais cheminer vingt années durant, jusqu'à sa mort, le 6 août 2011, qui m'a laissée orpheline.

On m'avait dit beaucoup de bien de Tony Krantz, attachée de presse de Barbara, entre autres artistes, et je la rencontre pour la première fois à l'hôtel Raphaël, au début de l'automne. Nous passons deux heures ensemble et je suis sous le charme. C'est une femme qui approche alors la cinquantaine, mariée, dont les enfants sont grands, et qui prend le temps d'écouter avec cette bienveillance et cette intelligence qui vous donnent le sentiment d'être compris dans votre singularité – puis bientôt aimée. Je l'ai tellement aimée, en retour, Tony, qu'il m'arrivera par la suite de me demander si ce n'était pas moi son attachée de presse, plutôt qu'elle la mienne. Grande fumeuse à la voix rouillée par le tabac, Tony m'explique tranquillement comment nous allons nous y prendre pour lancer cet Olympia, puis pour la tournée qui suivra. Ce que j'aime immédiatement dans notre relation, c'est que je ne lui fais pas peur, manifestement. Depuis Le Splendid, je souffre de sentir que les gens n'osent plus trop me dire ce qu'ils pensent sincèrement de mon travail, de mes réactions, de moi, comme si le succès construisait une prison dorée à l'intérieur de laquelle on ne fait plus que vous sourire, vous laissant vous débrouiller seul avec vos doutes et votre propre image. Certains en profitent pour ne plus douter d'eux-mêmes, moi c'est le contraire, l'obséquiosité m'angoisse. Tony n'est pas impressionnée par le succès. Les artistes qu'elle choisit (peu nombreux), elle les aime pour ce qu'ils sont, pas pour les paillettes qu'ils trimballent ou les millions qu'ils ramènent, de sorte que jamais elle ne se laisse distraire de ce qu'elle croit bon pour eux. Je me braquerai souvent – « Non, Tony, cette émission je ne la ferai pas » – et jamais elle ne cédera. C'est une calme, une de ces héroïnes solitaires et somptueuses des romans de Françoise Sagan qui n'en font qu'à leur tête : elle ne va pas bondir sur son téléphone pour me raisonner, sûrement pas, non, elle va s'installer à son bureau, devant son bloc de papier vélin, et m'écrire une longue lettre à l'issue de laquelle je la rejoindrai au bar d'un grand hôtel et lui dirai : « D'accord, Tony, tu as raison, je vais faire l'émission. »

Avant Tony, j'avais le sentiment d'être condamnée à materner tous ceux que j'aimais (même si personne ne me le demandait), ma mère, mes sœurs, Annie Grégorio, Pierre Palmade, mes amis de L'Amazonial ; avec Tony, je découvre la douceur d'être maternée.

L'Olympia avec Guy Bedos est encore un beau succès : dès la première, c'est complet. Pour les trois mois à venir, nous jouons tous les soirs à guichets fermés.

Puis nous partons en tournée. Cette fois, je ne suis plus seule sur les routes, comme deux ans plus tôt après mon premier Olympia, minée par ma vie amoureuse et par la folie familiale. Guy est un compagnon de voyage merveilleux, délicat, attentionné, toujours drôle, et partager le quotidien avec lui est un plaisir. Nous avons énormément ri en écrivant le spectacle, et maintenant nous rions de le jouer, nous rions de l'hilarité que nous déclenchons partout où nous passons.

Alors pourquoi est-ce que je décide d'arrêter ? On pourrait prolonger la tournée, jouer dans beaucoup plus de salles, deux fois plus, trois fois plus, puisque toutes sont prêtes à nous accueillir, mais je ne veux pas. Guy Bedos me laisse gentiment entendre que je suis folle – oui, je suis folle, je le sais, je le vois bien, mais je veux tout de même arrêter.

— Essaie de m'expliquer pourquoi, Mumu.

— Je ne sais pas, c'est trop.

— Mais qu'est-ce qui est trop ? On ne fait rien de mal, on a écrit un spectacle qui marche, on le joue, pourquoi ne pas continuer six mois de plus, un an de plus ?

— Peut-être que je m'ennuie à répéter tous les soirs les mêmes sketchs.

— Ma chérie, c'est notre métier de comédien, ça. Et puis on joue les mêmes sketchs, c'est vrai, mais le public est chaque soir différent, tu le sais bien. Chaque soir, il faut repartir à sa conquête, ce n'est jamais gagné.

Sans doute est-ce que répéter me contrarie, mais ça n'est pas la vraie raison. Je me punis pour quelque chose, et je me demande bien pour quoi exactement... Jusqu'à ce que ça me saute aux yeux : toutes ces salles pleines, tout cet argent que je gagne, c'est impossible, ça me bouleverse. Je le comprends le jour où mon agent veut m'entretenir de ce que nous gagnons. Je l'entends qui commence à débiter des chiffres et des chiffres, je n'écoute rien, je ne vois que des zéros, un nombre hallucinant de zéros, et brusquement je n'en peux plus :

— Excuse-moi, Rose, mais je n'ai pas envie...

— Tu n'as pas envie de savoir combien tu as gagné depuis le début de la tournée ?

— Non, voilà, ou alors dis-le-moi vite.

Le chiffre me paraît extravagant, et je m'entends dire :

— Pour les prochains spectacles, tu transféreras directement les chèques à la banque, je n'ai pas besoin de tout ça pour vivre.

Pauvre Rose qui se réjouissait sans doute de pouvoir m'annoncer que j'étais riche, Rose qui aura passé vingt-trois ans à mes côtés (merci, Rose, d'avoir supporté mes doutes et mes angoisses pendant tant d'années), essayant constamment de me protéger avec sincérité et affection. Excuse-moi, Rose, mais ça me retourne l'estomac, c'est beaucoup trop d'argent. Qu'est-ce que c'est que ce monde où on enjambe des gens sur les trottoirs qui n'ont rien à bouffer quand d'autres, comme moi, gagnent tellement de fric qu'ils ne savent plus où le mettre ? Ça m'angoisse, je ne peux pas le prendre cet argent. Je veux bien en dépenser une partie pour boire du champagne, m'acheter une maison peut-être, mais qu'est-ce que je vais faire du reste ? Le donner aux gens qui dorment dans la rue ? Oui, peut-être, je vais me renseigner, voilà, c'est décidé.

Sur le moment, je suis à peine consciente du tort que je cause à Guy Bedos qui, lui, a cinq enfants à élever et un réel besoin de gagner sa vie. Il se pliera à ma décision d'arrêter mais m'avouera, des années plus tard, qu'il l'a tout de même gardée pas mal de temps en travers de la gorge. Pardon, Guy, c'est vrai que je suis folle, mais je n'étais pas préparée à gagner autant d'argent, n'oublie pas que je viens d'une famille où l'on comptait les billets chaque matin au petit-déjeuner.

Et puis il y a autre chose : si j'accepte toutes les dates qu'on nous propose, si je bourre mon agenda pour toute l'année à venir, quand vais-je pouvoir repartir au Mexique, au Guatemala ou ailleurs ? Je continue à rêver de grands voyages, d'après-midi à l'arrière d'un pick-up, assise sur un sac de café, à ne plus penser à rien. J'ai besoin de croire que je peux encore m'envoler du jour au lendemain, sinon j'ai le sentiment épouvantable qu'en dépit de tous mes efforts pour fuir le magasin de Saint-Étienne, je me suis de nouveau enfermée dans une prison.

Puis Catherine et moi nous séparons. C'est affreusement douloureux pour l'une comme pour l'autre, mais le chagrin est à la mesure de l'amour et de l'affection que nous nous sommes donnés, et on ne se perd pas puisqu'aujourd'hui encore Catherine est présente dans ma vie. Mais voilà, je me suis libérée d'une liaison impossible, dévastatrice pour moi, et maintenant, que vais-je faire de ma liberté ?

Je souffre toujours de la même ambivalence : je rêve secrètement d'être la femme d'un homme qui me prendra par la main, qui m'emmènera au restaurant, qui décidera pour moi du programme de la soirée (oh, n'être plus toujours celle qui prend l'initiative, celle qui écoute, materne et console, celle qui paye au restaurant...), je n'aime pas l'idée d'être la femme d'une femme, je ne parviens pas à me dire que je suis homosexuelle parce qu'au fond je n'en suis pas certaine, et cependant c'est d'une femme que je retombe amoureuse. Mais est-ce vraiment l'amour qui m'anime ou l'angoisse d'être de nouveau seule ? Depuis l'adolescence, la solitude me colle à la peau. J'ai le souvenir très doux du plaisir d'entendre Yves, l'année de mes dix-neuf ans, me murmurer qu'il m'aime, qu'il veut m'épouser. J'ai le souvenir du désir et de la tendresse qu'il m'inspire, et de la tentation qui me prend de lui dire oui. Oui, marions-nous, construisons une famille comme tout le monde, ayons une maison, des enfants, une grosse voiture pour les conduire à l'école... Mais c'est alors que je tombe amoureuse de Brigitte. Yves me dit qu'il m'attendra, c'est promis, nous nous marierons plus tard, mais il se lasse et je le perds. Intense les premiers mois, la relation avec Brigitte s'épuise rapidement, mais je n'ose pas rompre, je ne sais pas rompre, et nous demeurons prétendument ensemble des années et des années alors qu'en vérité il n'y a plus rien entre nous. Puis je rencontre Catherine Lara, et c'est aussi passionnel que douloureux. On dirait bien que mon amour pour les femmes, né de celui que je porte à ma mère depuis l'enfance, à la fois protecteur et tout empreint de la peur de la décevoir, de ne pas être à la hauteur, tout empreint de culpabilité aussi, ne m'apporte que du malheur. Et pourtant, ce sont elles, les femmes, qui font battre mon cœur, quand je ne vois dans les hommes qu'une possibilité de réconfort, qu'un immense désir de tendresse, de sécurité et de repos.

Ma nouvelle amie est intelligente, cultivée et fine, et notre relation s'engage de façon très amoureuse. Puis elle s'épuise, et encore une fois je me sens coupable d'abandonner, de quitter, paralysée par la culpabilité.

Comment donne-t-on de l'argent ? Comment fait-on profiter les autres de son aura, de son succès ? Dans quelques années, je m'engagerai avec Marine Jacquemin et La Chaîne de l'espoir pour la construction d'un hôpital à Kaboul, qui existera, mais là je suis un peu perdue et c'est dans cette errance que je décide d'aller voir Véronique Colucci. Les Restos du Cœur ont survécu à la mort de Coluche, leur fondateur, grâce à Véronique et à un petit groupe d'artistes qui a continué de chanter pour les financer : Jean-Jacques Goldman, Johnny Hallyday, Eddy Mitchell, Michel Sardou et Véronique Sanson. Je les admire, je trouve ça très bien, et donc j'arrive chez Véronique Colucci avec du champagne dans ma voiture et l'envie de l'aider.

Et ça marche ! Je suis très bien reçue, Véronique ne voit pas pourquoi elle se priverait de mes services, et moi j'en redemande, je suis si contente de pouvoir participer, partager, me sentir utile et moins coupable de réussir dans la vie.

Pendant une année, je prends le temps d'approcher ces gens qui crèveraient peut-être de faim et de solitude si les Restos du Cœur n'existaient pas. Je vais manger avec eux, je sers des repas, je passe des soirées à bavarder, à les écouter. Je crois que je cherche aussi confusément à donner plus de sens à ma propre vie, bien sûr.

J'en redemande tellement qu'on me confie finalement une mission dont je n'avais mesuré ni l'ampleur ni la difficulté : l'animation de toute la soirée annuelle, le fameux concert des *Enfoirés*.

Au début, nous ne sommes que huit artistes, mais la machinerie de cette soirée va très vite devenir extrêmement complexe et nécessiter une préparation minutieuse. Il faut créer une ambiance, trouver un ton, une couleur, permettre aux différents artistes de s'accorder sans donner le sentiment d'une succession de contributions qui pourrait être affreusement rébarbative, maintenir une joyeuse ivresse que partageront les millions de téléspectateurs et qui les incitera à donner pour les Restos du Cœur.

Le plus héroïque est évidemment l'orchestre, dirigé par Guy Delacroix, qui va devoir passer d'un artiste à l'autre, comme un comédien à qui l'on demanderait de changer de costume et de texte toutes les dix minutes. L'orchestre est d'ailleurs celui qui démarre les répétitions le plus en amont, celui qui doit être présent à *toutes* les répétitions. Chaque artiste va venir roder sa séquence puis retourner à ses affaires, mais l'orchestre, lui, doit être là pour tous les artistes, il ne fait jamais relâche.

Quant à moi, ça me va bien, tiens, de m'être collé cette mission sur le dos : faire le lien entre tous ces numéros chantés, ces solos, ces duos, en trouvant le moyen de faire rire. S'il y a une vingtaine de numéros, à moi de découvrir et d'écrire la vingtaine de sketchs qui assureront l'ambiance de la soirée. De quoi est-ce que je me punis encore ?

Mais je me punis, ça c'est sûr ! Vous me verriez aux répétitions, courant de l'un à l'autre avec mes petites fiches bristol, essayant d'imaginer un lien marrant entre la dernière chanson de Maxime Le Forestier et celle de Maurane, que vous n'auriez aucun doute. Autant dire que la dernière semaine, je ne dors plus. Je récris inlassablement mes plateaux, l'œil rivé sur le conducteur. Par bonheur, Mimie Mathy va me rejoindre en 1994, et sans cesser de travailler comme des fourmis, nous allons beaucoup rire ensemble.

Je vais être celle sur qui on peut compter jusqu'en 2007, soit seize années durant tout de même, et je crois que la soirée dont je suis la plus fière est celle du Grand Rex, en 1994 précisément. Nous faisons très fort cette année-là puisque, outre les piliers comme Goldman, nous avons Charles Aznavour, Patrick Bruel, Céline Dion, France Gall, Catherine Lara, Vanessa Paradis, Renaud, Alain Souchon, et d'autres encore. Du coup, moi aussi je fais très fort : je vais aux studios des Buttes-Chaumont louer autant de costumes que j'aurai de plateaux, et je ne préviens personne, de façon à profiter à plein de l'effet de surprise. Je vais apparaître successivement en soutane, en nageuse, en randonneuse tyrolienne, en danseuse du Crazy Horse… et je me rappelle avec bonheur du grand Goldman terrassé par le fou rire, quand il m'a découverte, au point de ne plus pouvoir ni parler ni chanter.

C'est à partir de là que toutes les soirées des *Enfoirés* ont été costumées.

Chapitre 18

Tandis que je m'investis dans les Restos du Cœur, je m'offre aussi ma première maison. Elle est à Fleury-en-Bière, un village classé, en bordure de la forêt de Fontainebleau – c'est une ancienne ferme, vieille de deux siècles, disposée autour d'une cour pavée, qui ressemble en tout point aux maisons dont je rêvais, adolescente, et dont je collais les photos sur les couvertures de mes classeurs. Je pense qu'elles éveillaient en moi des désirs enfouis de famille, de bonheur en famille, et c'est pourquoi je me décide très vite, et j'achète cette maison magnifique sur un coup de cœur. Comme je la revendrai, trois ans plus tard, sur un coup de cafard, ou de désespoir, constatant que pour profiter d'une telle maison, il faut avoir un mari, des enfants, un chien, et que je n'ai rien de tout cela (même le chien).

À l'instant où je l'achète, cependant, je suis pleine de confiance en l'avenir (je suis comme ça, j'ai des hauts et des bas, des hauts très hauts, des bas très bas, mais je ne suis pas bipolaire, je vous rassure, c'est non, j'ai fait les tests, je suis peut-être bi, mais pas polaire) et je me figure que cette maison va m'apporter tout ce que j'attends de la vie. D'ailleurs, durant les premiers mois, elle est la source d'une excitation constante qui ressemble à s'y méprendre au bonheur. J'entreprends avec Olivier Claverie la conquête de ma nouvelle propriété, Olivier devenu un ami précieux depuis ma tournée de 1991 avec *Tout m'énerve* (cette tournée qui m'aurait peut-être rendue folle, s'il n'avait su me faire rire chaque soir après les appels au secours de l'une ou l'autre de mes sœurs). Je veux faire dans cette maison tous les travaux indispensables pour qu'elle colle exactement à l'éden dont je rêvais à seize ans et, ça tombe bien, car Olivier est un passionné de décoration, d'architecture.

Nous passons de nombreux week-ends à Fleury-en-Bière. Des jours et des jours à redessiner les pièces à l'intérieur, à réaménager la cour, à imaginer où nous allons faire creuser la piscine, à repenser le jardin, à choisir les arbres que nous aimerions connaître dans dix ans (car ça y est, je parviens à me projeter dans le temps, comme si je prenais enfin racine quelque part). Ces départs en week-end nous ravissent, nous rions beaucoup en jouant au couple modèle – « Chérie, tu as bien pris ton petit sac beige ? – Oui mon amour, ne roule pas trop vite, tu me fais peur. »

J'en suis là, auréolée de mon succès avec Guy Bedos, au début de mon aventure à Fleury-en-Bière avec Olivier, quand Bernard Murat demande à me rencontrer. Il m'a vue sur scène à plusieurs reprises, et il est convaincu que je suis faite pour jouer du Feydeau. Georges Feydeau, je connais bien, oui, j'ai étudié son œuvre au Conservatoire. Peu importe que ça ne m'enthousiasme pas vraiment, que ça me paraisse même un peu poussiéreux, ce qui me bouleverse c'est que Bernard Murat me veuille, me choisisse. Il se passe le même phénomène qu'avec Guy Bedos : que des gens que j'admire m'élisent – moi qui m'aime si peu –, ça me touche au cœur. Du coup, je suis incapable de dire non, de me demander si jouer du Feydeau correspond bien à mon désir, et je m'entends dire oui tout en songeant secrètement : « Merci de m'aimer, vous ne pouvez pas savoir comme votre amour me fait du bien, et voyez comme je vous aime en retour, je ne suis pas une ingrate, je vais vous prouver que vous avez eu raison de me choisir. »

Aujourd'hui, je me dis que si le roi du trapèze était venu me proposer de monter un spectacle avec lui, je me serais retrouvée dans un cirque à faire de la voltige. J'ai l'air comme ça de tout choisir, de tout maîtriser avec ma mâchoire volontaire et mon air têtu, mais pas du tout, je ne suis sûre de rien, je vais là où on m'emmène pourvu qu'on me dise qu'on m'aime. D'autant plus qu'au fond de moi, c'est toujours le cinéma qui m'attire (on le saura, d'accord, mais ce n'est pas pour ça que je vais cesser de le répéter).

Je dis donc « oui » à Bernard Murat pour jouer *On purge bébé* et *Feu la mère de Madame* au Théâtre Édouard-VII durant la saison 1994. Reste à savoir avec qui je vais jouer. Nous faisons des lectures avec André Dussolier, puis avec Samuel Labarthe, et finalement ce sera Pierre Richard.

Mes amis s'étonnent. Je me rappelle la réflexion de Jean-Jacques Goldman, venu m'embrasser dans ma loge après le spectacle : « Tu es parfaite avec Pierre Richard, mais tu es tellement mieux quand tu es toute seule sur scène… Tu es dix fois plus drôle ! Pourquoi tu t'emmerdes à faire ça ? Je ne comprends pas. » Et cet autre ami, peut-être est-ce Guy Bedos, tiens : « Toi qui n'aimes pas jouer beaucoup, tu joues tous les soirs, et même deux fois le samedi ! Tu ne serais pas un peu maso, ma Mumu ? »

C'est entendu, je ne peux m'en prendre qu'à moi – encore cette main qui me manque tant, qui aurait dû s'emparer de la mienne et me dire : « Pourquoi tu te laisses entraîner contre ton gré vers quelque chose que tu n'as pas envie de faire ? Dis non, Muriel, apprends à dire non. Et tu verras, les gens ne vont pas cesser de t'aimer pour autant. » C'est ma faute, et j'en paye le prix : cette saison au théâtre tourne assez vite à la punition. Nous avons joué avec Guy Bedos devant des Zéniths bourrés, tandis qu'avec Feydeau nous ne parvenons même pas à remplir le Théâtre Édouard-VII qui ne compte pourtant que sept cents places.

Je me console en me disant que je ne m'enferme pas dans le one-man-show, que je montre ainsi à la profession – et en particulier à cette famille du cinéma qui continue de m'ignorer – que je ne suis pas qu'une « comique ».

D'ailleurs, en voici la preuve : je peux devenir à l'occasion animatrice d'une émission à la radio. Après m'avoir vue à la soirée des *Enfoirés*, Europe 1 m'avait proposé un créneau sur les ondes. À l'époque, je n'y avais pas réfléchi, et j'avais décliné l'invitation, tout en le regrettant parce que j'aime la radio et que je me souviens avec quel talent Coluche avait su l'utiliser pour lancer les Restos du Cœur.

Cette fois, j'ai sous le coude un concept d'émission que j'ai rédigé avec un ami, et c'est moi qui viens solliciter Europe 1. Ils sont enthousiasmés, ça sera tous les dimanches matin en direct entre dix heures et midi, et ça s'appellera *Robin Déboise*.

L'idée, c'est de relever toutes les petites incivilités du quotidien, toutes les atteintes à la dignité, au respect, et de balancer tout ça en direct, sans perdre le sens de l'humour, en interpelant les responsables, au besoin, en leur donnant la parole et en sollicitant les victimes, également. C'est donc une émission plutôt morale, plutôt civique. J'avais relevé par exemple que monsieur Bigard, le patron des boucheries du même nom, chipotait à ses employés la pause pipi. Chez Bigard, pour résumer, on ne donnait pas aux ouvriers le temps d'aller aux toilettes. J'en avais fait toute une affaire, des employés avaient témoigné à l'antenne, j'avais demandé à monsieur Bigard d'intervenir en direct, on avait à la fois énormément ri et dénoncé une de ces petites humiliations qui vous pourrissent la vie.

Toute la semaine, je vais à la pêche aux sujets en épluchant les journaux, et le dimanche je *déboise*. C'est sain, les gens adorent. Ce ne sont pas des grandes idées pour remettre le monde sur les rails, je ne saurais pas faire, c'est un inventaire de ce qu'on pourrait entreprendre pour améliorer notre quotidien sans que ça coûte un sou à qui que ce soit.

À propos de sous, d'ailleurs, je viens involontairement marcher sur les plates-bandes de Bernadette Chirac en lançant un appel pour que chacun donne un franc (l'euro n'est pas encore institué) au profit de ceux qui manquent de tout. Je suis une passionnée des petites gouttes qui deviennent un fleuve par l'effet multiplicateur. Je calcule que nous sommes soixante millions en France et que si seulement dix pour cent d'entre nous donnaient chaque mois un franc, ça ferait six millions de francs à redistribuer tous les mois. Je n'ai pas prêté attention au fait que Bernadette Chirac avait pris le départ avant moi avec ses pièces jaunes et, un dimanche, je lance mon appel à la radio, sans plus de préparation, demandant aux boulangers de bricoler à la va-vite des boîtes en carton pour recevoir les pièces de un franc. Et ça marche, je suis une fois de plus sidérée par la puissance de la radio, sidérée et folle de joie. Un seul mot, et l'argent afflue. C'est magnifique !

Plus tard, je m'excuserai auprès de Bernadette Chirac dont je ferai la connaissance chez Line Renaud.

Aussitôt après l'émission, nous nous retrouvons tous chez Lipp pour déjeuner. Ma Tony

Krantz, que j'appelle Toninette pour la distinguer de mon Tony de L'Amazonial, Tony et Bertrand, Olivier Claverie, Frédéric Botton, Jean-Marie Rivière, Roger Louret s'il est à Paris, Bernard et Zana Murat certains dimanches, et d'autres selon leurs agendas. Nous sommes toujours une dizaine autour de la table. C'est moi qui ai institué ce rendez-vous qui coupe les dimanches à Paris, toujours un peu longs, un peu cafardeux. Puis nous traînons jusqu'au soir avec un morceau de gâteau, comme en province, et je me dis que je suis tout de même parvenue à me construire une famille.

Le 2 septembre 1995, je fête mes quarante ans (avec un mois de retard) dans ma maison de Fleury-en-Bière. J'y songe depuis trois mois, je veux réunir là tous ceux que j'aime : mon premier cercle, ceux des dimanches après-midi chez Lipp ; Line Renaud, bien sûr, ma mère de substitution chez laquelle je me réfugie quand je me sens trop seule, trop orpheline ; ma famille de Saint-Étienne – mes parents et mes sœurs ; enfin, tous les artistes avec lesquels j'ai noué des liens depuis mon arrivée à Paris. Je veux une belle fête, amicale et tendre, étourdissante aussi, et je m'en donne les moyens : bien qu'on soit au beau milieu de l'été, je fais monter des tentes sur le gazon avec un chauffage au cas où le temps tournerait à l'orage (et le temps tournera à l'orage ; lorsqu'on mettra le chauffage en route sous les tentes, je me réjouirai secrètement de n'avoir pas dépensé pour rien tout cet argent – songeant alors que je suis bien la fille de Madame Robin, tiens, commerçante à Saint-Étienne, et qu'on ne renie pas si facilement ses origines).

L'avant-veille de la fête, nous nous disputons avec Annie Grégorio. Douze ans qu'on se connaît, qu'on ne laisse pas passer deux jours sans se parler, qu'on se soutient mutuellement, que peut-être je la soutiens plus que l'inverse parce que je me prends toujours pour Josh Randall. Après cet accrochage, elle me laisse un message sur mon répondeur : « C'est moi Muriel, c'est Annie, je ne viendrai pas à ton anniversaire. »

J'ai un tel chagrin que je vais, l'après-midi même, sur les quais me choisir un petit labrador que je baptise Gabin. Et puis je pleure, je sanglote avec mon Gabin dans les bras, je n'ai plus envie de cette fête sans Annie, et en même temps je n'ose pas la rappeler.

Enfin, je me décide :

— Annie, viens, je t'en supplie, ne me fais pas ça.

— Bon, je serai là.

La rupture interviendra le lendemain de la fête. Pendant quelques années nous n'allons plus nous voir et, les premières semaines, j'en rêverai et en pleurerai toutes les nuits. Puis nous nous éloignerons de nouveau et, en 2010, après trente-trois ans d'amitié, notre relation s'arrêtera définitivement.

Mais elle est bien présente pour mes quarante ans, et quand je feuillette aujourd'hui l'album de cet anniversaire, je mesure à la fois combien j'ai eu raison de les réunir tous et à quelle allure la vie nous enlève ceux que nous aimons, comme si finalement nous ne faisions que construire inlassablement des châteaux de sable.

Aimée et Line se rencontrent pour la première fois. Le photographe les a saisies, par bonheur – que peuvent-elles se raconter ? Elles ne se doutent pas à quel point je suis émue de les voir ensemble, l'une qui m'a mise au monde, l'autre qui m'a adoptée. Aimée, à laquelle il ne reste que huit années à vivre.

Ma sœur Martine m'offre un robuste petit établi avec un étau, et je l'emmène, ainsi qu'Antoine, visiter l'atelier que je me suis aménagé dans une dépendance. J'ai là un tableau avec tous mes outils suspendus, comme dans les bons garages, mes clés, mes pinces, mes tournevis, ma perceuse, ma ponceuse, ma scie circulaire… « J'ai quand même fait une drôle de fille, pourrait se dire Antoine : quand ses sœurs me montrent leurs bijoux, elle me présente ses clés à molette et ses marteaux, est-ce bien normal ? » Mais non, je crois que papa ne se pose pas ce genre de question, sur la photo on le voit rire joyeusement – toute notre complicité se trouve résumée là. Papa mourra deux ans plus tard.

Et ici Michel Drucker embrasse maman, et là Tony Krantz ne désespère pas de faire parler papa, Jean-Jacques Goldman me serre dans ses bras, on aperçoit Catherine Lara, rêveuse, son beau visage lumineux flottant au-dessus d'une foule brouillonne devant le buffet, et Guy Bedos hilare sur le gazon, juste avant l'orage, Olivier Claverie et Tony lèvent leurs verres de champagne. À quoi ? Mais à mes quarante ans, évidemment !

Je vous aime, je vous aime tous, j'ai essayé de vous le dire ce jour-là, et si je n'ai pas su, ou si vous ne m'avez pas entendue, voilà, je vous l'écris.

Je ne sais pas si je dois raconter tout de suite l'étrange destin de Gabin, mon labrador, et comment il s'est retrouvé chez Marie-Annick. En même temps, si je ne le fais pas maintenant, j'ai peur d'oublier.

Ce Gabin, que je ramène à Paris au lendemain de mon anniversaire, commence à tout me bouffer dans l'appartement. Bon, ça encore… Mais il n'y a pas de place pour un chien dans ma vie parisienne. Alors j'ai l'idée de le donner à Marie-Annick, qui habite près de Fontaine-bleau et veille sur ma maison de Fleury-en-Bière. Elle est mariée, elle a trois garçons, et elle vient justement de perdre son chien.

Voilà Gabin adopté, et moi certaine d'avoir de ses nouvelles régulièrement car Marie-Annick est comme une amie. Quand je revends la maison, elle et moi continuons de nous appeler.

Un jour, c'est elle qui me téléphone. En larmes.

— Marie-Annick, ce n'est pas Gabin, au moins ?

Car je ne peux pas imaginer qu'elle m'appelle pour quelque chose d'intime, elle dont la vie est si bien rangée. Mais non, non, Gabin est à ses pieds, tout va bien. Alors quoi ? Eh bien… ces choses qui arrivent parfois dans les couples.

— Je suis chez ma sœur, Muriel, j'ai quitté la maison, j'ai tout perdu…

— Qu'est-ce que je peux faire pour vous, Marie-Annick ?

— Si vous pouviez me trouver une place, je ne peux pas rester sans travailler.

— Je vais voir ce que je peux faire.

Je sais que Line cherche un couple pour faire tourner sa maison. Pour le moment, elle n'a que Jacques, un vieux célibataire dévoué.

— Line, j'aimerais bien que tu rencontres Marie-Annick…

— Pour te faire plaisir, je veux bien la recevoir.

C'est une Marie-Annick au fond du trou qui débarque chez elle, bouffie de larmes, sous antidépresseurs, mais Line est une association humanitaire à elle toute seule et elle l'embauche aussitôt.

Quelques mois plus tard, elle fait venir Marie-Annick et Jacques dans son bureau :

— Je vous aime beaucoup tous les deux, mais enfin c'est compliqué, je ne peux pas vous loger ensemble dans le pavillon du gardien, j'ai vraiment besoin d'un couple pour prendre ma maison en main.

— Eh bien, madame, vous l'avez ! rétorque Marie-Annick du tac au tac, comme si elle avait joué du Jacqueline Maillan toute sa vie.

— Comment ça, je l'ai ? s'étonne Line. De quoi me parlez-vous ?

— C'est que Marie-Annick et moi… commence Jacques, écarlate.

Mais Line a compris, ça faisait quelque temps déjà qu'elle avait remarqué que Jacques avait de nouvelles dents, de nouvelles lunettes, une veste élégante pour remplacer son gilet gris étriqué.

— Alors ça, c'est formidable ! s'écrie-t-elle.

Du coup, je retrouve Marie-Annick chaque fois que je viens passer le week-end chez Line, et j'ai des nouvelles de mon vieux Gabin par la même occasion.

Puisque ma saison au Théâtre Édouard-VII ne m'a valu aucune proposition du cinéma, alors est-ce que je ne devrais pas remonter sur scène ? Ce sera *Tout Robin*, au Casino de Paris, mes meilleurs sketchs revisités.

Ce spectacle est un joyeux succès. Si joyeux qu'il demeurera à jamais marqué par un fou rire qui me prend en pleine représentation, le premier de cette ampleur depuis mes débuts, dix-huit ans plus tôt. Le rire me cueille tandis que je joue « La Blague », co-écrit avec Pierre et que je jouais déjà en 1990 dans *Tout m'énerve*, c'est dire si je connais ce sketch. Mais j'ai un plaisir fou à être sur scène, ce soir-là la salle est formidable, les rires tombent toutes les deux phrases, le Casino de Paris est un bateau ivre dont je tiens la barre avec confiance parce que je suis une bosseuse, que tout est réglé au centième de seconde, et voilà soudain que je m'autorise un truc que je ne fais pratiquement jamais parce que j'en connais le danger : j'improvise, je m'entends improviser. Une seconde avant je ne pensais pas le faire, mais « La Blague » est un sketch tellement déjanté que je me laisse entraîner dans une sorte de vertige, je pagaie à toute allure dans mon texte : «... tous les animaux lancent des saucisses, les chèvres elles en ont plein les cornes alors elles mettent leurs essuie-saucisses, quelle histoire ! quelle histoire ! À un moment y a un gorille bleu... "J'suis là dans mon hamac, tout le monde lance des saucisses et on m'dit rien"... » Et paf ! Le fou rire ! Le gorille bleu, je ne saurais même pas dire d'où il est sorti, ni d'ailleurs le hamac, j'invente, je suis en plein délire. Qu'est-ce qui me prend de bouger de mon texte ? Je parviens encore à placer trois ou quatre répliques, en dépit du fou rire, et puis je m'effondre, je suis en larmes, la salle applaudit, je ris, je ris, c'est épouvantable. « Qu'est-ce qui vous ferait plaisir ? ai-je la force de lancer entre deux spasmes. Maintenant, on peut tout se permettre ! » Mais le fou rire ne me lâche plus et je dois quitter les planches sous une tempête d'applaudissements.

Je me rappelle qu'en coulisses, j'ai crié, hurlé de toutes mes forces comme on hurle au passage d'un train pour tenter d'évacuer, mais à peine revenue sur scène ça m'a repris. Et de nouveau la salle s'est déchaînée. Je suis retournée crier et on a fait quelques secondes de noir. « Bon, me suis-je dit, cette fois ça va aller. »

Mais quand je me suis vue pouffer au début du sketch suivant, « La Maison de retraite », j'ai pensé que je n'allais pas m'en sortir. « Quoi les enfants ? Quand c'est qu'on arrive ? Quand c'est qu'on arrive ? On arrivera quand on arrivera... Toute façon, on a de l'avance, mamie Jaquote nous attend pas avant midi... » Et là, incapable de dire un mot de plus, en larmes ! Puis j'ai bien repris le truc. Je me suis mise à chantonner dans la voiture comme si je n'avais jamais ri (bravo Muriel !). À chantonner avec mon vacherin sur les genoux et une furieuse envie de claquer les gosses, derrière. « Comment Jérôme ? Ah non ! Mamie Jaquote… ah non, elle habite plus rue des Rochers, ah non, non, non, maintenant que papi Jaquot est mort on l'a mise dans un… non, euh, enfin… elle habite, elle habite, bien sûr qu'elle habite… Elle habite dans une grande maison avec plein d'autres vieilles dames ah ! ah ! ah ! que leur mari est mort aussi d'ailleurs ah ! ah ! ah ! »

Les gens aiment, tout le monde aime voir le clown rattrapé par ses clowneries. Il y a quelque chose de jouissif à observer le masque se fissurer, puis fondre, pour accéder à l'humanité du comédien, à sa nudité, l'espace d'un instant. Il se crée alors entre la salle et lui une complicité insolite, une intimité tout à fait imprévisible qui engendre un pic de sympathie, quelque chose de très fort, mais dont il est très difficile ensuite de redescendre. Parce que cette complicité, *contre-nature* d'une certaine façon, a brisé les codes du spectacle qui exigent que le clown évolue dans un ailleurs mystérieux, inaccessible au rire. Un clown qui rit de ses blagues ne fait plus rire, on l'aime peut-être plus qu'avant pour ce qu'il a laissé deviner de son humanité, mais il a perdu une bonne partie de sa crédibilité. C'est bien pourquoi il est si difficile de reprendre le spectacle, et surtout la salle, après un fou rire. Elle devient comme une classe après que le professeur a pouffé de rire avec ses élèves.

Et je termine ce *Tout Robin* sur la chanson que m'a écrite mon ami Frédéric Botton : « Merveilleux moments d'une vie ».

« Merveilleux moments de la vie,
Où soudain tout est folie,
Où soudain tout est permis.
Merveilleux moments d'espoir,
Où l'on est prêt à tout croire,
Pour un rire, pour un regard... »

Les lumières s'allument, la salle est debout pour m'applaudir. Je vous ai rendus heureux, je suis là pour ça. Mission accomplie.

Chapitre 19

Quand le cinéma se décide enfin à me tendre la main, je devrais dire non, merci, ce n'est pas ce cinéma-là dont je rêve depuis mes quinze ans, mais vous l'aurez deviné : je dis oui. Pour de très mauvaises raisons, bien entendu.

Nous sommes au début de l'année 1997, je suis à Nantes, à l'hôtel, avec Pierre Palmade et Michèle Laroque. Je les mets en scène dans un spectacle que Pierre et moi avons écrit ensemble : *Ils s'aiment !* Je m'essaie à la mise en scène, c'est un rôle qui me convient bien, moi qui voudrais materner la terre entière, consoler, protéger, réconcilier... Tout cela pour dire que je suis plutôt contente à ce moment-là de ma vie et que je ne suis pas assise à côté de mon téléphone à attendre qu'on me sollicite. Pas du tout.

Or, le téléphone sonne : Christian Clavier et Jean-Marie Poiré veulent me voir. Tiens donc.

— Et c'est urgent ?

— Disons que ça ne peut pas attendre.

— Ah. Et vous viendriez à Nantes ?

— S'il le faut, sans hésiter.

Ces deux-là sont alors auréolés du succès colossal des *Visiteurs*, près de quatorze millions d'entrées, mais ils veulent bien venir jusqu'à Nantes si je ne trouve pas une journée pour faire un saut à Paris. Eh bien non, je ne trouve pas.

Nous déjeunons donc tous les trois à Nantes. J'apprends ainsi qu'ils s'apprêtent à tourner *Les Visiteurs II*, et je me rappelle ma stupeur lorsque je les entends me proposer de reprendre le rôle créé par Valérie Lemercier. À cet instant, tout se bouscule dans ma tête : je devrais leur dire immédiatement que je ne le sens pas, que si je dois un jour reprendre un rôle ce sera celui d'Annie Girardot dans *Docteur Françoise Gailland*, que moi, il faut qu'on me choisisse pour que je me sente à ma place, une chose que Guy Bedos avait comprise, et que me demander de *remplacer* quelqu'un, d'être la *roue de secours* en quelque sorte, c'est déjà un très mauvais départ si vous voyez... Mais ils ne comprennent rien puisque je ne dis rien – ils ne m'en laissent pas le temps, en fait : l'un des deux lâche cette phrase qui réveille immédiatement en moi le petit Josh Randall qui somnole : « Si tu ne prends pas le rôle, Muriel, on ne fait pas le film. »

Oh mon Dieu, les pauvres ! s'écrie aussitôt en moi le justicier. À cause de moi ils ne vont pas faire *Les Visiteurs II*, à cause de moi quatorze millions de braves gens vont être privés de la suite du premier qu'ils ont tellement aimé. Je dois voler à leur secours, je n'ai pas le droit de me défiler.

Je ne dis ni oui ni non à l'issue de ce déjeuner, mais je les quitte avec tout le poids de la culpabilité sur les épaules. Plus que jamais, j'aimerais que quelqu'un me montre le chemin – ne le fais pas si tu ne le sens pas, Muriel, et puis ne sois pas stupide, si tu refuses ils trouveront quelqu'un d'autre pour le tourner, ce film. Qu'est-ce que tu t'imagines donc ? « C'est toujours bon d'être dans un succès », me souffle Michèle Laroque. Les quelques personnes auxquelles j'en parle sont du même avis : être à l'affiche des *Visiteurs II* peut me révéler à l'écran.

— Vous croyez ?

— C'est sûr, Muriel ! Il n'y a pas à hésiter.

Entre culpabilité et mauvais calcul, je finis par dire oui.

Et dès le premier jour de tournage, je le regrette.

J'interprète Béatrice Goulard de Montmirail, une grande bourgeoise qu'avait remarquablement campée Valérie Lemercier dans le style coincé-catho, serre-tête et bouche en cul-de-poule. Je peux jouer sans difficulté la bourgeoise, c'était même un des rôles que me réservait Roger Louret à Monclar, mais dans un autre genre que Valérie, moins pincé, plus insolent. Or, j'ai d'emblée le sentiment que Jean-Marie Poiré cherche à retrouver la bourgeoise de Valérie et ne me laisse aucun espace pour exprimer celle que je porte en moi. Cela ravive la douleur de ne pas avoir été choisie pour la comédienne que je suis, mais bien pour jouer la doublure de Valérie Lemercier. Pas un instant, durant tout le tournage, Jean-Marie Poiré ne fera allusion à mes spectacles, me laissant ainsi penser qu'il ne m'a jamais vue sur scène, que je ne l'ai jamais fait rire, que je n'ai pas d'identité propre à ses yeux. Du coup, privée de ce regard d'amour et d'estime que j'ai toujours trouvé chez ceux qui m'ont mise en scène, de Michel Bouquet à Roger Louret, en passant par Philippe Bouvard et Bernard Murat, je joue au quart de mes possibilités, inhibée et malheureuse.

C'est mon premier grand rôle au cinéma, et pas un jour je ne m'amuse. Je perds confiance, chaque scène me demande un effort, moi qui peux tenir un Zénith pendant deux heures sans douter un instant d'embarquer la salle. Certains soirs, je rentre chez moi en larmes, mortifiée de ne pas pouvoir donner tout ce que je me sais capable de donner, et en même temps infichue d'exprimer mon désarroi à Jean-Marie Poiré, d'avoir l'explication qui nous aurait peut-être sauvés l'un et l'autre.

Le film ne s'en envole pas moins dès sa sortie et il dépassera les huit millions d'entrées. Certes, ce ne sont pas les quatorze millions du premier, mais c'est tout de même un succès monumental. La critique ne m'esquinte pas, personne ne m'accuse d'avoir plombé l'audience, mais la promo est une nouvelle épreuve : je voudrais pouvoir dire que je n'étais pas au top, expliquer l'histoire, m'excuser en quelque sorte, tandis que je dois laisser penser que j'ai adoré ce tournage et que le résultat est à la mesure du plaisir phénoménal que nous avons eu à jouer tous ensemble. Moi qui n'aime pas tricher... Mais voilà, c'est aussi ça, la vie.

Jean-Marie Poiré passe à côté de la bourgeoise que j'aurais pu lui offrir. Je peux le formuler avec un certain recul aujourd'hui, tandis que sur le tournage je constate que je ne suis pas dans mes marques, mais je n'ai pas les mots pour le dire. Et pourtant, je sors juste de ma première expérience de metteur en scène avec *Ils s'aiment !*, et si ces semaines de travail m'ont appris une chose, c'est bien qu'il faut aimer passionnément ses comédiens si l'on veut tirer d'eux le meilleur parti. Et les aimer, c'est savoir les regarder, être sensible à tout ce qui émane d'eux pour deviner de quoi ils sont faits et ce qu'ils peuvent donner.

L'idée d'*Ils s'aiment !* voit le jour pendant la préparation du grand gala des Enfoirés. Pierre Palmade, Michèle Laroque et moi sommes de la partie, cette année-là. Entre deux répétitions, Pierre me glisse : « Je jouerais bien un truc sur le couple avec Michèle, qu'est-ce que tu en penses ?

– Top ! Et moi je ferais bien la mise en scène.

— Tu ferais ça ? – Pourquoi pas ? Je crois que j'adorerais m'occuper de vous deux. »

Je n'y aurais pas pensé deux secondes plus tôt, et d'ailleurs je m'entends le dire avant même d'y avoir réfléchi. Mais l'idée de diriger des artistes me plaît, décidément et, très vite, Pierre et moi nous mettons à l'écriture. Nous voulons raconter la vie d'un couple en douze « tableaux », du mariage, et ce sera « Vive la mariée », à « La Réconciliation », en passant par « Rien à se dire » et ces scènes de la vie quotidienne en lesquelles chaque couple se reconnaîtra, « Le

Permis de conduire », « Les Parents », « Le Couple homo » (invité à dîner), etc.

Nous travaillons comme d'habitude, dans un état second, entre rire et folie, chacun donnant la réplique à l'autre du tac au tac, Jamais nous n'avons écrit si vite. Je me rappelle que les premiers soirs, nous envoyons un « tableau » pratiquement bouclé à Michèle, qui est bluffée. Et puis elle s'habitue, et le quatrième ou cinquième jour, elle n'a plus du tout l'air surpris :

— J'ai lu, c'est très bien. À demain, alors.

Et elle raccroche.

— Non, mais tu l'as entendue ? je dis à Pierre.

Je la rappelle :

— Dis-moi, Michèle, tu trouves ça normal qu'on soit capables de t'envoyer un tableau par soir, l'équivalent de tout un acte dans une pièce de théâtre ?

— Normal ? Mais je n'ai jamais prétendu que vous étiez normaux tous les deux !

— Ah, tu me rassures.

Le texte complètement écrit, nous commençons les répétitions. Olivier Claverie accepte d'être mon assistant (de rêve) à la mise en scène, et mon Bernard de se charger des décors.

Je prends un plaisir inouï à diriger Pierre qui n'a jamais pris aucun cours de comédie et à qui j'essaie de donner confiance en lui. Pierre, qui a une intelligence créative fulgurante, joue à l'instinct, avec ses tics et une façon de s'habiller et de se coiffer bien à lui (je dirais Beatles, début des années 1960). Je lui fais virer son brushing et couper ses cheveux, qu'il ait l'air d'un homme. Et toutes les dix minutes : « Pierre, ton pantalon ! », oui, parce qu'il a ce tic de remonter son pantalon, et je me dis que si je parviens à le lui faire passer, ça sera fini pour toute la vie. Je sais qu'il sait que je l'aime comme s'il était mon petit frère, que je l'aime infiniment, que jamais je ne lui ferais du mal, alors je ne me gêne pas.

Je les materne tous les deux, et je fais ce que j'aimerais qu'on fasse pour moi : maintenir une bonne ambiance sur le plateau, les protéger du stress, des pressions inutiles, que chacun, quelle que soit sa fonction, se sente aimé et respecté. « Je n'ai jamais été aussi heureuse sur un spectacle », me dira à la fin Michèle.

Quant aux décors, ça ne vous surprendra pas d'apprendre que je débarque avec ma caisse à outils et je les arrange à ma façon, bing ! bing ! Merci papa.

Papa qui nous prend de court et meurt cette année-là, en plein milieu des fêtes de Noël 1997.

Le 24 décembre au soir, je suis au Palais des congrès avec un ami pour écouter Charles Aznavour que je n'avais jamais vu sur scène. À l'entracte, je découvre un message que m'a laissé ma sœur Nydia sur mon portable. Papa aurait été pris d'une douleur subite au ventre, mais « rien de grave », m'assure-t-elle. Je la rappelle aussitôt. Entre-temps, maman et elle ont emmené papa à la clinique, un médecin est près de lui, il n'y a donc « plus de souci à se faire ».

— Tu es certaine ?

— Je ne veux pas t'inquiéter inutilement. Il allait très bien, il est descendu à la cave chercher une bouteille de vin et là il a été pris d'une violente douleur.

— Quel genre de douleur ?

— Très forte. Mais je te dis, le médecin est là, tout va bien.

Ce qu'elle ne me dit pas, parce qu'elle ne veut pas m'affoler, c'est que le médecin a tout de suite évoqué une pancréatite. Il n'empêche que je ne retourne pas écouter Aznavour et que je rentre chez moi avec l'intention de prendre le premier train pour Saint-Étienne le lendemain matin.

Papa est à la clinique du Rond-Point. Je le découvre livide et intubé, méconnaissable.

— C'est moi, Muriel, tu m'entends, papa ?

Il acquiesce des paupières mais ne parle plus.

Maman, Martine et Nydia sont à son chevet.

Quand je sors prendre un café, Nydia me raconte que lorsqu'il a été pris de cette douleur au ventre, elle aurait préféré qu'il meure sous ses yeux plutôt que de le voir souffrir à ce point.

— C'était épouvantable, Muriel, inimaginable, j'espère ne plus jamais assister à une chose pareille. Un homme qu'on torture, il hurlait, et on ne pouvait rien faire pour le soulager.

Elle évoque à ce moment-là la possibilité d'une pancréatite aiguë, reprenant les termes du médecin, et je sais bien que tout ce qui touche au pancréas est gravissime.

— Au moment où on l'a intubé, ajoute-t-elle, comme vous n'étiez pas là, Martine et toi, il m'a dit : « Je ne les reverrai plus. » Ce sont les derniers mots qu'il a prononcés.

Alors je devine qu'il a conscience d'être atteint d'un mal fulgurant dont il sait qu'il ne va pas réchapper.

Nous passons la soirée auprès de lui. Quand nous le quittons, le 25 décembre, peu avant minuit, il semble apaisé, plongé dans un profond sommeil.

Mais le 26, à cinq heures du matin, un coup de téléphone de la clinique nous apprend qu'il vient de mourir.

Papa, qui s'était si bien remis de son cancer, s'en va ainsi en quarante-huit heures sans que rien nous ait laissé présager sa fin. Je me rappelle qu'après son enterrement, nous allons déjeuner au restaurant avec maman. Elle semble hébétée, oui, mais elle arbore aussi un sourire bizarre que je ne lui connaissais pas, un sourire qui me fait commettre une erreur d'appréciation magistrale que je regrette profondément aujourd'hui : je ne vois pas son chagrin. Puisqu'elle sourit, je me dis qu'au fond cette mort la soulage, sans doute. Et c'est cohérent avec tout ce que je devine de sa vie intime depuis mes six ou sept ans : elle n'a jamais été vraiment heureuse avec cet homme, elle a connu l'amour avec un autre, Jacques, puis quand il a fallu choisir, elle s'est résignée à poursuivre sa vie auprès d'Antoine, mais assurément sans plaisir, dans le sacrifice, et la voilà soudain libérée de ce fardeau.

Je sous-estime complètement sa douleur, je ne prends pas la juste mesure des cinquante-trois années qu'ils ont partagées – un demi-siècle de vie commune, c'est immense, et que pèse le souvenir d'un amant au moment où s'achève ce très long voyage ? Maman a soixante-dix ans, c'est une dame âgée désormais, elle n'a sûrement pas oublié son Jacques, mais enfin elle avait trouvé une forme de bonheur auprès de son mari, dans cette maison d'Andrézieux qu'ils aimaient, et moi je ne vois rien, je passe complètement à côté du vide dans lequel la précipite la mort d'Antoine.

Or, c'est l'extrême violence de ce deuil, auquel elle n'est pas préparée, qui fait surgir et enflamme la maladie d'Alzheimer qui va l'emporter en quelques années. Les médecins nous le diront bientôt.

Aurais-je été plus aimante, plus attentive, que la maladie s'en serait trouvée ralentie ? Je ne sais pas, je veux croire que non, mais je m'en veux malgré tout terriblement de mon aveuglement.

Quant à moi, cette mort ne me fait d'abord aucun effet. Je ne pleure pas, et cela me surprend, je ne suis pas bouleversée, et quand je retrouve ma vie parisienne, il me semble que papa est toujours là et qu'il pourrait surgir au coin de la rue avec sa bonne bouille à la Gabin. « Tiens, Mumu ! Ah ben toi, alors... » Je dois me pincer pour me convaincre qu'il est mort, que je ne le reverrai jamais. Mon père qui m'a appris le bricolage, certes, mais aussi le sens de l'honneur, du travail bien fait, de l'honnêteté, de la modestie, de la simplicité.

Jusqu'au jour où je m'effondre. Je suis assise à mon bureau, je travaille, quand soudain quelqu'un me donne un coup de poignard dans le dos. J'ai le temps de me retourner, de constater qu'il n'y a personne, que le coup est tombé du ciel en quelque sorte, mais la douleur est si violente que j'éclate en sanglots. Je pleure, je pleure, et comme je m'entends appeler papa, « Au secours, papa ! Au secours ! J'ai tellement mal », je comprends que ça y est, sa mort vient de me rattraper.

Je me réfugie chez Line. Je sais que je peux débarquer n'importe quand, je suis chez moi. J'ai ma chambre, celle qui jouxte la sienne, où je me sens protégée de toutes les douleurs du monde. Elle s'assoit sur mon lit pour me dire bonsoir, nous bavardons, sa main sur la mienne, ou sa main me caressant les cheveux, j'entends « ma Mumu », « ma chérie », des mots qu'on ne m'a jamais dits. Je peux me laisser aller à pleurer et bientôt je sombre. À quarante ans passés, rares sont les endroits sur la terre où la possibilité nous est offerte de nous endormir comme un enfant, dans cette innocence, avec ce sentiment d'être aimé et défendu.

Line a fait construire une maison d'amis à côté de la sienne qu'elle appelle « la maison de Mumu » parce qu'elle voudrait que j'y habite toute l'année, que cette maison soit véritablement la mienne. Il m'arrive d'y dormir, mais la chambre où je me sens bien, *ma* chambre, est celle près de la sienne, et finalement jamais je n'habiterai ma maison qui deviendra au fil des années « la maison de Paul ». Paul est un autre intime de Line, « mon frère », dit-elle, et j'aime énormément cette façon qu'elle a de tricoter inlassablement du lien familial, elle qui n'a pas eu d'enfant et qui aurait pu en éprouver de l'amertume. Du coup, Paul devient pour moi « tonton Paul ».

C'est à cette époque que je fais la connaissance des Chirac. Line connaît Bernadette et Jacques depuis toujours, ils font partie de son premier cercle, et le fait que Jacques Chirac soit devenu président deux ou trois ans plus tôt ne change rien à cette amitié. Certains dimanches, Jacques, Bernadette et leur fille Claude s'invitent donc chez Line pour déjeuner, ou passer un moment, et comme je suis là, quelque chose se noue insensiblement entre les Chirac et moi, une amitié tendre, infiniment respectueuse, mais sans aucun des embarras du protocole.

Bien sûr, notre relation s'engage sur le mode de l'humour puisque Jacques est client de toutes les blagues possibles, qu'il a toujours aimé rire autour d'une bonne bière, et qu'il n'a pas renié ce penchant si sympathique en dépit de ses responsabilités. C'est d'ailleurs de tels moments de détente en famille qu'il vient chercher chez Line quand il s'échappe de l'Élysée pour quelques heures. Chez elle, il est l'homme d'avant, celui qui pouvait se promener librement et s'asseoir s'il en avait envie à une terrasse de café. Sa surprise de me découvrir là la première fois !

— Muriel Robin !

— Monsieur le président !

Il connaît la plupart de mes sketchs et comme j'entre dans la préparation de mon prochain spectacle, *Toute seule comme une grande*, je rode devant les Chirac et Line quelques-uns de mes textes. J'adore la façon dont le président rit, à grandes envolées, de bon cœur, sans retenue, et j'aime en écho l'humour anglais de Bernadette. Bernadette est une reine, elle en a la discrétion et la finesse, et aussi le trait acéré qui touche juste. C'est une fine observatrice, discrète mais toujours perspicace, et les premiers fous rires que nous nous déclenchons mutuellement valent largement les mots affectueux que nous pourrions échanger. Quant à Claude, Line a fait de nous des sœurs – elle dit que nous sommes ses filles – et une fois installée la confiance, je serai touchée et flattée d'être l'amie de Claude pour laquelle j'ai une infinie tendresse et une réelle admiration. Je l'aime vraiment comme une sœur.

Au fil des mois, une forme de complicité voit le jour entre le président et moi. Je le fais rire, c'est manifeste, et comme je sens qu'il n'attend que cela, que ça lui fait un bien fou, je ne me fais pas prier (qu'on m'aime, qu'on me l'exprime, et je suis capable de soulever des montagnes, n'est-ce pas ?). Bientôt, on se tutoie, j'aime cet homme pour l'entêtement qu'il met à rester vivant, gros mangeur, amateur de bière, humain en somme, l'entêtement qu'il met à se défendre des barrières que la fonction impose et qui pourraient l'isoler complètement du quotidien. Si je peux le faire exploser de rire avec mes blagues – et j'allais écrire avec mes blagues de comptoir – c'est bien qu'il n'a rien oublié de ce qu'est la vie quand on est coiffeuse, ou désespérément seule, ou encore affligée d'une mamie Jaquote et de deux gosses qui vous tapent sur les nerfs.

Jacques Chirac est aussi cet homme qui m'appellera à plusieurs reprises de l'Élysée quand maman sera rongée par la maladie, soucieux de me manifester qu'il pense à moi, à nous, et auquel je m'entendrai dire un soir :

« Excuse-moi, Jacques, je te passe ma sœur Nydia, je suis trop mal. » Puis je songerai, observant Nydia du coin de l'œil : « Tiens, le président de la République demande à ma sœur de mes nouvelles, comment est-ce possible ? Comment en est-on arrivés là ? » La vie, décidément, nous réserve de drôles de surprises. Merci Jacques.

La politique n'est pas un sujet entre nous, c'est autre chose qui nous lie. Il invite Line à tous ses anniversaires et, du coup, je suis également de la fête – « Line, vois si Muriel serait libre, ça me ferait plaisir qu'elle soit présente. » Il invite Line à séjourner avec les siens au fort de Brégançon pour les vacances et s'enquiert de savoir si ça ne me ferait pas plaisir de me joindre à eux. J'avais connu ce petit coin charmant de la Méditerranée trente-cinq ans plus tôt lorsque nous faisions les marchés en famille et dormions au camping, près de Bandol. Nos seules vacances en famille. Cette fois, je dors à Brégançon, sous le même toit que le président de la République, mais je suis toujours la même, bien terre à terre, une fille Robin, quoi.

D'ailleurs, je me souviens qu'un matin Jacques se prépare pour assister à la messe de Pâques. Il s'apprête à descendre quand nous nous croisons.

— Jacques, qu'est-ce que tu as mis comme cravate ? Ça ne va pas du tout avec la chemise.

— Tu crois ?

— Pas du tout ! Viens, je vais t'arranger ça.
Le voilà parti pour changer de cravate.

J'ai bien conscience que je tutoie le président de la République, mais nous nous amusons l'un et l'autre de cette extravagance. Sans doute parce que peu de femmes osent encore lui parler si simplement.

Puis je lui arrange son col, et soudain je revois maman arrangeant le col d'Antoine. Les mêmes gestes exactement.

Mais oui, je suis toujours la même, bien terre à terre. Finalement, j'aurais été sans doute une épouse parfaite.

Chapitre 20

Toute seule comme une grande, au Zénith de Paris, le 9 avril 1999, et à la fin, au moment où on rallume les lumières, le public debout pour m'applaudir.

Je dis « Oh là là ! Oh là là ! » Je suis émue. Une ovation. Et une ovation qui dure, qui n'en finit pas.

Pour ce spectacle, tous les sketchs sont nouveaux, tous co-écrits avec Pierre Palmade : « Le Testament », « Le Barbecue », « La Réunion de chantier »…

J'ouvre avec « Le Testament », je fais pleurer de rire quatre mille personnes tous les soirs en leur parlant de la mort, de la mienne en l'occurrence :

« Écoutez, je ne sais pas, hier je me sentais bien, j'étais en pleine forme, de bonne humeur, une pêche pas possible, je me suis dit : "Allez, tiens, je vais faire mon testament !" Oh la vache ! Ça m'a pris la nuit. À la fin, j'étais morte !

« Alors le boulot !… Parce que dès qu'on s'y arrête un peu, on se dit : "Qu'est-ce que j'ai ?

Où ça va aller ?" Alors je l'ai là, je l'ai là. Ah oui, je l'ai fait suivre, obligée, je n'arrête pas de changer des trucs... Tout à l'heure, ma sœur m'a appelée, elle m'a contrariée, tactactactactac... quatre pages ! J'ai fait sauter quatre pages !

« Alors, sinon, je crois que c'est pas mal... J'ai fait deux parties...

« La première, j'ai mis petit *a :* tous les gens que j'aime. Alors il y a Poupette, il y a Pierre, il y a Alain, il y a Françoise, Bernard. Enfin, il y a tout le monde.

« Petit *b*, j'ai mis ceux qui m'aiment aussi... C'est important quand même. Où je l'ai foutu ce Post-it ? Ah, le voilà ! Ah, ah, il faudra que je le recopie sur mon machin, il n'y en a pas pour une heure non plus...

« Bon, petit *c*, j'ai mis les gens que j'aime bien comme ça... J'ai mis Jacqueline Joubert, je l'aime bien cette femme. Je me suis dit : je la mets ! Voilà ! J'ai mis Pelé. Oh, Pelé, Pelé, c'est Pelé ! J'ai mis le prince Charles, je l'aime beaucoup... toutes ces histoires... bref !

« Alors, l'autre partie, j'ai mis mes biens. Ça m'a pris un temps... J'ai tout listé, tout numéroté, tout étiqueté. Vous verriez, chez moi, il y a des étiquettes partout. Alors le premier commence à 1, forcément, et le dernier, je vais vous le dire... 5 012. Alors là, on est au bord de la grande surface, c'est Carrefour. Cela dit, pour quelqu'un qui sait chiner, il y a des bons coups à faire, ah si ! Tout doit disparaître ! Surtout moi !

« Alors voyons si ça fonctionne. Par exemple, monsieur, au hasard, dites-moi un numéro au hasard... 42, merci monsieur.

« Alors 42… 42… Pierrette ! Alors là, pas d'idée. Pour la rime, Pierrette : une clé à molette. Ça aurait été Pierrot, ce serait une pompe à vélo. Mais si ça avait été Pierre-Yves, je n'aurais pas mis un kilo d'endives. Alors on prend quelqu'un d'autre… Simone, 2 088. Je ne peux pas la voir, cette Simone, qu'est-ce que je lui ai mis ?… Ah, très bien, une télécommande ! Elle va être contente, Simone, de faire clac clac clac… Très bien… Très bien… Hein ? Jean-Denis ? Qui c'est celui-là ? Je ne connais pas, je ne sais pas qui c'est… Ah ! Jean… Denis, séparé. C'est mon frère. »

Etc., etc.

Je suis à la fois heureuse du spectacle et fière de sa qualité. Les critiques sont excellentes (je suis nommée aux Molières mais ne l'aurai pas), partout les salles sont pleines, et cependant, lorsque je reviens à l'Olympia pour clore mon tour de France, en mai 2000, ma décision est prise : je vais arrêter le one-man-show et je vais l'annoncer publiquement.

Juin 1980-mai 2000 : vingt ans exactement que je suis sortie du Conservatoire avec mes rêves de comédienne et les encouragements de Michel Bouquet, et en vingt années qu'est-ce que j'ai fait ? Je n'ai pas de mot : le clown, l'humoriste, la comique ? Dans aucun je ne me reconnais exactement. Michel Bouquet avait évoqué Charlie Chaplin pour me dissuader d'abandonner le Conservatoire, comme s'il avait voulu me faire entendre son immense respect pour le talent des clowns. J'ai encore ses mots en mémoire, oui, mais sur le moment je ne les comprends pas, tout à mon rêve de cinéma. Pas un instant je n'ai songé que je pouvais marcher sur les traces du plus grand des clowns, jamais je n'aurais cette prétention, et si je me suis présentée chez Bouvard pour y jouer dans son *Petit Théâtre*, c'est en pensant que ça ne serait qu'une étape vers le cinéma. Puis Pierre Palmade a croisé ma route et, dès mon apparition au Splendid, on m'a saluée comme « la nouvelle Maillan ». J'aurais pu me réjouir de ce compliment, me souvenir des mots de Jean Poiré : « Vous avez du génie, on va faire des choses ensemble. »

Or, pas un instant, durant ces vingt années, je n'ai pris au sérieux mon succès, la consécration du public, encombrée par mon obsession pour le cinéma. J'ai eu l'Olympia, j'ai rempli tous les théâtres et les Zéniths de France et, en dépit de cela, je me suis entendue maintes fois répéter à mes amis : « Oui, bon, je suis drôle. Et après ? »

J'ai en mémoire toutes ces conversations, à L'Amazonial, chez Lipp, ou dans ma maison de Fleury-en-Bière :

— Comment peux-tu dire ça, Muriel ? Les gens t'applaudissent debout, ils t'aiment, à chaque nouveau spectacle ils sont au rendez-vous.

— Je n'ai aucun mérite, je suis née comme ça. Demandez à ma famille, ils vous le diront.

— Tu n'es pas seulement drôle, tu es une comédienne exceptionnelle. Mais regarde-toi sur scène !

— C'est vrai, en plus d'être drôle, je suis une grosse bosseuse. Combien je t'ai dit, Roger ?

Quatre-vingt-douze kilos ? Grosse, grosse bosseuse.

— Arrête, tu crois qu'il suffit d'être drôle et bosseuse pour jouer à guichets fermés pendant un an ?

— Ben oui, la preuve.

— Mais merde, tu es Muriel Robin tout de même !

Je suis Muriel Robin, oui, mais elle et moi nous nous disputons beaucoup, c'est rarement détendu à la maison.

Aujourd'hui, tandis que je revisite ma vie pour écrire ce livre, j'ai conscience de l'acharnement que j'ai mis à me dévaloriser. J'étais absolument sincère, j'aurais tout donné pour être une grande actrice. Même si j'étais heureuse d'être applaudie, fière des textes que nous avions écrits avec Pierre, ça n'en restait pas moins des sketchs, et non, comme je commence seulement à l'admettre aujourd'hui, à soixante-trois ans, un travail artistique digne de ce nom, et peut-être même « l'œuvre indémodable d'une comédienne », comme me le disent certains.

Alors j'essaie de comprendre comment j'ai pu m'aimer si peu, si mal, au point de me dénigrer systématiquement et de m'interdire de jouir de mon succès. Je porte sûrement la culpabilité d'avoir réussi, d'être montée dans la lumière, ça oui, quand la vie des miens a été si pénible, et la meilleure preuve c'est que je me suis vue grossir au fur et à mesure que mes salles grossissaient, comme si je devais me punir pour ma bonne fortune. Tant de gens qui m'aiment, tant de gens qui accourent pour me voir, tant d'argent qui me tombe dans les poches – qu'ai-je fait de si remarquable pour mériter tout ça ? Et donc des kilos, des kilos, jusqu'à ne plus pouvoir m'habiller, jusqu'à ne plus oser sortir. La culpabilité, je l'ai là, c'est entendu. Mais je continue de chercher, j'avance, j'avance encore un peu, et je devine que j'aurais accueilli le succès avec moins de difficulté si mes parents m'y avaient autorisée. Oui, voilà. Et arrivée là, j'entrevois soudain combien j'ai espéré que maman s'excuse, qu'elle revienne sur les mots qui avaient failli me jeter contre un arbre, un soir d'avril : « C'est ça, fous le camp, va faire ton intéressante ! » Oh oui, combien j'ai attendu qu'elle s'excuse, qu'elle regrette… Mais maman n'a jamais retiré cette phrase, jamais elle ne m'en a même reparlé, sans doute parce qu'elle n'en a pas mesuré la portée, la violence (si elle ne l'a pas tout simplement oubliée), de sorte que je suis restée bloquée dessus, me répétant silencieusement que tout ce que je faisais sur scène se résumait finalement à « faire mon intéressante ». Ressassant silencieusement ce poison : « Ce que tu fais, Muriel, ça ne vaut rien. Tu fais ta maligne, ni plus ni moins. » Et maman n'a jamais eu non plus les mots pour me dire qu'elle me trouvait « formidable », « excellente », « désopilante », tous ces compliments dont les gens m'ont fait cadeau soir après soir, de sorte que j'ai continué de penser qu'à ses yeux je ne valais rien. Dans la grande balance de nos vies, il faut croire que les éloges d'anonymes, fussent-ils des centaines de milliers, ne pèsent pas bien lourd face au silence glacial d'une mère.

Maman est morte, les années ont passé, j'ai presque réparé la blessure aujourd'hui, mais ce soir de mai 2000 à l'Olympia, c'est décidé, je vais cesser de faire mon intéressante, je vais arrêter le one-man-show, et je vais l'annoncer publiquement. Ce qui me prouve combien c'est une réaction affective, une réaction d'enfant qui ne s'adresse qu'à ma mère, en vérité, c'est que je n'ai prévenu personne de mon entourage : ni Tony Krantz, mon attachée de presse, ma précieuse amie, ni Roger Louret qui me met en scène depuis le début, ni Pierre Palmade avec lequel j'ai écrit tous mes spectacles. Je suis au faîte d'une carrière artistique qui s'est imposée à moi, la femme préférée des Français dans les sondages, et je vais mettre fin à cela sans avoir averti aucun de ceux qui m'accompagnent.

Hasard inouï, après seulement un quart d'heure de spectacle, toute la sonorisation de l'Olympia tombe en panne : plus de son, je suis sur scène, je peux bien m'égosiller, plus personne ne m'entend. C'est la première fois qu'une telle chose se produit dans la tournée, et justement le soir où je m'apprête à annoncer que j'arrête. Le Ciel voudrait m'en dissuader, qu'il ne s'y prendrait pas autrement. Mais je me moque du Ciel, je ne crois ni aux signes ni aux esprits, et l'idée ne me traverse pas de renoncer.

Toute l'équipe de l'Olympia est sens dessus dessous, et personne ne devine combien l'incident me réjouit. Je les revois se précipitant dans ma loge pour me réconforter – « T'inquiète pas, Muriel, ça va aller, surtout ne te stresse pas inutilement… » Comment leur expliquer que plus les défis sont énormes, plus c'est dur, plus ça me plaît, plus je fais front ? Le théâtre brûlerait que je continuerais à jouer, par défi.

On fait évacuer la salle, on m'explique que des techniciens sont partis pour Roissy récupérer du matériel qui va nous permettre de rétablir le son, que l'interruption ne va pas durer cinq ou dix minutes comme on l'a cru, mais plutôt une bonne demi-heure. Eh bien, c'est entendu.

Quand le spectacle peut reprendre, j'improvise un sketch autour de cet entracte d'une demi-heure, après seulement dix minutes de jeu, je pète la forme, je récupère le rire, et ça y est, on redémarre.

À la fin, je remercie toute l'équipe, puisque c'est la dernière, la der des ders, et l'espace d'une ou deux secondes, mon cœur balance – je le dis ? Je ne le dis pas ? Je le dis !

J'ai pris soin d'écrire mon message et de le répéter dans ma loge – je me lance :

« Habituellement, à ce moment-là du spectacle, je dis : “Jusqu'à la prochaine fois.” Je ne sais pas s'il y aura une prochaine fois. Je ne crois pas. En tout cas, aujourd'hui, je ne le crois pas.

« Alors je voudrais absolument remercier les invités qui sont là ce soir. Je suis très touchée que vous ayez eu envie de venir me voir.

« Et puis surtout, un grand merci au public qui m'a tant apporté de confiance, d'émotion, d'amour. Et qui est venu plus nombreux que tout ce que j'aurais pu imaginer. Si je ne devais pas refaire de scène seule, j'espère profondément que vous m'accompagnerez dans mes futures aventures de comédienne.

« Comme dans tout moment important, on a envie de dire des choses essentielles. Pour une fois, je vais tomber dans le panneau. Mais je l'assume. Je tiens à dédier mon travail et mon succès à deux personnes qui m'ont appris la rigueur, l'humilité dans le travail et ce qu'on appelle le sens de l'honneur :

« Mon maître, Michel Bouquet.

« Et mon père, Antoine Robin.

« Voilà ! Je crois que ce coup-ci on y est. Vous étiez venus pour me voir. Eh bien... vous m'avez vue !

« Merci ! »

La salle a-t-elle compris ? Deviné ? Je ne le saurai jamais. Il règne une émotion particulière propre aux dernières, les gens sont évidemment conscients qu'une page se tourne, ils se lèvent, applaudissent à tout rompre, j'ai des larmes qui coulent, des fleurs me tombent de partout, et je répète comme un automate « Merci ! Merci ! », la gorge nouée.

Mes proches ont compris, eux, et ils sont sidérés. Chacun réagit à sa façon. Pierre Palmade est blessé, mais il ne me le dira pas le soir-même. Et moi, bien plus tard, je comprendrai sa peine rétrospectivement – je lui ai lâché la main, mais je ne me suis pas vue le faire. Au fil des années, j'ai fait un gros travail sur moi-même : je ne veux plus être le clown d'Aimée, celui qui sauve les siens, cette fille-là je ne peux plus la voir, je ne la supporte plus, je me suis détachée d'elle.

C'est pourquoi j'ai décidé d'arrêter. Mais j'aurais dû trouver les mots pour l'expliquer à Pierre, mon petit frère. Pierre est un amoureux de la vérité, il a sans cesse besoin de l'exprimer et de l'entendre pour être en paix avec lui-même et avec ceux qu'il aime.

Roger Louret ne paraît pas traumatisé, si je me fie à son sourire, il escompte bien qu'un jour ou l'autre je prendrai le temps de lui expliquer le truc, mais rien ne presse, tout va bien.

Ma Tony Krantz, en revanche, est très inquiète. Une décision de cette importance se prépare très en amont, m'explique-t-elle gentiment, il aurait fallu en informer les journalistes, prendre le temps de leur indiquer pourquoi je souhaitais abandonner le one-man-show, ce que j'entendais par « mes futures aventures de comédienne ». Elle me fait remarquer que mon message est obscur, difficilement compréhensible, même pour elle qui me connaît pourtant bien, de sorte que la presse risque de le déformer sans le vouloir.

Le surlendemain, le titre du *Parisien* lui donne dramatiquement raison : « Muriel Robin : Pourquoi j'arrête la scène. » Aussitôt suivi de la phrase qui tue : « Muriel Robin ne veut plus être Muriel Robin, celle qui fait rire toute seule sur scène. »

C'est à la fois vrai et faux, et je ne peux m'en prendre qu'à moi-même avec mon message d'adieu inaudible. Ce qui est troublant, c'est à quel point les deux petites phrases du *Parisien* reflètent exactement mon ambivalence. Je le disais, Muriel Robin et moi nous disputons beaucoup, et le journal a donc raison d'écrire que je ne veux plus être Muriel Robin, mais en même temps, bien sûr, je veux de toutes mes forces continuer d'être Muriel Robin.

La vérité, c'est que je demande au public une chose impossible : qu'il me rappelle, qu'il me supplie de revenir sur scène, dans l'espoir que son ardeur à m'aimer, à m'applaudir, à me couvrir de fleurs me guérira des mots empoisonnés de maman et fera disparaître de ma vue la Muriel Robin que je n'aime pas, celle qui est gorgée de culpabilité, qui se punit, qui grossit et s'abîme à dessein. J'espère aussi, grâce à mon faux au revoir en forme d'appel au secours, que le public et les producteurs de cinéma se disputeront bientôt ma petite personne, me prouvant ainsi qu'on m'aime, que je vaux quelque chose, et que j'ai le droit d'être heureuse.

Par ma faute, nous nageons durant quelques semaines en pleine confusion, le plus grand risque de mon message alambiqué étant qu'il produise l'effet inverse de celui espéré : que les gens qui m'aiment et me suivent depuis plus de dix ans se détournent de moi puisqu'il est écrit partout que je ne veux plus apparaître seule sur scène. Ne risquent-ils pas d'entendre que je ne veux plus les voir ? Que ce bonheur qu'ils ont cru partager avec moi, je ne le partageais pas en réalité, un peu comme dans un couple quand l'un découvre que l'autre a fait semblant ? Avec sensibilité et intelligence, Tony Krantz rattrape ma bévue auprès de chaque journaliste : je n'abandonne pas la scène, non, mais je cherche d'autres modes d'expression, je songe plus que jamais au cinéma et si le cinéma voulait bien songer à moi… eh bien ça serait parfait.

En vérité, ça y est, le cinéma est déjà en train de s'intéresser à moi. Bien avant mon adieu raté au one-man-show, encore en pleine tournée donc, j'ai reçu la visite du romancier et cinéaste Mehdi Charef. Je connais son travail depuis son premier film, que j'ai beaucoup aimé, *Le Thé au harem d'Archimède,* adapté par lui-même de son premier roman *Le Thé au harem d'Archi Ahmed.* Mehdi Charef m'explique qu'il pense à moi depuis qu'il m'a vue sur scène au Casino de Paris dans « Le Salon de coiffure » – « I love you Coiffure New création bonjour !… »

C'était en 1996.

— Un an plus tard, me dit-il, je me suis mis à écrire le scénario que j'ai là, *Marie-Line,* et tout au long de l'écriture c'est vous que je voyais dans le personnage de Marie-Line.

— Ne me dites pas ça, ou je vais pleurer.

— C'est pourtant vrai. Je ne voulais pas vous appeler avant d'avoir complètement terminé. Maintenant c'est fait, et je serais très honoré si vous vouliez bien lire mon scénario. Je ne sais pas si vous l'aimerez, je ne sais pas si le personnage… Enfin, peut-être que le personnage ne vous plaira pas du tout… En ce cas, vous m'excuserez. Mais si déjà vous acceptiez de lire…

— Bien sûr que j'accepte ! Trois fois plutôt qu'une. Comment vous dire ?… Je suis tellement touchée que vous ayez pensé à moi.

Je me dis en l'écoutant que j'aime cet homme, sa sensibilité, son attention, sa modestie. C'est peut-être que nous venons du même endroit, lui fils d'ouvrier, ouvrier lui-même au même âge, moi fille de commerçants, vendeuse de chaussures à vingt ans (consciente tout de même d'avoir été bien plus gâtée que lui, je ne suis pas idiote, sans compter que s'appeler Robin c'est plus confortable que de s'appeler Charef).

Je lis le scénario. Marie-Line est chef d'une équipe de nettoyage dans un supermarché. Obsédée par le travail bien fait, elle règne d'une poigne de fer sur une petite équipe de femmes, immigrées pour la plupart. C'est une taiseuse, respectueuse de la hiérarchie, dure au mal, que la vie a rendue insensible mais qui va finir par se retrouver piégée dans un drame humain inextricable. L'équipe travaille de nuit, quand le magasin est fermé, ce qui crée un sentiment oppressant d'enfermement dans les galeries souterraines de notre monde, pour ne pas dire dans les égouts. Guère de lumière dans cette histoire, si ce n'est celle, maladive, des néons, guère d'espoir, pas beaucoup de mots non plus, l'ambiance y est lourde, terrifiante par moments.

Je suis consciente que tout reposera sur mes épaules. Que le personnage de Marie-Line n'ait pas l'épaisseur qu'escompte Mehdi Charef et son film sera raté. C'est encore un défi ce rôle : incarner toute la complexité de cette femme, ses souffrances et ses ambivalences, sa révolte et son aigreur, sans les mots, dans un silence tendu la plupart du temps, puisque chez ces gens-là on n'a pas les mots, on ne s'épanche pas. La perspective de devoir m'enlaidir, d'aller aux limites d'une Muriel que je porte en moi, cheveux noir jais grossièrement teints, fagotée dans des blouses informes, grosse, bourrue, m'intéresse aussi dans cette période où j'ai tant de mal avec moi-même, tant de mal à m'aimer.

J'avale le scénario d'une traite et je dis oui immédiatement.

Quand j'en parle autour de moi, on me prédit que ce sera sans doute ce que fut *Tchao Pantin* pour Coluche, en 1983 – une entrée bouleversante dans le cinéma. Le film de Claude Berri avait reçu cinq récompenses aux Césars, dont celle du « meilleur acteur » pour Coluche. Tout semble en effet réuni pour que *Marie-Line* soit mon *Tchao Pantin :* film d'auteur, petit budget, contre-emploi pour moi, regard sur un monde que l'on s'applique à ignorer. Tout l'opposé des *Visiteurs II* avec son public acquis d'avance.

Mehdi Charef est tout ce que j'aime : attentif au talent de chacun, à l'écoute, patient, subtil et intelligent, très féminin dans sa perception des situations. J'entre sans difficulté dans le personnage de Marie-Line et, à chaque moment de trouble, Mehdi Charef trouve les mots pour m'aiguiller vers la note juste.

Je me rappelle qu'au dîner de fin de tournage, je suis si heureuse de ce que nous avons accompli ensemble que je lui lance :

— En tout cas, on recommence quand tu veux, Mehdi. Tu viens de me faire vivre ma plus belle expérience sur un plateau.

— Tourner de nouveau avec toi ? Mais j'en rêve !

— Alors tope là !

Nous topons, mais à ce jour, nous n'avons toujours pas refait de film ensemble.

Marie-Line n'obtient pas le succès espéré. Il est invité dans beaucoup de festivals, je suis nominée aux Césars comme « meilleure actrice », mais la récompense m'échappe, et finalement l'expérience me laisse de nouveau au fond du cœur une petite musique un peu triste.

J'ai raté ma sortie du one-man-show, je rate mon entrée dans le cinéma d'auteur (*Marie-Line* ne me vaudra aucune nouvelle proposition de tournage) : on dirait bien que le destin ne m'aime décidément qu'en clown. Pas seulement le destin, d'ailleurs, mais les gens, le public, vous ! Mes spectacles ont rassemblé plus de deux millions de personnes à la fin de l'année 2000, tandis qu'on me boude au théâtre et qu'on vient me voir en traînant les pieds quand je tiens le premier rôle dans un film.

Est-ce qu'il ne faudrait pas que je me décide à mon tour à m'aimer en clown ? Et, plus généralement, à m'aimer telle que je suis ? Garçon manqué ou fille manquée, comme vous voudrez, triste à pleurer certains matins mais capable le soir même de faire mourir de rire tout un Olympia, certains jours pleine de colère de ne pas savoir où me mettre, malheureuse à Saint-Étienne, malheureuse à Paris, mais soudain éperdue de reconnaissance envers la vie quand je découvre les arbres des Tuileries en fleurs. Je viens de fêter mes quarante-cinq ans – est-ce qu'il ne faudrait pas que je me décide à m'aimer avant qu'il soit trop tard ?

Chapitre 21

Je crois que je suis pleine de bonnes intentions à mon égard ce soir de mars, où je vais dîner chez des gens que je connais peu mais où j'aurai le plaisir de retrouver ma Tony. Et d'ailleurs, Tony me le dit dès qu'elle m'aperçoit :

— Tu as minci, tu es bien jolie, ce soir, Muriel.

— N'est-ce pas ? Je vais essayer d'arrêter de me massacrer.

Le hasard a voulu que je me retrouve assise à table à côté d'un homme comme je les aime, à la fois chaleureux, raffiné et drôle. La conversation s'engage sur le cinéma, parce qu'il m'a vue dans *Marie-Line*, sans doute, je ne sais plus, et comme je glisse au détour d'une phrase que j'ai une passion pour les musiques de film depuis l'adolescence, je l'entends s'écrier :

— Non, pas possible !

— Mais si ! Donnez-moi le titre d'un film et je vous chante la musique.

— Je vous crois. C'est seulement que j'ai la même passion.

Du coup, on se met à fredonner des airs ensemble.

— Ça alors, c'est incroyable, je croyais être l'unique spécimen.

À la fin de la soirée, nous n'avons fait que rire et chanter dans notre coin. Il s'appelle François, il est éditeur. Avant de se consacrer aux livres, il a été l'assistant d'Alain Sarde, grand producteur de cinéma. Le cinéma, c'est notre tiroir secret, nous y accumulons les mêmes trésors depuis le collège. Nous échangeons nos téléphones. Il me plaît, je suis même un peu ivre du plaisir d'avoir passé trois ou quatre heures en sa compagnie. J'aimerais que ça dure, que ça ne s'arrête pas stupidement parce qu'il faut que chacun rentre chez soi. Au moment de se dire au revoir, je suis sur le point de le retenir par la manche, « on ne va pas se quitter comme ça, François, c'est impossible », et puis non, je le laisse partir.

Mais un quart d'heure plus tard, je l'appelle de ma voiture. Je sais que s'il décroche, les mots vont sortir, ils sont là qui me débordent et les mots ne me font pas peur, mais il ne décroche pas. Bon, tant pis, ça sera peut-être pour demain si je suis toujours dans le même désir, dans la même ivresse. Depuis quand un garçon… Peut-être depuis Yves, tiens, l'année de mes vingt ans. Yves qui avait voulu m'épouser, qui remontait tous les week-ends de Montpellier pour dormir avec moi.

Le lendemain, c'est François qui appelle le premier. Et si on se retrouvait pour dîner ? Je suis d'accord, retrouvons-nous pour dîner. Est-ce que je dois ?… Je suis sur le point de tout me prendre, le choix du restaurant, la réservation, taxi ou voiture ? quand je l'entends :

— Formidable, Muriel, je passe te chercher à vingt heures trente.

Ouah ! C'est facile, il va décider de tout, il est l'homme, je suis la femme. Bienvenue dans le monde des gens normaux.

À l'heure dite, il m'attend au volant de sa voiture, devant le porche de mon immeuble, il bondit pour m'embrasser, m'ouvre la portière, comme tout est simple soudain. D'habitude, c'est moi... Mais oui, à douze ans déjà. Comme papa ne le faisait pas, c'est moi qui bondissais de la voiture pour ouvrir la portière à maman. Et pareil à la descente, qu'elle n'aille pas se tordre une cheville avec ses talons hauts. J'étais déjà son petit homme.

Nous dînons ensemble, nous dormons ensemble, nous rions ensemble, nous allons au cinéma ensemble, et bientôt il me présente ses trois amis. Ils se retrouvent généralement à la salle de sport, puis pour dîner, puis pour faire un tarot, et il m'arrive d'accompagner François. Les quatre me font la fête, je me laisse porter, j'aime écouter leurs blagues de mecs, j'aime écouter François décider de notre programme pour la soirée, pour les vacances. Il veut aller là-bas ? Je suis d'accord, je le veux aussi. Tout ce qu'il aime, je l'aime aussi, c'est tellement bon de n'être plus celle qui décide.

Nous partons en week-end à La Baule, nous partons en vacances dans le Gers. François est amoureux, adorable, attentionné mais jamais envahissant, je découvre combien il est reposant, apaisant, d'être la femme d'un homme. Quand je veux être seule, je pars seule, François a le respect de nos indépendances mutuelles, jamais je ne me sens coupable à son égard de vivre quelque chose sans lui, égoïstement. Et je mesure une nouvelle fois combien, à l'inverse, je me sens coupable de vivre quoi que ce soit pour moi quand je partage l'existence d'une femme. Comme si vivre pour moi, me faire plaisir, lui enlevait quelque chose à elle. Je suis suffisamment lucide, bien sûr, pour comprendre que cette culpabilité est née de mon rapport si complexe à maman. Avec toutes les femmes, à part Anne, dont je vous parlerai bientôt, je suis tombée, et retomberai inlassablement, dans le même schéma impossible : les sauver, les entourer, les protéger, les gâter, m'interdisant moi-même le moindre plaisir par souci de dévotion, comme si j'avais une dette considérable à leur égard. Une dette inextinguible, celle que j'ai contractée auprès de maman le jour où je lui ai promis de ne pas me marier, oui, ce qui revenait à lui promettre de renoncer à ma propre vie. Pour elle, pour la consoler de la sienne.

Quel confort, en comparaison, de partager la vie d'un homme ! Ici, plus aucune culpabilité. Il y a de la place pour moi à côté d'un homme, toute la place que je veux, et plus j'en prends, plus François semble s'en réjouir. La vie me paraît sans cesse joyeuse et légère, incroyablement facile, soudain. Je ne suis plus une handicapée, coupable et complexée, je l'accompagne volontiers chez des amis, je n'ai plus de problème de poids, je me sens bien dans mon corps, bien dans ma tête. Nous passons des week-ends chez Line et c'est un plaisir inédit de m'endormir contre François dans le canapé, la tête sur son épaule, rassérénée, réconciliée, comme à ma place, enfin.

Un paparazzi nous photographie bras dessus bras dessous sur les Grands Boulevards et *Ici Paris* en fait sa « une ». Forcément, Muriel Robin avec un homme, c'est le scoop de l'année ! Nous sommes de nouveau dans le Gers, chez des amis, quand le magazine paraît, et dans tous les bourgs que nous traversons, notre couple est placardé devant les marchands de journaux, aux portes des tabacs. Nous vivons ça avec mon François, et nous en rions, nous en rions, ça devient le sketch de la semaine.

Est-ce que je suis aussi éprise de lui qu'il l'est de moi ? Je nage dans une bienheureuse félicité, et il m'arrive, durant ses absences, d'éprouver combien sa présence me manque, combien il m'est cher. « Tiens, me dis-je, ça ne m'était jamais arrivé avec un homme, est-ce que je ne serais pas en train de tomber amoureuse ? » Je vois bien, cependant, que je n'ai pas le cœur qui cogne à se rompre une heure avant de le retrouver, comme je l'avais avant mes rendez-vous avec Catherine Lara, par exemple, ou avec Brigitte dans les premiers mois de notre relation.

Un soir, François et moi dînons en tête à tête au restaurant. À un moment, il se lève pour aller aux toilettes et, à sa manière drôle et décalée, il dépose l'air de rien un petit papier soigneusement plié à côté de mon assiette, avant de s'éloigner.

J'ouvre, je lis : c'est une demande en mariage.

Pour le coup, mon cœur s'affole un peu. D'émotion ? De reconnaissance ? D'angoisse ? Dans deux ou trois minutes il sera de retour, et alors je devrai lui donner une réponse.

Je suis tentée de dire oui, terriblement tentée, mais quelque chose m'en retient, celle que je suis profondément, sans doute, ambivalente, touchée par François, certes, mais également sensible aux femmes. Je le sais, je sais qu'à tout moment…

Mais le voilà, il revient, me sourit, s'assoit.

— François, c'est tellement chouette ce que nous vivons, tellement tendre, pourquoi changer quoi que ce soit ? Je suis très émue par ta demande, j'aime tellement l'homme que tu es ! Tellement ! Je vais peut-être le regretter, mais c'est non, je ne veux pas me marier. Je te dis oui pour continuer comme ça, j'aime tout ce que tu me proposes, mais je ne peux pas te dire oui pour plus.

— J'entends bien.

— Nous allons peut-être nous perdre, tu vas peut-être te lasser…

— Qui sait ? Mais ce que nous avons déjà vécu, personne ne nous le prendra jamais.

— Trinquons à ça, mon chéri. Trinquons à ce que nous avons inventé.

Cela fait alors une petite année que nous sommes ensemble. Et, professionnellement, je ne suis pas malheureuse non plus puisque le théâtre est très vite venu me chercher après mes faux adieux au one-man-show. Annick Blancheteau, comédienne et metteur en scène, me propose le premier rôle dans *La Griffe (A71)*, une comédie de Claude d'Anna et Laure Bonin. Quand je découvre la pièce, je suis scotchée : c'est un ébouriffant huis clos familial entre Irène, la mère, styliste réputée (que je dois interpréter), sa propre mère et sa fille de vingt ans. Les trois femmes sont immobilisées dans une station-service de l'autoroute A71 par une manifestation de routiers. En une heure et demie, elles vont se balancer à la figure tout ce qu'on passe sa vie à retenir, pour regretter ensuite de ne pas l'avoir dit. La mère d'Irène (qui sera interprétée par l'excellente Nadia Barentin) est une femme égoïste, inflexible et dure.

Le texte m'enthousiasme, j'accepte le rôle, et durant une bonne partie de mon histoire avec François, je suis donc à l'affiche au Théâtre Fontaine, dans le neuvième arrondissement.

C'est un soir, au bar de ce théâtre, que va se dénouer notre bel amour, de façon brutale et impromptue.

Une nouvelle femme entre dans ma vie, et ça y est, je suis prise. Le cœur, le souffle court, incapable d'écouter ce qui se dit autour de moi. Ce vertige-là, je le connais bien, l'envie de la rappeler tout de suite, de me précipiter… et naturellement de la sauver ! Avec aucun homme je n'ai jamais ressenti un tel bouleversement du corps et de l'esprit, un tel emballement.

Je dois choisir entre François, qui me rend si paisiblement heureuse depuis un an, et une femme dont je ne sais rien. Mais le choix est déjà fait, en réalité, c'est celui de la déraison, de cette folie qui nous saisit quand l'attirance pour l'autre anéantit tout le reste.

François et moi nous retrouvons pour déjeuner et je lui raconte l'événement. Je vois sa tristesse. Il savait que j'avais partagé la vie de quelques femmes avant de le rencontrer, mais néanmoins il avait espéré.

— Moi aussi, François, j'ai espéré, j'ai même cru que c'était gagné, que je ne m'y laisserai plus reprendre.

— Je te souhaite d'être heureuse.

— En vérité, je n'ai jamais été heureuse avec aucune femme, et pourtant, tu vois, que l'une surgisse de nulle part et m'accroche le cœur et je ne peux pas résister.

— Je vois, oui. Je vois que tout ce que je pourrais dire maintenant pour te retenir ne pèserait plus rien.

— C'est affreux, mais c'est exactement ça.

François avait su éveiller mon côté féminin, et avec un immense soulagement je l'avais laissé décider, m'entourer, me prendre par la main. À présent, me voilà de nouveau dans la peau du sauveur, dans la peau de Josh Randall. Je peux reporter sur une femme l'inépuisable culpabilité de n'avoir pas pu sauver maman, pas pu la rendre heureuse, et je la réconforte, je trouve les mots. Je lui donne tout ce que je peux pour la voir heureuse, pour qu'elle m'aime aussi, bien sûr, comme j'aurais tout donné, enfant, pour voir maman sourire, pour qu'elle me prenne dans ses bras et me dise « ma chérie ». Et quand je prendrai conscience que c'est de la folie, qu'on ne construit pas une relation pour être aimé en retour, il sera trop tard, je serai prise dans des liens inextricables et douloureux.

Est-ce ma culpabilité, ou ma sensibilité, qui me pousse, un soir de l'année 2000, à me lancer dans l'entreprise phénoménale de faire construire un hôpital à Kaboul avec une femme remarquable, la journaliste Marine Jacquemin ?

Je regarde le journal télévisé de Claire Chazal et je tombe en arrêt devant un de ces sujets impossibles : la vie quotidienne d'une famille au Pakistan. Les parents et leurs deux petites filles survivent en fabriquant des briques de terre à la main. À la fin de la journée, cela leur permet tout juste de recevoir un bol de riz par personne. La plus petite a quatre ans, elle est malade, elle a un gros furoncle, on devine qu'elle ne va pas tenir encore longtemps. Sa grande sœur, âgée de sept ans, prononce ces quelques mots accablants sans cesser de modeler la terre : « Il n'y a pas de lumière dans cette vie. »

C'est un sujet parmi d'autres, pourquoi celui-ci me laisse-t-il abasourdie ? Il m'est arrivé dans des dîners de piquer de brèves colères à propos des malheurs du monde, quand mon voisin de table, par exemple, me souffle aimablement : « Tu as vu, il y a eu un mini-séisme… cent vingt-deux morts. Comment ça, tu n'es pas au courant ? » Alors moi, me dominant difficilement :

« Ça servirait à quoi que je sois au courant ? Tu vas y aller, toi ? Tu vas faire quelque chose ? Tu vas donner du fric ? Non ? Alors si c'est juste un sujet de conversation, je préfère qu'on parle d'autre chose. » Le constat de notre impuissance, soir après soir, devant les horreurs du journal télévisé, c'est une sorte de supplice chinois, non ? Sans doute est-ce la raison pour laquelle je me dispense de JT six jours sur sept.

Mais enfin, ce soir-là, je l'ai bien vue, la famille pakistanaise, la petite de quatre ans qui ne va pas survivre, et celle de sept qui ne s'explique pas comment le monde peut être aussi noir, aussi abominable. Je l'ai bien vue, et ça ne passe pas. Il y a sans doute des jours, comme ça, où l'on est plus réceptif que d'autres. Je tourne en rond un moment dans mon salon, et puis je me décide, j'appelle Claire Chazal.

— Claire, la famille pakistanaise...

— Oui, c'est un sujet de Marine Jacquemin.

— C'est la faute de personne, je sais, en tout cas ni la tienne ni la mienne, mais c'est insupportable.

— Oui.

— Sois gentille, fais-moi rencontrer Marine Jacquemin.

Marine, qui est reporter de guerre et pour laquelle j'ai tant d'admiration. Trois jours plus tard, je dîne avec elle, Claire Chazal et l'homme qui partage alors sa vie, Xavier Couture, un des patrons de TF1.

— Marine, vous allez sûrement penser que je suis idiote, mais je m'en fous. Le monde saigne de partout, grâce à des gens comme vous, on ne peut pas l'ignorer, mais je ne pense plus qu'à cette famille pakistanaise… Il faut faire quelque chose. Qu'est-ce qu'on peut faire ? Qu'est-ce que *je* peux faire ? Dites-le-moi, s'il vous plaît, je suis complètement perdue. Où est la priorité ?

Elle m'aurait demandé de lui porter ses valises pendant un an que je l'aurais fait, pour me sentir utile – puisqu'elle l'était, elle –, pour avoir le sentiment de faire une chose, même minuscule, contre l'indifférence et l'abomination.

— Vous voulez connaître la priorité, ce soir, à l'heure où nous parlons ?

— Oui, voilà.

— Construire un hôpital à Kaboul. J'en reviens, des enfants meurent tous les jours de maladies bénignes faute d'être soignés. Et pas seulement des enfants, bien sûr.

— Un hôpital à Kaboul. Bien. Très bien. Merci Marine. Eh bien on va le faire.

— Ça ne se construit pas en claquant des doigts, malheureusement, remarque justement Claire Chazal.

— On a dit qu'on allait le faire, on le fait ! La première chose, c'est de trouver l'argent, n'est-ce pas ? Est-ce que TF1 peut nous aider ?

Je vois qu'il se passe quelque chose à ce moment-là dans les regards de Claire Chazal et de Xavier Couture. Je n'ai pas l'air de plaisanter et, comme me le disent gentiment mes amis quand je me dévalorise sous leur nez, je suis *tout de même* Muriel Robin, la fille qui remplit les Zéniths.

— Il est certain que si tu t'engages, toi, avec Marine à tes côtés, TF1 te suivra, rétorque sobrement Xavier Couture.

— De quelle façon ?

— Par exemple en diffusant des spots pour appeler les gens à donner.

— Parfait, c'est un début, on met tout ça noir sur blanc. On passe te voir demain à ton bureau.

Le lendemain, nous rencontrons de nouveau Xavier Couture et, le lundi suivant, Marine et moi sommes à l'antenne pour lancer notre premier appel en faveur d'un hôpital à Kaboul. Entre-temps, nous avons créé une association, Enfants afghans, pour recevoir les dons.

Marine a la bonne idée de nous accrocher à La Chaîne de l'espoir du professeur Alain Deloche, qui a déjà construit plusieurs centres de soins à travers le monde, notamment au Cambodge.

Très vite, les premiers dons arrivent, les réunions de travail peuvent démarrer et nous prenons l'habitude de nous retrouver tous les mercredis à l'hôpital Broussais – Marine Jacquemin, Roger, notre trésorier, Éric Cheysson, médecin et bras droit du professeur Deloche, un ou deux experts, et moi. Bientôt, notre petit groupe va s'élargir pour accueillir des architectes, puis des ingénieurs de chez Bouygues – l'entreprise Bouygues que Marine a su convaincre de prendre en charge le chantier pour un prix défiant toute concurrence.

Nous avançons à marche forcée parce qu'il n'y aurait rien de pire que de voir le projet s'enliser. Quand, le mercredi, en ouverture de nos réunions, j'entends tous ces hommes formidables, médecins, architectes, ingénieurs, expliquer que là, ça ne va pas être possible parce qu'il faudrait au moins cinq cent mille euros pour enclencher le processus et qu'il n'y a plus un sou dans les caisses, je tape aussitôt du poing sur la table :

— Cinq cent mille euros ? C'est notre problème à Marine et à moi, ça ne doit pas être un souci pour vous. On va les trouver, faites comme s'ils étaient déjà là. Allez, on avance ! On avance !

Marine et moi sommes de tous les cocktails de bienfaisance : c'est simple, nous prenons aux riches pour donner aux pauvres. Nous le faisons poliment, mais fermement. On nous connaît, on nous a vues à la télé, personne ne doute plus que l'hôpital existera un jour et les dons affluent.

Il faut théoriquement dix ans, partant de rien, comme c'est notre cas, pour construire de toutes pièces un hôpital à l'autre bout du monde.

— Les enfants, dix ans, c'est hors de question, ai-je dit à la troisième réunion. Dix ans, c'est ridicule. Les gosses de Kaboul ne vont pas attendre, et moi je ne vais pas attendre non plus d'avoir cinquante-cinq ans pour voir cet hôpital. On va diviser le truc par deux et se donner cinq ans au maximum. D'accord ?

Personne n'a cru qu'on y arriverait.

Eh bien si, on l'a fait.

Au mois d'août 2005, le jour de mes cinquante ans, le premier enfant a été opéré dans notre hôpital flambant neuf.

Chapitre 22

C'est Nydia qui me prévient. Par téléphone. Je me rappelle parfaitement ce coup de fil.

« Muriel, je trouvais que maman avait un drôle de comportement depuis quelque temps, alors je l'ai emmenée faire des examens, et il semblerait qu'elle ait la maladie d'Alzheimer. Je voulais que tu le saches. Les médecins m'ont dit que la maladie était là bien avant la mort de papa, mais que le choc et la douleur ont précipité les choses. »

J'entends ce que me dit Nydia. Je la crois. Je songe que si maman n'était pas malade dans sa tête, gravement malade, jamais elle n'aurait accepté de se laisser conduire dans un centre d'examens médicaux. Jamais, et par qui que ce soit. Si maman a bien voulu suivre Nydia, c'est déjà qu'elle n'est plus la même femme. Au temps de sa gloire, il aurait fallu un détachement de CRS pour la traîner dans un tel endroit, et encore, je ne suis pas certaine qu'ils y seraient parvenus.

J'entends, mais je ne prends pas. Je fais un déni, comme on fait un déni de grossesse. Je ne veux pas de cette nouvelle. L'alzheimer, je ne sais pas trop ce que c'est, mais je ne veux pas que maman soit malade. C'est impossible, inenvisageable, beaucoup trop douloureux. Et donc je ne prends pas l'information, je fais comme si ce coup de fil n'avait jamais existé. Non seulement je ne rappelle pas Nydia pour prendre des nouvelles de maman, mais je ne descends pas à Saint-Étienne juger par moi-même de son état de santé.

Tout continue comme avant. Un soir, Martine m'appelle, en larmes, pour m'expliquer qu'elle s'est de nouveau disputée avec maman à propos d'une histoire d'argent. J'appelle maman, je lui dis que ce n'est plus possible – « Si tu continues à traiter Martine comme ça, maman, je ne te parle plus. C'est tout de même ta fille, merde à la fin ! » Et je raccroche. Elle n'est pas malade, bien sûr qu'elle n'est pas malade. La preuve !

Mais maman me rappelle aussitôt, et là je pressens qu'elle n'est pas dans son état normal :

— Muriel, je ne veux pas être fâchée avec toi, ne me parle pas comme ça s'il te plaît…

Ce ton que je ne lui connaissais pas, cette douceur tout d'un coup, est-ce que ça ne serait pas la maladie ? Il m'a semblé qu'elle était à deux doigts de me dire « ma chérie » – « ne me parle pas comme ça, ma chérie ». Je suis prise de doute, quelque chose de très grave est peut-être en train de se mettre en place, et moi je fais l'autruche. Puis je chasse cette idée.

Maman vieillit, voilà tout, et en vieillissant elle s'attendrit.

— Excuse-moi, maman, moi non plus je ne veux plus qu'on se parle mal, je ne veux plus être fâchée avec toi.

Je n'accepte toujours pas la nouvelle de sa maladie, mais un jour je me décide à descendre à Saint-Étienne.

J'ai besoin de la voir, soudain. Je veux être sûre qu'elle va bien.

Je l'emmène déjeuner au restaurant et je me rappelle mon émotion à l'instant où elle me pose pour la deuxième fois la question à laquelle je viens de répondre. À propos de ma rencontre avec François, justement. L'espèce de panique, ou de colère, qui me saisit brusquement.

— Mais maman, je viens de te le dire ! Tu m'écoutes ou tu penses à autre chose ?

— Tu viens... Ah bon, bon...

— Je l'ai rencontré chez des amis, il y avait même Tony qui était là. Je te l'ai dit, tu n'as pas entendu ?

Bon, mais qui n'a pas posé la même question à cinq minutes d'intervalle, au milieu d'un repas ? Nous le faisons tous, et nous ne sommes pas malades pour autant. Elle est fatiguée, elle a d'autres soucis...

— Tu devrais te reposer, maman. Tu en as bien le droit, tu sais. Tu te rends compte depuis combien d'années tu travailles ?

— Oh oui, à quatorze ans déjà je faisais des ménages.

Je souris intérieurement – elle se souvient, elle n'est donc pas si malade.

Mais après le restaurant, nous allons ensemble faire des courses, et là c'est impossible de ne pas voir que quelque chose est en train de se détraquer là-haut, dans sa tête.

Il y en a pour douze euros, elle tend deux billets de cent.

— Maman, tu te trompes… Tu les as, les douze euros !

Je les lui sors de son porte-monnaie, je croise un centième de seconde l'expression à la fois surprise et apitoyée du commerçant, mais maman reste là comme hébétée, le regard perdu. Maman, toute sa vie si prompte à compter ses billets ! Maman, qui brusquement ne sait plus ce qu'est l'argent !

Elle fait une autre chose aussi, elle achète, elle achète, elle fait des provisions, elle remplit sa maison comme si on était à la veille d'une disette. Quarante-cinq pots de la même confiture, du papier toilette pour un régiment…

Je dois commencer à l'accepter lentement, cette maladie d'Alzheimer, puisque je me surprends à retourner à Saint-Étienne. Je l'observe et je prends enfin conscience de la solitude et du chagrin dans lesquels l'a précipitée ce deuil. Elle ne s'est jamais plainte, mais elle a dû beaucoup souffrir – et je n'ai pas été là.

Je dors dans leur ancienne chambre, qu'elle n'occupe plus, et j'ai la surprise de la voir s'asseoir au bord de mon lit, le matin, comme la maman dont je rêvais à six ou sept ans.

— Tu as bien dormi, ma chérie ?

Mon Dieu, ce matin où j'entends ce « ma chérie » pour la première fois de ma vie ! Je ne veux pas qu'elle voie mes larmes. Je lui prends la main, elle veut bien me la laisser, et comme j'ose soudain l'embrasser, elle me rend mon baiser.

Nous nous sourions. C'est très doux, très tendre ce moment, je voudrais qu'il dure. Et il dure. Maman ne semble plus pressée d'entreprendre quoi que ce soit. On dirait que toute la tension qui l'a faite avancer, dévorer la vie – et nous tous avec –, que toute cette tension l'a définitivement quittée. C'est fini, elle n'est plus au bord de la crise de nerfs, elle n'est plus à cran du matin au soir. Mais où est-elle ? Je ne sais pas, quelque part dans un ailleurs cotonneux où elle semble chercher ses marques à tâtons.

Il y a ce jour aussi où Nydia et moi l'emmenons chez le neurologue et où nous balançons entre fou rire et sanglots. Elle répond aux questions du médecin, ça oui, mais elle répond systématiquement à côté, des choses complètement décalées, si bien qu'on a le sentiment d'assister à la naissance d'un sketch inégalable de drôlerie, car jamais cet homme ne laisse échapper un sourire. Maman n'a plus du tout de mémoire immédiate, c'est une catastrophe, ça se déglingue à toute allure, mais elle a encore toute sa conscience, enfin presque, de sorte qu'elle se rebiffe – « Mais docteur, pourquoi me posez-vous sans arrêt les mêmes questions ? Je ne suis tout de même pas idiote ! »

Non, maman, tu n'es ni folle ni idiote, laisse, c'est rien, on va faire avec ce qu'il te reste de mémoire, on ne va pas laisser les médecins te torturer et se moquer de toi. Viens, on rentre à la maison, ça va aller très bien, tu vas voir.

Ce qu'il y a d'effrayant, avec la maladie d'Alzheimer, c'est qu'elle aspire immanquablement les proches. On pense qu'on va pouvoir s'en sortir, puisque la personne est toujours là, qu'elle marche sur ses deux jambes, qu'elle n'a mal nulle part, les premiers temps en tout cas. On pense qu'on va pouvoir continuer de lui parler, de l'accompagner, de la rassurer, car on ne prend pas la mesure de son effondrement intérieur. On pense qu'on va être plus fort, ou plus malin que la maladie et que la vie va continuer son petit train-train. En face d'un cancer, jamais la famille ne se dirait : « On va gérer ça entre nous, on va très bien s'en sortir sans les médecins. » Non, un cancer, on se décharge aussitôt sur le corps médical, on se protège, on se tient en marge. Mais pour l'alzheimer, qui est pourtant aussi meurtrier que le pire des cancers, on monte au front et personne ne nous met en garde. Si c'était à refaire, j'aurais voulu que quelqu'un nous dise : « Soyez là autant que vous le pouvez, aimez-la, aimez-la de toute votre force, mais protégez-vous, confiez-la à des gens qui ont été préparés à ça, sinon vous aussi vous allez en mourir. » J'aurais voulu que quelqu'un nous prévienne que cela allait être épouvantable, terrifiant, et que même avec toute notre bonne volonté nous n'allions pas être de taille.

En novembre 2002, je quitte tout pour m'installer à Saint-Étienne. Je laisse mes petites affaires, mon bureau, entre les mains de Roselyne Fourteau, dont je ne vous ai rien dit encore mais qui est mon assistante depuis une dizaine d'années déjà et l'est encore aujourd'hui. Ma Roselyne en laquelle j'ai une confiance totale et qui me décharge de tout ce que je ne peux pas faire, ou ne sais pas faire : payer à temps les factures, ouvrir et classer mon courrier, répondre aux sollicitations, etc. Merci my Rosita.

Cette fois, j'ai compris, maman est condamnée, les médecins ne savent pas soigner cette maladie, les médecins ne savent rien. En vérité, ils ne sont même pas capables de nous dire combien de temps il lui reste à vivre, mais moi je sais une chose, je veux profiter des dernières années de maman, de ses derniers mois peut-être (oui, de ses derniers mois, je le sais aujourd'hui, puisqu'elle va mourir le 22 septembre 2003).

J'écris « je quitte tout » pour m'installer à Saint-Étienne, alors qu'en réalité je n'ai pas le sentiment de quitter grand-chose en abandonnant Paris. Je dois en être à mon douzième déménagement depuis mon installation rue du Faubourg-Poissonnière avec Annie Grégorio. Dans aucun de mes appartements, je ne me suis sentie durablement heureuse, comme si je ne parvenais pas à m'enraciner quelque part. L'appartement que je laisse, rue des Quatre-Vents, près de l'Odéon, est si sombre, si alambiqué, que je me demande bien comment j'ai pu le choisir. Le rideau est définitivement tombé sur *La Griffe (A71)* au Théâtre Fontaine, et je n'ai aucune proposition pour l'année 2003, de qui que ce soit. Sur le plan sentimental, j'ai abandonné François pour une femme que je veux sauver. Je ne parviens à être heureuse ni avec un homme ni avec une femme. Je ne sais pas où est ma place.

Si, là, tout de suite, auprès de maman. Cette fois, la chose me saute aux yeux. Si je tente aujourd'hui, avec le recul, d'exprimer ce qui me ramène à Saint-Étienne avec cette force, avec cette évidence, les mots me viennent aussitôt : je veux dire à maman combien je l'ai aimée, combien je l'ai admirée, aussi, pour son entêtement à vivre, à réussir, elle qui n'avait rien reçu des siens. Mais j'attends aussi qu'elle me dise les mots que j'ai espérés toute ma vie : qu'elle m'aime, qu'elle m'admire peut-être, qu'au moins je ne l'ai pas déçue.

Nydia tient le magasin de chaussures, Martine vient autant qu'elle le peut, et moi je passe mes journées auprès de maman. Je partage ses repas, j'essaie de faire comme si tout était normal, sauf que plus rien n'est normal et qu'à chacune de ses phrases, j'ai envie de lui crier à la figure : « Allez maman, arrête de me faire marcher, quoi ! » On dirait qu'elle le fait exprès, qu'elle se moque de moi, et si ce n'était pas à pleurer je pourrais pouffer de rire, comme ça, entre le rôti de veau et le fromage.

C'est affolant, la vitesse à laquelle elle se dégrade. Elle veut continuer de faire la comptabilité avec Nydia, alors on lui donne un papier et un crayon et elle aligne des chiffres qui ne riment à rien, comme une enfant de CP, elle qui avait un turbo à la place du cerveau quand il s'agissait de compter la recette, au temps où ils faisaient les marchés. Mais elle est contente, elle fait les comptes à côté de sa grande fille.

Je me surprends à venir l'embrasser doucement, à oser lui caresser la main ou les cheveux.

— Je t'aime maman.

— Moi aussi.

Ces mots que nous n'avons jamais pu nous dire, nous nous les disons enfin. Et son sourire ! Peut-être celui qu'elle avait à quatre ans, quand ils habitaient Chalmazel, dans la maison de la scierie, et que le père ne lui avait pas encore bousillé sa vie. Peut-être le sourire qu'elle aurait eu à trente ans, me dis-je, si tout cela n'était pas arrivé.

Et puis c'est Noël. Son dernier Noël (mais je ne le sais pas, bien entendu), et je fais une chose qu'aujourd'hui, quinze ans après, je ne parviens toujours pas à me pardonner : je remonte à Paris passer Noël dans la famille d'une femme qui a partagé ma vie.

Pourquoi ? On ne peut pas imaginer pire punition. Mon plus profond désir est de rester auprès de maman, mais je m'en veux d'abandonner cette femme – à moins que je sois tétanisée à l'idée que ce soit elle qui m'abandonne.

J'ai le souvenir de marcher comme un automate hagard dans les couloirs de la gare de Lyon pour m'inviter chez les parents de cette femme, dans une lointaine banlieue. Des gens que je ne connais pas, auxquels je n'ai rien à dire. Je suis ailleurs, je ne pense qu'à maman, je ne peux penser qu'à elle. Qu'est-ce que je fais là ? Comment est-ce possible ? Au fil des heures, je me pose silencieusement les mêmes questions, ahurie de tristesse.

Cette soirée de Noël... Je crois que jamais je ne me suis sentie si seule, si perdue, si déracinée. Je voudrais disparaître. Y a-t-il un autre soir de ma vie où je me suis autant déçue ? Si peu aimée ? Si détestée ?

Dans les mois qui suivent, ce sont des scènes épouvantables dont je ne parviens plus aujourd'hui à établir la chronologie.

Maman qui pousse un cri d'horreur, un cri de bête traquée en apercevant l'ambulance. On ne peut plus la garder à la maison, c'est dangereux, elle pourrait sortir et se perdre. Elle a fait un premier accident vasculaire cérébral, elle a des pertes d'équilibre, elle tombe, on nous a conseillé de la faire hospitaliser. Je ne sais pas ce qu'elle imagine, dans sa pauvre tête malade, en voyant l'ambulance, mais elle hurle à l'idée d'y monter, comme si on la conduisait à la mort, et moi je me demande ce que nous avons fait au Ciel pour qu'il nous inflige autant de souffrances.

Un autre jour, je viens lui rendre visite. Elle est hospitalisée à La Charité, à peu près ce qu'on fait de plus triste dans toute la ville. Saint-Étienne est sous la neige, je franchis les grilles, je marche jusqu'au bâtiment principal et bien avant d'y arriver j'entends des hurlements. C'est étrange, les ressources qu'on a en nous pour ne pas tomber : je sais que c'est elle, bien sûr, j'entends déjà mon cœur cogner, je suis au bord de l'évanouissement, mais je me convaincs que ce n'est pas elle et je continue d'avancer.

Je franchis le seuil, je traverse le hall, je monte à l'étage. Je devrais rebrousser chemin puisque je sais que c'est elle, appeler Nydia au secours – « Nydia, je ne vais pas pouvoir, rejoins-moi s'il te plaît, je ne peux pas te dire au téléphone, c'est trop dur, rejoins-moi vite » – mais je continue de monter et je découvre maman attachée sur un lit, son visage autrefois si beau, son visage… je ne peux même pas dire… et les sangles…

Ce doit être Nydia qui trouve alors l'autre maison ; une clinique mieux adaptée à sa maladie, parce que moi, ce soir-là, je ne fais que pleurer et boire, « je ne veux plus, je ne veux plus », puis je me bourre de médicaments pour dormir.

Ils n'attachent plus maman dans cette autre maison ; au début, elle peut aller et venir comme elle veut. Puis la maladie s'aggrave, et comme elle tombe de son lit et se blesse, ils l'attachent de nouveau et j'achète de la mousse dont j'entoure chaque barreau de son lit. Si je pouvais, j'en tapisserais toute sa chambre.

Nous déjeunons ensemble au réfectoire – « accompagnez-la, Muriel, ça lui fera du bien » –, des gens hagards qui se bavent dessus et qu'on fait manger à la petite cuillère comme de vieux bébés, une femme qui se promène en robe longue et s'imagine sur un paquebot de croisière, d'autres à moitié nus qui ne font que hurler, d'autres qui se renversent la carafe d'eau sur la tête et maman au milieu de cette cour des miracles.

Sans doute est-ce ce déjeuner qui est la goutte d'eau de trop. Maman chez les fous, je ne veux plus – cette phrase : « Je ne veux plus », c'est ce qu'on s'entend dire toute la journée, comme si quelqu'un allait accourir et nous dire : « Ah pardon, excusez-moi, je n'avais pas compris, si vous ne voulez plus alors on va rembobiner dans l'autre sens et tout va s'arranger… »

Tant pis, ça coûtera ce que ça coûtera, je m'en fiche, mais je vais la ramener à la maison et payer des gens pour s'occuper d'elle.

Le printemps est là, je la vois maigrir, dépérir, et je ne dors plus. Il me semble que si nous ne tentons rien… J'appelle les quelques personnes en lesquelles j'ai confiance à Paris. Il paraît que la meilleure équipe pour l'alzheimer est à l'hôpital Pompidou. Alors j'appelle le professeur Deloche qui m'obtient un rendez-vous avec le spécialiste de cette maladie épouvantable.

Nous faisons le voyage en ambulance jusqu'à Paris, elle allongée et moi assise à côté d'elle. Je garde sa main dans la mienne. Je ne sais pas ce qu'elle comprend de cette escapade, mais elle est calme, et par moments je la vois me sourire depuis son nirvana.

Elle reste quelques jours à Pompidou, et durant ce séjour tous mes amis viennent la voir. Ce sera la dernière fois, il ne lui reste que trois ou quatre mois à vivre. Certains ne la trouvent pas si mal, d'autres sont catastrophés.

Au retour, elle est mieux, et d'ailleurs nous voyageons dans l'ambulance, assises l'une à côté de l'autre, sans nous lâcher la main une seule fois.

Est-ce dans les jours qui suivent qu'elle fait une rupture d'anévrisme ? Je ne sais plus précisément. Il me semble qu'avec Nydia nous ne sortons plus de la nuit. Martine partage notre chagrin, mais elle n'habite pas sur place comme nous et elle trouve ainsi des moments pour respirer. Peu importe les saisons, peu importe le vent chaud et les gens heureux aux terrasses des cafés, quelque chose d'effrayant nous a précipitées dans les ténèbres et nous ne voyons plus jamais la lumière.

On installe un lit médicalisé dans le salon, on aménage la salle de bains et les toilettes. Certains jours, je m'allonge contre maman et je la prends contre moi comme si elle était mon bébé, ma petite fille, comme j'aurais aimé qu'elle me prenne contre elle quand j'étais petite. D'ailleurs, un jour, je fais le contraire, je mets ma tête sur son épaule, je me blottis contre elle, cette fois c'est elle la maman et moi la petite, et je prends une photo de nous deux dans cette position.

Maintenant, c'est moi qui lui donne son bain, c'est moi qui lui donne à manger. Pour les repas, elle a un fauteuil spécial pour ne pas tomber.

J'écris « c'est moi, c'est moi, c'est moi », comme si je voulais me consoler, ou me racheter, alors que Nydia en fait bien plus que moi, en réalité. Nydia travaille toute la journée, et le soir elle est là, aux petits soins pour maman, aux petits soins pour moi qui ne fais plus que boire et fumer pour supporter. Et Martine aussi, qui vient autant qu'elle le peut.

Je m'étais dit : « Un jour, elle ne va plus reconnaître personne, mais moi, elle me reconnaîtra toujours, il y a un truc entre nous deux depuis que je suis petite. Moi, elle me reconnaîtra toujours, bien sûr. »

Eh bien, la première qu'elle n'a pas reconnue, c'est moi.

Je rentre d'un aller et retour à Paris.

— Bonjour maman, je pose mes affaires et je viens t'embrasser.

Elle est assise dans le salon, elle tourne la tête vers moi :

— Et Muriel, elle ne va pas venir ?

Mon sang qui se glace soudain. L'impression que je pourrais mourir, là, dans l'instant. Puis les mots que je m'entends dire :

— Elle va venir…

— Oh, reprend alors maman, elle ne vient pas souvent me voir.

Puis elle s'interrompt. À ce moment-là, je crois que j'espère inconsciemment qu'elle va peut-être dire des mots d'amour à cette Muriel qui n'est pas là. Elle va me parler de moi, n'est-ce pas, et j'attends, j'attends. Je n'ai plus de souffle.

— Oh non, elle ne vient pas souvent me voir, poursuit-elle. Mais elle verra quand je ne serai plus là. Elle va le payer.

Elle aurait pu me dire : « Qu'est-ce que je l'aime ma Muriel, elle pourrait venir plus souvent. » Et alors je l'aurais pris comme un cadeau. En dépit de tout, je l'aurais pris comme un cadeau. Mais non : « Elle verra quand je ne serai plus là. Elle va le payer. »

« T'inquiète pas, maman, j'ai déjà commencé à payer. »

Je l'ai pensé mais je ne l'ai pas dit.

Et puis un matin je n'arrive plus à me lever. Le troisième jour, Nydia commence à s'inquiéter.

— Qu'est-ce qui t'arrive, Muriel ?

— Ça va, ne te fais pas de souci.

Mais le quatrième jour, elle me prend un rendez-vous dans une clinique psychiatrique, au-dessus de Saint-Étienne, et c'est elle qui m'y conduit.

Le médecin qui me reçoit me fait parler longuement. De maman, de ma vie sentimentale, de ma culpabilité sans fond, de mes combats épuisants pour sauver les miens, de mes combats contre les moulins à vent, de l'humour qui me sert de parapluie. Il sourit parce qu'à ce moment-là il me voit peut-être dans la voiture en route pour chez mamie Jaquote avec les gosses derrière, mais il n'y a pas vraiment de quoi rire et il décide de me garder.

Je reste trois semaines dans cette clinique psychiatrique. Les dix premiers jours, j'ai l'interdiction d'aller rendre visite à maman. Puis quelqu'un me conduit auprès d'elle, on me permet de rester un quart d'heure, une demi-heure, et on me ramène à la clinique.

Je ne proteste pas, je me sens tout au bord de tomber, en miettes à l'intérieur. Je suis reconnaissante à Nydia et à tous ces gens de se préoccuper de moi, de me protéger. Je dors, j'essaie de récupérer, j'ai confusément conscience d'être en danger, comme si maman était en train de m'entraîner dans son naufrage.

Quand je sors et la retrouve, elle a été placée dans une maison de soins palliatifs. C'est luxueux et moderne, climatisé, nous ne sommes plus dans la folie débridée mais il faudrait être aveugle pour ne pas comprendre que c'est la fin.

C'est dans cette maison qu'elle meurt le 22 septembre 2003.

Le lendemain, ou le surlendemain, je ne sais plus, j'avale toute une boîte de médicaments, je bois un demi-litre d'alcool pour faire passer le tout, et je m'effondre.

Je ne veux pas lui survivre, je veux partir avec elle. Plus tard, quand j'évoquerai ma tentative de suicide avec un médecin, je m'entendrai dire dans la même phrase : « J'ai aimé maman plus que tout, elle était la femme de ma vie » et « elle nous a flinguées, mes sœurs et moi, c'était une tueuse ». De sorte que je ne sais pas si c'est moi qui souhaite mourir pour la rejoindre, ou si c'est elle qui achève de me tuer. Si c'est moi qui refuse de la quitter ou si c'est elle qui ne veut pas me lâcher.

Quand je me réveille aux urgences, on m'explique que j'ai voulu mourir, que ça s'est joué à une demi-heure.

Je devine que Martine et Nydia ont eu le temps d'avoir peur. J'aimerais leur demander pardon, mais jamais nous n'en reparlerons.

Chapitre 23

Une année après la mort de maman, je tiens la scène du Grand Rex à moi toute seule avec *Au Secours !*

Je campe une metteuse en scène survoltée, Lisa Kastaire, à quinze jours de la première de *Blanche-Neige* revisitée en comédie musicale. Durant près de deux heures, je suis sur les planches avec une bonne quinzaine de personnages imaginaires autour de moi – les sept nains, Blanche-Neige, le prince charmant, le chasseur, la reine mère, mon assistante, mon attachée de presse, l'éclairagiste, les techniciens, etc. Et je fais surgir maman en pleine répétition – c'est ma façon à moi de lui rendre hommage, de me rappeler son alzheimer, par le rire plutôt que par les larmes, elle que j'ai tant pleurée :

« Y a quelqu'un qui vient d'entrer dans la salle, c'est pas possible, je ne veux pas être dérangée pendant les répétitions, Thierry, arrête tout, stop, stop, qui monte sur le plateau, là ?…

« C'est bon, bougez pas, c'est ma mère ! Il manquait plus que ça… Ben maman qu'est-ce que tu fais là ? En robe de chambre avec tes escarpins, ton sac à main… Hein, quoi ? Tu voulais me voir ? Ben t'as bien fait de venir, bien sûr, mais tu t'es trompée de… Bon, ça ne fait rien, tout va bien, alors attends… Heu, les sept nains, vous faites le ménage sans moi, j'ai un petit truc à régler… Marinette ? Ah, super, Marinette !… Maman est passée nous voir, hein, et puis on peut dire merci qu'elle se soit souvenue du nom du théâtre, coup de bol, hein… Pourquoi vous regardez maman comme ça, Marinette ? Eh ben oui, c'est vrai, d'habitude maman est en tailleur, et aujourd'hui maman est en robe… de chambre ! On s'en fout, voilà, coincoin Marinette ! (Avec un geste de la main pour la faire taire.)

« Qu'est-ce que tu dis, maman ? Papa ? Ah ben papa, il est… il est au restaurant, voilà. Coincoin Marinette !… Énorme coincoin ! Écoute, je sais très bien que mon père est mort y a sept ans. Avec sa maladie, ma mère, elle l'a oublié, il est au restaurant, voilà, franchement ça dérange personne…

« Comment maman ? Qu'est-ce qu'il mange, papa ? Alors là, c'est encore autre chose, alors qu'est-ce qu'il… Je le sais moi ? Ah bon ! Ah oui, je suis bête, et en plus je l'ai eu au téléphone… y a quoi ? Y a une heure… Alors attends, qu'est-ce qu'il m'a dit qu'il mangeait ? Ah voilà, il l'a pas dit à moi, je l'ai passé à Marinette, c'est Marinette qui le sait, paf ! Marinette ? Surtout vous ne me lâchez pas, parce que là je me sens un p'tit peu seule au monde, OK ? On vous écoute Marinette. Alors, en entrée, des ?… sardines !

Hum… Du poulet ? Ah oui ! Hum, miam miam, hou là là, il se régale notre papa ! Et en dessert, tu penses qu'il a pris ? Quoi maman ? Des chaussettes ! Ah oui ? Avec une boule de vanille, alors, parce que sinon c'est un peu rêche, non ?

« Bon, alors, ce qu'on va faire, maman, c'est que je vais appeler Marie-Claude, hein. Marie-Claude, ma sœur, ta fille quoi… OK ? Et elle va venir te chercher pour te ramener à la maison, et en attendant tu restes là, bien sûr, je te garde, et comment ! Maude, Maude, vous voulez bien aller aux costumes avec maman ? Et surtout vous ne la lâchez pas.

« Allez, on s'y recolle les enfants… Eh bien oui, Marinette, c'est comme ça ! Aujourd'hui mon père est vivant, qu'est-ce que vous voulez que je vous dise… Pour elle, parfois ça connecte, parfois ça connecte pas. Non non, ne vous inquiétez pas pour moi, j'ai bien pris le coup, je fais à la demande : un matin je l'enterre, le soir je le ressuscite. »

Etc., etc.

Ce spectacle, on avait commencé à l'écrire avec Pierre durant l'hiver 2002, dans un hôtel en Provence, juste avant mon année sabbatique auprès de maman. On cherchait un prétexte qui me permettrait de me glisser dans la peau de Liza Minnelli, que j'aime depuis l'enfance, qui me touche tellement, et dans laquelle j'ose me reconnaître. Dans une vie parfaite, et s'il y avait eu un bon Dieu quelque part, un vrai bon Dieu, je veux dire, attentif et bienveillant, j'aurais été Liza Minnelli bien sûr ! J'adore chanter, j'adore danser, je suis une fille de revue, une fille de music-hall. Alors, juste pour arriver à caser trois pas de danse et un grand escalier, Pierre et moi partons sur l'idée d'une comédie musicale.

Et pourquoi pas *Blanche-Neige ?* Et si cette fille était metteuse en scène ? Et si le spectacle, c'était la répétition ? Avec toutes les fêlures des uns et des autres à gérer, à commencer par les miennes, Lisa Kastaire (Lisa pour Minnelli, Kastaire en hommage à Gene Kelly et Fred Astaire), quittée la veille de la répétition par sa fiancée, vaguement éprise du prince charmant avec lequel elle a couché un soir mais qui ne s'en rappelle plus, lui, Lisa Kastaire, tétanisée par l'alzheimer de sa mère – « L'alzheimer, une fois qu'on a fini d'en pleurer, c'est une mine d'or de drôlerie », avais-je dit à Pierre. Le prince charmant roule des pelles à Blanche-Neige pendant la répétition et n'écoute rien ; Blanche-Neige s'enfile des bananes à tout-va parce qu'elle n'en peut plus des pommes ; la reine mère se fait refaire les seins ; le chasseur est dramatiquement efféminé, incapable de tenir un fusil ; Grincheux est hilare du matin au soir, c'est exaspérant – « Grincheux, fais un effort s'il te plaît, essaie de grincher... Allez les enfants, on reprend ! On reprend ! »

Pierre n'est plus libre après la mort de maman, et j'écris toute seule la fin du spectacle. *Au Secours !* raconte une histoire, ce ne sont plus des sketchs, et du coup je ne sors pas de scène une seule seconde pendant les deux heures. C'est une performance, un défi, et je songe à Michel Serrault continuant de jouer tous les soirs dans *La Cage aux folles* alors qu'il vient de perdre sa fille. Cette gaieté, ce truc dont on recouvre sa vie privée parce qu'il faut y aller, c'est une des choses qui me bouleversent le plus chez les comédiens.

Je reviens seule sur scène après avoir fait mes adieux au one-man-show cinq ans plus tôt, mais le public ne m'en veut pas, il est au rendez-vous, les critiques également, et durant toute l'année 2004 je parcours la France avec mon bien nommé *Au Secours !* Certains soirs je pleure avant de me retourner vers la salle et j'entends mon chauffeur et ami, Pascal, me souffler depuis les coulisses : « Courage, madame, vous êtes la plus grande, vous êtes la plus forte ! » Merci Pascal.

Quand je regarde en arrière, ce qui me frappe, aujourd'hui, c'est à quelle allure la vie me sollicite juste après la mort de ma mère, et aussi combien je regarde les choses différemment, avec moins de culpabilité et sans doute plus d'appétit, plus de désir. Pas étonnant que le bonheur soit au bout de la route, incarné par la première femme auprès de laquelle je vais me sentir à ma place, ni Zorro ni coupable, simplement aimée pour celle que je suis, et capable d'aimer simplement en retour. Elle s'appelle Anne, elle va bientôt entrer dans ma vie.

Alors que je me réinstalle à Paris, abasourdie de chagrin, Coline Serreau me propose un rôle de circonstance dans la comédie qu'elle s'apprête à tourner, *Saint-Jacques... La Mecque :* au lendemain de la mort de leur mère (ça ne s'invente pas !), Clara, Pierre et Claude, qui se haïssent cordialement depuis toujours, sont tenus de faire ensemble le pèlerinage de Saint-Jacques-de-Compostelle, sans jamais se séparer, s'ils veulent toucher l'héritage. L'histoire m'amuse, mais je suis surtout folle de joie de tourner avec Coline. Pour moi, c'est une reconnaissance : j'aime et j'admire cette femme, douée, sensible, curieuse de tout, à la fois cinéaste et musicienne (elle m'appellera son « stradivarius » durant le tournage, et c'est sûrement le plus beau compliment qu'on m'ait jamais fait). J'accepte immédiatement, et j'incarne donc Clara, aux côtés de Jean-Pierre Darroussin (Claude) et d'Artus de Penguern (Pierre).

Cette même année 2004, tout en finissant d'écrire *Au Secours !*, je m'envole pour Kaboul avec Marine Jacquemin. Nous venons voir où en est la construction de l'hôpital. Ce voyage, c'est un des grands chocs de ma vie. Nous débarquons dans une ville en ruines, il fait – 20 °C et les enfants, les familles que nous croisons sont habillés de guenilles et marchent pieds nus dans des claquettes. Je me rappelle que tout au long de la traversée de Kaboul, je passe mon temps à me répéter silencieusement : « Qu'est-ce qu'on a bien fait de faire un hôpital ici ! Qu'est-ce qu'on a bien fait ! » Et j'embrasse Marine – « Merci Marine ! » Je ne sais pas si elle comprend, si elle devine combien je lui suis reconnaissante. L'hôpital est très avancé, on nous loge dans le bâtiment en forme de U qui servira à l'hébergement du personnel médical. Et puis nous allons bavarder avec les centaines d'ouvriers du chantier, et bien qu'ils soient afghans pour la plupart, je parviens à les faire rire. C'est un moment très joyeux, assez émouvant aussi, car on leur a expliqué avant notre arrivée que Marine et moi étions à l'origine de cet immense chantier, que nous nous battions depuis quatre ans pour trouver les moyens de le financer, et tous veulent nous remercier.

Nous parcourons la ville à pied, le sol de terre est gelé, des enfants à l'abandon errent dans les ruines. Un jour, en allant rejoindre le périmètre de l'armée française, nous tombons sur les restes d'un meuble genre Ikea avec un oreiller fait de chiffons à l'intérieur. Un enfant y loge. Comme il s'approche de nous pour nous expliquer que c'est sa maison, nous engageons un semblant de conversation où toutes les langues se mélangent un peu. Quand on lui demande ce qu'il voudrait, ce qui lui ferait plaisir, il ne demande pas des cigarettes ou des bonbons, mais un stylo parce qu'il voudrait apprendre à écrire.

L'armée nous embarque dans ses tanks, Marine dans l'un, Éric Cheysson, notre ami médecin, dans un autre, et moi dans un troisième. Nous rions, on ne va pas pleurer en plus, c'est suffisamment dur comme ça… Nous faisons la tournée de villages isolés. Dans l'un d'entre eux, on nous prie d'entrer pour prendre le thé. Tous ces hommes afghans magnifiques sont religieusement recueillis dans une grande pièce car on enterre une petite fille, tuée la veille. Nous nous déchaussons et prenons place avec eux, assis en tailleur. Il fait un froid de gueux, mais si eux le supportent… Et soudain, je baisse les yeux et mon regard tombe sur les pieds d'Éric Cheysson : il les a fourrés dans ses gants en forme de

Mickey et comme il bouge les orteils pour les empêcher de geler, on dirait que les deux petits personnages font la conversation. J'explose de rire, il n'y a pas d'autres mots, j'explose. C'est bien pire encore qu'un fou rire sur scène car, ici, c'est interdit, impossible, et j'enfouis mon visage dans mes mains de telle sorte qu'on puisse penser qu'en fait de rire, je pleure.

Plus tard, je songerai que cette histoire invraisemblable est à l'image de toute ma vie – rire pour ne pas pleurer, faire toujours pencher la balance du côté du sketch, de la comédie, pour ne pas nous laisser rattraper par le désespoir qui est là, partout, cherchant à nous dévorer.

Je suis sur scène, une année plus tard, au moment où l'hôpital est inauguré. Je ne sais pas précisément qui a décidé de la date de l'inauguration, mais je sais qu'on a pris soin de s'assurer auprès de chacun qu'il pourrait être présent… sauf auprès de moi ! On a appelé tous les grands donateurs, on a appelé Bernadette Chirac, on a appelé l'ambassade de France, on a appelé les télévisions et les journaux, mais moi, on ne m'a rien demandé, et quand je comprends que je ne pourrai pas être à Kaboul pour le baptême de cet hôpital que je porte avec Marine Jacquemin depuis cinq ans, je réagis d'abord à ma façon : bon, quelle importance ? La vie est mal faite, mais l'essentiel est que l'hôpital existe. Que pèse ma petite personne face à l'immensité de l'entreprise ? Rien, il faut bien en convenir.

Puis, tout de même, la blessure est là. La douleur. Entêtante. Je l'ai voulu, cet hôpital, c'est moi qui l'ai décidé, je me souviens parfaitement de ce jour où j'ai dit : « On le fait ! » De nos premiers appels aux dons, des dizaines de réunions au cours desquelles Marine et moi nous sommes battues contre l'enlisement, l'épuisement, le découragement… Je me souviens de tout et je sais une chose : si je n'avais pas été là, l'hôpital n'y serait pas non plus. On me refuse cela, la simple reconnaissance de mon rôle. Je m'en veux d'en souffrir, mais en même temps chacun sait combien il est difficile de s'affranchir du sentiment d'injustice. Il s'ancre en nous comme une maladie, on voudrait l'ignorer, le regarder de haut, en rire si possible, mais il nous ronge inlassablement. « Tiens, me dis-je un matin, en colère contre moi-même, il faudra qu'un jour je pense à pleurer ce truc. Je suis certaine qu'ensuite ça ira mieux. »

Mais je reviens à mon voyage sur place en 2004, un an avant l'inauguration. Je suis à la fois sous le choc du dénuement extrême de tous les gens que nous avons rencontrés, et heureuse d'assister à la naissance de cet hôpital que nous sommes parvenus à leur offrir. J'ai envie de m'accorder quelques jours de vacances avant de regagner Paris, et je fais une chose qui peut paraître déplacée, sortant de cet enfer : je me prends un billet d'avion pour l'île Maurice. J'en réserve un autre pour Nydia, et je lui donne rendez-vous à Port-Louis, la capitale.

Nos premières vacances depuis… depuis… je ne sais pas, il me semble que nous n'avons jamais su nous arrêter, nous accorder ce plaisir de dormir, de rêver, de ne plus penser à rien. C'était interdit, réservé aux cons, à ceux qui n'avaient rien de mieux à faire, et maintenant que maman n'est plus là, nous osons, mais prudemment, pas plus de huit jours, et encore, en prenant une chambre d'hôtel pour deux, comme si maman nous surveillait de là-haut – j'ai beau gagner largement de quoi vivre, quand il s'agit de moi ; je compte quand il s'agit de moi c'est toujours bien assez beau (tandis que pour les autres, pour choisir un cadeau, par exemple, ça ne l'est jamais assez – on ne se refait pas).

Oui, comme si maman nous surveillait, et c'est peut-être le cas puisqu'il m'arrive une chose extravagante durant ce séjour : je me mets à écrire des chansons. Ou plutôt, elles me tombent du ciel, je n'ai qu'à écouter ma petite voix intérieure, puis à les retranscrire. Et la première qui me vient est une sorte d'ode à ma mère :

« Je revois tes jolis yeux verts
« Et pas besoin de réverbères
« Pour raconter le soir
« Et ton enfance bien noire… »
Etc.

On se baigne avec Nydia, et je lui dis soudain :

« Continue sans moi, je reviens, je vais me mettre un moment sur l'ordinateur. »

Une nouvelle chanson, puis une autre.

En quatre jours, j'en écris douze.

— Nydia, tu veux bien me dire ce que tu en penses ?

Elle interrompt sa lecture pour m'écouter.

— Bien. Très bien. Mais d'où tu sors tout ça ? Je ne comprends pas.

— Moi non plus, c'est la première fois.

Au retour, dans l'avion, je pense à Johnny Hallyday, peut-être parce qu'une chanson de lui revient en boucle sur la bande enregistrée de l'Airbus. Je m'endors, et à l'arrivée à Paris les mots me viennent sans effort. Je me rappelle avec quelle hâte, débarquant dans mon appartement, je me mets à écrire avant même d'ouvrir mes valises.

Voilà, j'ai la chanson. Je la baptise « Elle s'en moque » et, par jeu, j'appelle le producteur de Johnny parce que je n'ose pas déranger Johnny lui-même :

— Appelle-le, Muriel. Il est justement en train de choisir les dernières chansons pour son prochain album, il sera content de t'entendre.

Je me dis que c'est un signe, et j'appelle Johnny.

— Johnny, je te mets à l'aise, je n'ai jamais écrit aucune chanson de ma vie, il vient de m'en tomber une, comme ça, je l'ai écrite en une heure. Ça ne m'a demandé aucun travail, tu comprends ? Alors si elle ne te plaît pas, zéro problème, tu la fiches à la corbeille, et je ne me sentirai pas vexée.

— D'accord Mumu. Et comment vas-tu, sinon ?

La voix de Johnny, les fêlures que je devine entre les mots et qui me bouleversent chaque fois parce que nous avons cela en commun.

— D'accord Mumu, je lis ta chanson et je te rappelle.

Quelques semaines plus tard, il me rappelle en effet.

— Muriel, c'est Johnny. Je suis à Londres avec mes musiciens. Juste pour te dire qu'on est en train de faire les arrangements sur ta chanson.

Il l'a donc aimée, il va la chanter, je n'en reviens pas.

Quelques semaines plus tard, nous nous croisons à un pince-fesses quelconque à la mairie de Paris. Et sur le trottoir, au moment de se quitter :

— Tu viens une seconde avec nous, Mumu ? J'ai un truc à te montrer.

Il me fait monter à l'arrière de sa Bentley, à côté de Laeticia. Lui s'installe au volant.

— Tiens, écoute !

Et j'entends ma chanson : « Elle s'en moque ».

La voix bouleversante de Johnny sur mes mots.

Je devrais être en train de vendre des chaussures, c'est cette image qui me traverse, mais la vie en a décidé autrement : je suis assise dans la voiture de Johnny, et l'écoutant chanter une chanson écrite par moi, et à cet instant c'est comme s'il ne chantait plus que pour moi, la petite fille de Saint-Étienne, alors j'espère qu'il ne me voit pas, mais je pleure.

Merci Johnny.

« Quarante ans ont passé,
Et je n'ai jamais triché.
J'ai tout fait, tout défait,
Je n'ai rien à regretter.

On dit que j'ai tout eu,
Tout connu, tout vécu.

J'ai tout pour être heureux,
Pas le droit d'être malheureux.
De mes jeunes années,
Je n'ai rien oublié.
Je vous les ai données,
J'ai pas vu le temps passer.
Des amis sont partis,
Ils ont quitté ma vie.
Bien sûr je les ai pleurés,
Mais je devais me cacher.

J'ai l'air d'un roc quand ça m'arrange,
Le rock'n'roll ça donne le change.

Quand je l'ai rencontrée,
C'est elle qui m'a sauvé.
J'avais bien mérité
Un bout de ciel étoilé.
Elles sont là aujourd'hui,
Et ma fille me sourit.
Je veux leur dire merci
De me donner l'envie.

J'ai l'air d'un roc quand ça m'arrange,
Le rock'n'roll ça donne le change.

Quarante ans ont passé,
Une vie à chanter.
Un jour elle saura,
Les gens diront qu'elle a
Un père chanteur de rock.
Mais de ça elle s'en moque.
Quand elle est dans mes bras,
Il n'y a plus qu'elle et moi.

J'ai l'air d'un roc quand ça m'arrange,
Le rock'n'roll ça donne le change.

Elle, elle s'en moque, et ça m'arrange,
Le rock'n'roll ça donne le change.

J'ai l'air d'un roc quand ça m'arrange,
Le rock'n'roll ça donne le change. »

Chapitre 24

2006 : l'année où je rencontre Anne. La plus belle année de ma vie, et j'allais écrire : la *première* année de ma vie, commettant un lapsus qui me laisse un instant perplexe, mais amusée, rêveuse. Tiens, tiens, la *première* année de ma vie, à cinquante ans, voyez-vous ça, comme si les autres avant ne comptaient pas pour de la vraie vie, comme si je n'avais fait jusqu'à présent que me débattre contre moi-même pour ne pas sombrer. Mais si je prends la peine de me retourner, c'est un peu ça, oui – un demi-siècle à me débattre, à me cogner partout, à souffrir, et soudain le monde qui s'offre à moi différemment, sous d'autres couleurs. Le monde qui s'ouvre, qui ne semble plus vouloir me résister, m'écorcher. Les choses auraient-elles petit à petit cessé de m'agresser ? Y aurait-il de la réconciliation dans l'air ?

Le chemin a été long et chaotique, j'ai fréquenté beaucoup de psychanalystes, des bons et des moins bons, beaucoup de psychiatres également, puis j'ai rencontré Françoise, médecin.

Elle a créé une clinique en Allemagne, dans laquelle je l'ai gagné, pas à pas, mon désir de vivre. Il est encore fragile, sans doute, mais j'ai appris à m'aimer un peu mieux, à me respecter.

Juste avant qu'Anne ne croise mon chemin, il y a la Corse où j'éprouve le désir de prendre racine. Cela aussi, c'est un signe qui ne trompe pas : jusqu'ici, je ne parvenais pas à me poser quelque part, et voilà que la Corse me semble correspondre exactement à mon aspiration nouvelle au bonheur. Je connais bien l'île puisque j'y viens tous les étés depuis 1992, la plupart du temps chez ma Tony Krantz qui a une maison à Cargèse. Moi, je ne possède rien en Corse, à part un bateau à moteur, un gros machin gonflable à fond plat, de neuf mètres de long tout de même, qui me permet de me balader. Généralement, les gens achètent un bateau pour le mettre devant leur maison ; moi, le hasard fait que je trouve une maison à mettre derrière mon bateau.

L'homme qui va m'accompagner dans l'achat de cette maison s'appelle Michel Yenco. Avec Tony, nous avons partagé des jours merveilleux sur le bateau de Michel, un de ces élégants Fiart italiens, et Michel est devenu au fil du temps un véritable ami.

Un jour, lui et moi descendons ensemble en Bourgogne pour une célébration autour du vin. Le soir, dans ma chambre d'hôtel, je feuillette distraitement un magazine et je tombe en arrêt, à la dernière page réservée aux annonces immobilières, sur une maison à vendre en Corse. Il n'y en a qu'une, elle est jaune poussin, et elle me plaît au premier coup d'œil.

Alors, le lendemain :

— Tiens, regarde, Michel, pas mal la maison, non ?

— Le journal a plus de deux mois, elle doit être vendue…

— Tu sais quoi ? Je vais tout de même appeler !

On m'explique qu'elle est pratiquement vendue à des Italiens, mais que le propriétaire, qui a un lien quasi charnel à sa maison, n'est pas enchanté de la vendre à ces gens-là.

— Ce qui veut dire que j'ai une petite chance ?

— Je ne peux rien vous promettre, mais si vous êtes dans le coin, passez la visiter.

Michel accepte d'y aller dès son retour en Corse.

— Tu la visites, et tu lui mets une note de 1 à 10. Je verrai en fonction de ça. Tu veux bien ?

— D'accord.

La semaine suivante, Michel me rappelle : 10/10 pour la maison jaune poussin ! Du coup, je saute dans un avion et, le soir même, la maison est à moi. Il m'arrive de réfléchir quarante-huit heures avant d'acheter un tee-shirt à trente-deux euros (est-ce qu'il n'est pas trop beau pour moi ? En ai-je vraiment besoin ?), tandis que pour une maison, une demi-heure me suffit.

J'avais remisé quelque part le mobilier de ma ferme de Fleury-en-Bière, armoires, lits, tapis, vieux canapés… Je fais tout apporter en Corse. Je me rappelle ce 13 avril 2006 où je débarque avec mon Annie et deux amis dans ma nouvelle maison – Annie que j'ai retrouvée, par bonheur, après quelques années de silence. Mon Annie !

La maison est vide, nous attendons le camion. Il arrive en milieu de matinée, et nous passons la journée à emménager. Le lendemain, jour de l'anniversaire d'Annie, nous déjeunons tous les quatre sur la terrasse, comme si nous habitions là depuis toujours.

— On n'est pas mal, là. Hein, Annie, qui ça dérange ?

— Je me demande si nous n'avons pas découvert le paradis sur terre.

Je me fais mon petit film : pêche et promenade en mer par beau temps, légumes du potager à tous les repas, randonnées dans les montagnes pour garder la forme.

— Pourquoi je retournerais à Paris ? Rien à faire de Paris... Tu ne sais pas ? Je crois que je vais vivre ici toute l'année.

Je ne plaisante pas, il me semble que je n'ai jamais été dans une telle sérénité. Je ne veux plus personne dans ma vie, ni homme ni femme, personne, la paix ! Et quand je dis ni homme ni femme, je pense surtout ni femme : c'est trop fatigant, je n'ai plus l'énergie pour les femmes. Pour les hommes, il faudra voir, c'était tout de même délicieux d'être dans les bras de François... Enfin bon, ni homme ni femme, seulement mes amis, mes précieux amis, qui ne sont pas si nombreux si on regarde bien : Annie, bien sûr, Line Renaud, Olivier Claverie, Tony Krantz, Roger Louret, Tony... Et les miens, ma famille, mes sœurs que j'aime et leurs enfants, Charles et Olivia.

Ah, et un chien ! Je veux un chien pour mes longues promenades en montagne. Guy Bedos et Joe, qui habitent un peu plus bas, m'ont parlé d'un chenil à cinq minutes de chez moi. Il paraît que la fille qui tient cet endroit a besoin d'être soutenue, en plus. Je vais la voir, elle me fait visiter son installation : je me balade entre les boxes et je tombe sur Athos, les quatre pattes dans une cuvette d'eau fraîche parce qu'il fait très chaud ce jour-là. C'est lui ! On se reconnaît dans la seconde. D'ailleurs, le soir, Annie et moi nous faisons la réflexion que cet Athos endormi sur le canapé est exactement comme nous, on dirait qu'il a toujours vécu dans cette maison.

Je suis de retour à Paris pour quelques jours, invitée à dîner ce soir-là chez Jean Reno avec lequel je suis restée liée depuis *Les Visiteurs II*. Mais avant, j'ai rendez-vous avec des amis pour prendre un verre. Je m'apprête à les quitter pour rejoindre Jean quand j'entends dire qu'une fille qui ressemble à Romy Schneider va passer. N'importe quel autre nom, j'aurais passé mon chemin. Mais pour Romy Schneider, je reste ! Romy dans *Les Choses de la vie*, Romy dans *La Piscine* avec les si jolis mots de Jean-Loup Dabadie, aujourd'hui mon ami. C'est comme pour Delon : ma passion d'adolescente pour ces deux êtres, ma passion ardente, intacte.

J'attends patiemment, et dix minutes plus tard je vois surgir une grande fille au regard bleu marine, aux cheveux courts, silhouette androgyne, gilet de mec, sourire à tomber. C'est elle, c'est Anne. Dans la seconde, je sais que je l'ai déjà croisée, et il nous faudra quelques jours, en confrontant nos souvenirs, pour établir où, et dans quelles circonstances : c'était en 1996, au Casino de Paris où je jouais *Tout Robin*. Il y avait eu un pot après la générale, elle y était, nous avions échangé un regard, je n'avais pas éprouvé un coup de foudre, non, simplement je m'étais dit : « Tiens, voilà exactement le physique que j'aurais aimé avoir. Si un jour on me demande mon avis, au ciel ou Dieu sait où, je dirai : "Je veux être cette fille-là !" Bon, il faudra que je m'en souvienne, on ne sait jamais. »

La revoyant, je crois que je me répète ce que je me suis dit dix ans plus tôt : « J'aimerais être cette fille, elle a la beauté de Romy Schneider, en effet, et le charisme mystérieux et troublant de Delon. » Puis d'autres amies nous rejoignent, c'est débridé et joyeux, et finalement je les accompagne toutes chez Anne. Je la regarde beaucoup, Anne, sans doute est-ce que je suis touchée par elle, mais tout cela est simple, comme une évidence, et je reste sereine. J'ai un peu le sentiment de la connaître depuis toujours, et je me sens étonamment bien en sa présence. De toute façon, il ne peut être question d'amour, car je n'en veux plus, je me suis détournée de l'amour. Jean Reno et Zofia, son épouse, doivent se souvenir que je l'appelle pour lui dire que je serai en retard, puis qu'on sera peut-être deux, puis six, puis que finalement je ne vais pas venir. On ne peut faire une chose pareille qu'à de véritables amis.

Nous dansons la moitié de la nuit, Quelque chose se noue entre Anne et moi. Quoi ? Je ne le saurai que plus tard. Mais j'aime cette fille qui me trouble.

Les choses en seraient-elles restées là si un téléphone n'avait pas été oublié chez elle ? Je m'arrange pour avoir ses coordonnées, heureuse à l'idée de l'entendre et qu'on se parle. Puis nous échangeons quelques textos. Je m'amuse. Anne me fait rire, je suis très satisfaite de ne pas sentir, à ce moment-là, mon cœur s'emballer trop vite. Mais je dois avouer que je sens en moi, pour la première fois, quelque chose de différent, de large, de serein, qui me remplit entièrement. Nous ne le savons pas, mais notre histoire a déjà commencé.

Quand Frédéric Lopez, avec lequel j'ai tourné un épisode de *Rendez-vous en terre inconnue*, pour France 2, m'invite à la projection, prévue le 4 juillet 2006, je fais inviter quelques amis, dont Anne.

Après, nous dînons tous ensemble, et comme Anne et moi sommes assises côte à côte, une complicité évidente se crée et fait que nous rions beaucoup. On se moque de nous : pour toute la soirée, nous sommes le couple Milla Jovovich-Sharon Stone (Anne a la beauté étincelante de la belle Ukrainienne dont elle pourrait être la sœur ; quant à moi, certains ont eu la gentillesse d'écrire que j'avais un air de famille avec la belle Américaine).

Ce soir-là, Anne me raccompagne jusque chez moi.

Avant de nous séparer, nous avons sur le trottoir un échange qui tranche avec la gaieté de la soirée :

— Je sais que nous pourrions avoir une histoire, toi et moi, dis-je, mais je ne veux pas, je veux être tranquille, j'ai trop peur.

Alors, Anne :

— Tu ne peux pas avoir plus peur que moi.

C'est l'été, je m'envole pour la Corse avec mon Annie. Je retrouve ma maison, mes arbres, mon bateau… Anne et moi continuons de bavarder par textos, et je ne sais toujours pas que finalement je suis amoureuse.

Enfin, je ne sais pas. Est-ce que je ne suis pas en train de… Par moments, je pense si fort à elle que je dois aller marcher dans la garrigue avec Athos.

Et, finalement, je me décide à lui faire part de mon trouble dans un drôle de texto : « Anne, je ne sais pas si tu vas être ma meilleure amie, une copine, un copain, une maîtresse, mais je sais que j'aime de plus en plus tout ce qui émane de toi. Ça ne te dirait pas de venir passer quelques jours en Corse, qu'on y voie un peu plus clair ? »

Elle accepte de me rejoindre, elle aussi a besoin d'y voir plus clair.

À partir du moment où je connais sa date d'arrivée, je me mets à l'attendre. Et moi qui ne voulais plus que mon cœur s'emballe, je suis servie, le voilà sortant de ma poitrine. Anne m'avouera plus tard qu'elle a vécu exactement la même chose.

Puis elle est là, et il faudrait être aveugle pour ne pas voir.

Nous n'avons pas les mots, de sorte que nous restons un moment à nous dévisager. Elle, avec ce regard, l'intensité de ce regard ; moi, avec le sentiment que nos vies vont basculer, en dépit de nos peurs, en dépit de tout, et que nous n'y pouvons plus rien.

Je crois que c'est le lendemain, pendant le petit déjeuner sur la terrasse, que nous découvrons notre passion commune pour le Meccano.

— Ma première boîte, je l'ai eue pour le Noël de mes huit ans.

— Moi pour celui de mes six ans.

— Tu savais monter la grue ?

— Évidemment ! Les vis et les écrous, et la petite poulie, tu te souviens ?

Sur les grues, nous sommes intarissables. Manivelle ou moteur électrique ? Anne a reçu le moteur pour ses dix ans, moi je n'ai jamais dépassé le stade de la manivelle, parce qu'ensuite j'ai un peu délaissé le Meccano pour les revolvers et les déguisements de shérif. Je suis devenue Josh Randall.

Et puis de là, nous sautons au bricolage. J'ai rapatrié tous mes outils de Fleury-en-Bière et je suis justement en train de me refaire un atelier.

— Ça t'intéresse de le voir ?

— Et comment !

Le regard d'Anne sur mes outils, scrupuleux, expert. J'aime l'attention qu'elle porte aux objets comme aux mots, ce sérieux qui l'habite soudain, alors qu'un instant plus tôt nous étions en train de rire. Anne est la seule fille que je connaisse à posséder une boîte à outils comme la mienne, du même niveau, je veux dire, suffisamment complète pour mettre en pièces une centrale électrique et la remonter ailleurs. Je le découvrirai un peu plus tard, de retour à Paris, et je songerai alors : combien existe-t-il de filles à travers le monde susceptibles de comparer leurs boîtes à outils ?

Dans l'immédiat, Anne s'attelle à un chantier qui ne semble pas l'effrayer : l'installation de l'arrosage automatique dans le jardin. Le type qui devait le faire ne me donne plus de nouvelles, et c'est le genre de détails qui m'agace.

— Pourquoi tu t'énerves avec ça ? On va le faire nous-mêmes.

— Tu saurais installer ce truc ? Tu sais qu'il faut faire passer les tuyaux sous terre…

— Je sais, ne te fais pas de souci.

Aujourd'hui encore, je revois Anne labourant la terre, tapant dans la caillasse, remplissant et vidant des dizaines de brouettes. Puis, tandis que je suis dans la cuisine, occupée à préparer le repas, Anne traversant et retraversant ce chantier avec des sacs de cinquante kilos de terre sur l'épaule et des rangers aux pieds.

S'il fallait une preuve qu'elle n'attend pas que je vole à son secours, que je la sauve et la protège, qu'elle ne sera jamais Christiane, Brigitte ou Nathalie, eh bien, la voilà : par sa personnalité, par son charisme aussi, Anne réveille mon côté féminin, à l'inverse des femmes que j'ai connues avant elle, à commencer par ma mère, bien sûr, qui toutes avaient stimulé ma part masculine.

Même si les choses ne seront jamais figées entre nous, même si nous prendrons plaisir à jouer alternativement sur nos deux cordes sensibles, la féminine et la masculine, selon notre état d'esprit du moment (quel bonheur d'avoir ce choix !), je devine d'emblée que ma relation avec Anne est d'une tout autre nature que mes précédentes histoires avec des femmes. Je devine que nous sommes en train d'inventer un couple où chacune va pouvoir exister dans son ambivalence, dans sa complexité, sans que l'une s'épuise et se perde pour le bien de l'autre, comme cela existe dans tant de couples, qu'ils soient hétéros ou homosexuels.

Anne a conscience également que ce qui nous porte l'une vers l'autre est précieux, unique, et c'est pourquoi elle en parle très vite à ses parents. Elle veut que nous nous connaissions mais ne me cache pas que ses parents ont le trac.

— Et moi donc !

— Toi, tu oublies que tu es Muriel Robin, mais essaie de te mettre à leur place : je leur annonce que j'ai une grande histoire, peut-être même l'histoire de ma vie, avec Muriel Robin !

— Avant d'être Robin, je suis Muriel, et là je me sens toute petite, figure-toi. Qu'est-ce qu'on va se dire ? De quoi on va parler ?

— Mes parents sont formidables. Je suis certaine qu'ils vont t'aimer, Muriel, certaine que tu vas les aimer en retour. Le tout, c'est que vous parveniez des deux côtés à dépasser votre timidité.

Chantal et Michel Le Nen, qui font le voyage tout exprès depuis Bénodet pour me rencontrer, me touchent immédiatement par leur bienveillance, leur sensibilité et leur chaleur. Nous dînons sur la terrasse de l'appartement d'Anne et, comme elle l'avait prévu, la conversation est facile, délicate, pleine d'attentions. Mais ma dévalorisation me rattrape et j'ai besoin de quitter la table car j'ai une boule dans la gorge : Chantal ne m'aime pas, c'est sûr. Anne me rejoint. Je lui fais part de ma détresse et elle me confie que sa mère venait justement de lui dire, me concernant : « Je te comprends. » Anne a trente-six ans, elle a longtemps occupé des fonctions importantes dans une société de production et, au moment où nous nous rencontrons, Dominique Besnehard, producteur et comédien, la pousse à prendre des cours de théâtre. J'ai quinze ans de plus qu'elle et, c'est un fait, je suis Muriel Robin : on croise ma tête dans les journaux, j'apparais à la télévision, on me reconnaît dans la rue. Peut-être cette célébrité les a-t-elle un peu effrayés avant de me connaître, mais maintenant ils semblent tout à fait rassérénés.

Nous sommes très amoureuses l'une et l'autre et, pour la première fois de ma vie, je propose à une femme qu'on essaie de vivre ensemble. Même si ça nous fait peur, toutes les deux nous voulons essayer. Avec Anne, j'ai soudain des envies : de voyages, de partages, de vivre tout simplement, comme si je voulais rattraper toutes ces années difficiles. Je sens que notre histoire d'amour est importante et je suis décidée à en profiter.

J'écrivais qu'Anne éveille ma féminité, et je vais bientôt découvrir chez elle cette capacité à décider pour moi, cette capacité à me saisir par la main, certains jours, et à me conduire.

— Viens, ce soir je t'emmène au restaurant.

— Tu crois ?

— J'ai réservé, tout est organisé, on va se faire plaisir.

Anne m'aime, elle me veut du bien, elle est le soleil qui entre enfin dans ma vie, et je me décide petit à petit à marcher dans sa lumière. J'aime l'autorité dont elle peut user soudain pour me sortir de l'intranquillité et du chagrin qui m'accompagnent depuis l'enfance. J'aime qu'elle ose décider pour moi, qu'elle ose me prendre par la main et, ce faisant, entreprendre de me sauver de moi-même. C'est elle qui me fait arrêter cette sorte d'alcoolisme mondain qui faisait que je ne me mettais plus au lit sans avoir bu deux ou trois verres. Je ne l'en remercierai jamais assez. C'est grâce à elle, et c'est pour elle, que je remonterai seule sur les planches en 2013 avec *Robin revient (tsoin tsoin)*, pour lui prouver que je suis bien vivante, combative, et pour qu'elle me voie sur scène. C'est grâce à elle, à son goût pour la beauté, que j'ai découvert combien j'aime les choses simples : les saisons, la terre, les arbres, la lumière, manger sainement, prendre soin de nous-mêmes comme de notre environnement. Anne est mon âme sœur, celle qui m'a permis d'accéder à la sérénité, à cette tranquillité que j'enviais tant chez les autres et qui m'était étrangère.

Par elle, la vie m'est devenue moins douloureuse. Elle a réveillé en moi une part inexprimée jusqu'à présent, plus poétique, plus méditative, plus attentive à ce qui me traverse. Cette part qui aurait dû éclore si j'étais devenue la musicienne que je rêvais d'être à quinze ans, et que par la suite je me suis acharnée à faire taire, à enfouir au fond de moi.

Anne est brillante, douée pour tout, ai-je envie d'écrire. Elle est excellente comédienne, elle a écrit une pièce de théâtre qui va se monter, elle a deux scénarios dans ses tiroirs. Anne m'épate et j'ai besoin d'être épatée. Elle est informaticienne à ses heures et, pour couronner le tout, elle pratique le Krav-maga, cette méthode d'auto-défense qu'elle peut également enseigner.

Notre relation est si forte, aujourd'hui, si intense, que ma vieille obsession qu'avec un homme je pourrais être mieux s'est complètement effacée. J'en prends conscience à l'instant, me rappelant soudain tout le chemin qu'il m'a fallu parcourir pour en arriver là.

J'aime Anne, comme je n'ai jamais aimé personne, et j'ose à peine ajouter que je suis secrètement fière de nous quand je vois qu'on envie notre couple pour le bien que nous nous faisons mutuellement. J'ai ici une pensée pour notre amie Joy, Joy Fleury, qui a toujours su être présente dans les moments difficiles pour nous aider à nous comprendre mieux. Joy est aimante, sans aucun parti pris. J'aime sa si belle sensibilité et son intelligence de la vie qui nous fait grandir. J'adore qu'elle me contredise, qu'elle s'oppose à moi car, elle, je l'écoute toujours. Tout ce qu'elle dit m'intéresse car c'est toujours nourri, senti, argumenté et brillant. Toi aussi, Joy, tu m'épates. Merci, ma Joy. Tu es unique et si précieuse.

Mon soulagement, au détour d'une rechute – car nous ne guérissons jamais complètement de notre enfance, n'est-ce pas ? – d'entendre soudain Anne :

— Arrête, Muriel. Tu arrêtes, maintenant, tout va bien.

Et moi, brusquement ramenée sur Terre :

— Tu as raison. Mais tu as complètement raison. Qu'est-ce qui me prend de me mettre dans un état pareil pour cette bêtise ?

Anne est mon amour, ma famille, mon socle. Elle est tout simplement ma route, mon diamant noir. Merci ma Anne. Tellement.

Chapitre 25

Si Anne n'avait pas été là, cet après-midi de l'automne 2007, peut-être aurais-je tué Nydia. Et comme je n'aurais pas survécu à la mort de ma sœur, on aurait pu écrire que le drame familial qui avait chassé maman de Chalmazel soixante-dix ans plus tôt avait fini par nous détruire toutes, par tout anéantir autour de nous.

La mort de maman en 2003 nous laisse toutes les trois, Nydia, Martine et moi, dans une douleur inconsolable : jusqu'à la fin nous avons espéré qu'elle nous manifesterait son amour, qu'elle trouverait les mots, mais elle a quitté la vie emportée par la maladie, le cerveau dévasté, et nous n'avons pas eu ce que nous attendions. Elle nous laisse devant ces questions sans réponse, ce vide abyssal : pourquoi nous as-tu mises au monde, maman, si c'était pour nous aimer si mal ? Pour nous blesser sans cesse ? Je sais bien que tu as fait ce que tu as pu, mais tout de même, ça n'a pas été facile.

Il nous faudra près de dix années pour en finir avec la succession. Mais les objets sont une chose, les sentiments une autre. Pour ce qui est de l'héritage de ceux de maman à notre égard, on dirait que chacune tient à mettre en avant combien elle a souffert, comme s'il fallait établir une hiérarchie de la douleur entre nous trois. Le débat ne fait alors que commencer et, cette fois, nous n'avons pas notre brave notaire pour jouer les arbitres.

C'est Nydia qui le lance au mois d'août, ce débat, au cours d'un déjeuner en Corse, dans ma maison. Nous sommes plusieurs autour de la table, Nydia, des amis à elle, Tony Krantz, et moi, bien sûr.

Nydia enfonce un premier clou au milieu du repas :

— De toute façon, une chose est sûre, j'ai toujours été seule !

Je suis bien dans ma vie, à ce moment-là, et j'essaie de prendre sa réflexion avec calme :

— De mon point de vue, Nydia, tu n'as pas été seule, c'est faux.

Je ne veux pas en dire plus, je me dis qu'elle va comprendre d'elle-même et ne pas insister. J'ai encore en mémoire certains de ses coups de fil, une demi-heure avant d'entrer en scène, et le temps que je consacrais alors à la réconforter après que notre mère l'eut traitée de je-ne-sais-quoi. J'ai toujours été là pour mes sœurs, et donc pour Nydia, tandis que durant mes premières années à Paris j'ai pleuré toute seule pendant des jours et des jours sans que personne s'inquiète jamais de moi.

Mais Nydia ne comprend pas, non, et elle revient à la charge :

— Toi, tu étais à Paris, Muriel, tu ne peux pas te rendre compte, tu n'as pas vécu toutes ces années sous la coupe de maman.

Alors je pressens que je vais perdre mon calme et je décide de quitter la table plutôt que de nous donner en spectacle.

— Continuez sans moi, je vais me promener.

En fait de perdre mon calme, je me surprends à fondre en larmes une fois seule. Je repense à toutes ces heures passées à consoler tout le monde, à essayer de faire entendre à maman qu'elle ne peut pas traiter ses filles de cette façon, à rappeler mes sœurs, à m'interposer inlassablement dans toute cette folie. Et, en regard de ma disponibilité, l'indifférence des miens à mon égard, et ce jour où maman m'avait priée d'aller « faire [mon] intéressante », et qu'il s'en était fallu d'un cheveu que j'aille me fracasser avec ma moto contre un arbre de l'avenue Marceau. Ce jour-là, j'avais failli mourir, j'avais voulu mourir. S'il y en avait une qui avait grandi seule, construit sa vie seule, c'était bien moi.

À l'automne, cependant, les choses semblent s'être aplanies puisque Anne et moi descendons à Saint-Étienne pour donner un gros coup de main à Nydia. Elle a envie de refaire son bureau dans le magasin de chaussures de la rue Michelet dont elle est désormais la patronne, et moi j'ai envie de lui faire plaisir (que je ne l'entende plus jamais me dire qu'elle a été seule !).

— T'inquiète, on arrive, Bricolo et Bricolette. On va te le refaire aux petits oignons, ton bureau !

Je loue un camion, Anne et moi passons l'après-midi chez Castorama à choisir tous nos trucs et, le lendemain, c'est « Murielorama à votre service » : on débarque avec nos caisses à outils et tout le matériel. Nous voilà parties pour quatre jours de travail à l'issue desquels nous serons heureuses de faire découvrir son nouveau bureau à Nydia.

C'est là que va se jouer l'une des scènes les plus effrayantes de ma vie qui en dit long sur le désespoir dans lequel nous a laissées notre mère.

Je ne sais pour quelle raison, Nydia revient sur sa solitude, avec les mêmes mots exactement qu'en Corse. Nous sommes à Saint-Étienne, l'endroit du monde où je me sens toujours au bord de la rupture, l'endroit où il ne faut pas venir me chercher sur la souffrance.

— Nydia, tais-toi, s'il te plaît. Ne me redis jamais que tu as été seule. Je vais essayer de rester calme, de bien t'expliquer les choses une bonne fois pour toutes : toi, tu n'as pas bougé de Saint-Étienne, aussi longtemps qu'ils ont vécu tu as eu ton père, ta mère, et puis ton fils, tes amis, tes racines. Moi, à vingt ans, je suis partie toute seule pour Paris. Je ne connaissais personne, et vous n'avez jamais été là pour moi, ni papa, ni maman, ni toi ni Martine, puisque vous étiez sous le joug de « Madame Robin ». Personne n'est jamais venu me voir, personne ne m'a jamais appelée. C'était incroyable votre silence, votre indifférence. Je sais que vous avez fait comme vous avez pu, mais on aurait dit que j'avais cessé d'exister pour vous. Les amis, il a bien fallu que je les trouve. J'ai mis dix ans à me construire une famille de substitution – Annie, Tony et Bertrand, Line... Alors, de nous deux, s'il y en a une qui a été seule, mais vraiment seule, à avoir envie de se balancer par la fenêtre, c'est moi, Nydia, ce n'est pas toi.

— D'accord, mais enfin moi j'ai toujours été seule !

J'ai vu rouge, c'était la phrase de trop, j'ai attrapé son bureau et je l'ai retourné. Un fracas ! J'ai tout foutu par terre.

— Tais-toi, Nydia ! Tais-toi ! Plus jamais tu ne diras ça !

Bien sûr qu'elle a été seule, comme Martine, car sans l'amour d'une mère, est-ce qu'on ne se sent pas toujours seule ? Même si nos souffrances ne doivent pas être comparées, je ne pouvais pas entendre ça, certaine d'avoir fait pour Nydia tout ce qui était en mon pouvoir. Alors je me suis jetée sur elle, je l'ai plaquée contre le mur et lui ai serré la gorge. Ma pauvre Nydia qui, toute à sa douleur, n'a rien dû comprendre à la folie de ma réaction. Pardon, Nydia. Anne est aussitôt accourue pour nous sortir de ce cauchemar. Pour nous sauver.

— Arrête Muriel ! Arrête ! Je suis là, reprends-toi. Reprends-toi, ça va aller.

Une heure plus tard, nous quittions Saint-Étienne, laissant Nydia au milieu des décombres de son nouveau bureau. Nydia que je n'allais plus revoir pendant plus de trois ans.

Aujourd'hui, je me dis que ce coup de folie qui a bien failli nous détruire était sans doute le signe annonciateur du *burnout* qui allait me faucher un an plus tard. Je peux l'écrire à présent, oui, me retournant sur ces années, mais sur le moment je ne vois rien venir. D'ailleurs, un *burnout*, je ne sais pas encore ce que c'est, je n'ai même jamais entendu prononcer ce mot-là.

C'est dans la clinique de Françoise, mon amie, que j'apprendrai qu'un *burnout* est une sorte « d'incendie intérieur ». « Sous la tension produite par la vie, écrit le psychothérapeute américain, Herbert Freudenberger, qui a le mieux défini ce phénomène, les ressources internes en viennent à se consumer comme sous l'action des flammes, ne laissant qu'un vide immense à l'intérieur, même si l'enveloppe externe semble plus ou moins intacte. »

« Les ressources internes en viennent à se consumer sous l'action des flammes. » Il me semble que depuis un demi-siècle, mes ressources n'ont pas cessé un instant d'être mises à l'épreuve, du mal-être de maman que je découvre à cinq ans, et qui ne cessera jamais de me brûler intérieurement, jusqu'à ce jour où elle ne me reconnaît plus, puis à sa mort, en passant par ma solitude, mon éternelle culpabilité, mon ambivalence sentimentale, mon inlassable quête d'une expression artistique que je ne trouve pas et qui me pousse à me dénigrer.

Certes, Anne est entrée dans ma vie et, pour la première fois, j'ai le sentiment d'être à ma place dans une relation amoureuse. Mais, sur le plan artistique, les choses sont plus nuancées, même si je viens de tourner pour la télévision *Marie Besnard l'empoisonneuse*, deux fois quatre-vingt-dix minutes, sous la direction de Christian Faure. L'histoire de Marie Besnard, honorablement connue à Loudun, petite commune de la Vienne de huit mille habitants, soupçonnée d'avoir tué douze personnes, dont son mari. Inculpée en 1949 pour ces meurtres en série, et incarcérée, « La bonne dame de Loudun » plaidera son innocence au fil de procès qui passionneront la France durant toute la décennie 1950. Menacée de la guillotine, conspuée par la foule, elle sera finalement acquittée en 1961, laissant s'installer à jamais le doute sur son rôle dans ces morts inexplicables.

Le personnage me passionne par ses ambiguïtés, son mutisme, son incroyable force sous une apparence fragile de dame patronnesse, sa froideur, son cynisme peut-être, sa laideur enfin. Marie Besnard incarne tout ce qu'un comédien peut espérer, elle est un défi à elle toute seule, et je me lance dans l'aventure avec un mélange d'enthousiasme et d'extrême curiosité.

Je me sens bien avec ce personnage et j'aime l'idée d'éveiller chez les téléspectateurs d'aujourd'hui la passion qui avait enflammé leurs grands-parents.

Le film, diffusé en deux épisodes, est un succès considérable puisqu'il est vu par plus de douze millions de personnes. Je m'attends à recevoir des propositions, à susciter au moins la curiosité, moi qui m'applique à ne pas tourner n'importe quoi, à bien choisir, mais non, rien, zéro. Le public est chaque fois au rendez-vous, mais ça ne me mène nulle part. Le seul coup de fil que je reçois m'arrivera de TF1 un an plus tard : je suis nominée aux États-Unis pour le titre de « meilleure actrice » par l'Académie des arts et des sciences de la télévision (Academy of Television Arts & Sciences) aux côtés de quatre autres comédiennes. L'Emmy Award du meilleur rôle féminin, l'équivalent d'un oscar pour le cinéma, sera remis lors d'une cérémonie à New York au mois de novembre 2007.

Mais avant ce voyage aux États-Unis, je partage la scène du Théâtre des Variétés avec Line Renaud, dans *Fugueuses*, une pièce écrite par Pierre Palmade et Christophe Duthuron.

Dit comme cela, *Fugueuses* paraît être un cadeau puisque pour la première fois je joue avec ma Line, la maman que je me suis choisie vingt ans plus tôt. Or, la réalité n'est pas exactement celle-ci.

Pierre Palmade et Christophe Duthuron écrivent au départ la pièce pour Line Renaud et Isabelle Mergault. Je me rappelle le jour où Line me fait part de ce projet, et du furtif pincement au cœur que j'éprouve en songeant que Pierre m'a donc préféré Isabelle pour incarner une femme de cinquante ans auprès de Line. Pourquoi ? Je me pose la question, mais je me garde bien d'y répondre, et je décide qu'il n'y a aucun problème, que Pierre a bien raison de se donner toutes les libertés.

Quelques semaines passent et Christophe Duthuron m'appelle. Est-ce que j'accepterais de reprendre le rôle écrit pour Isabelle ? Il y a un léger blanc dans la conversation.

Je lis la pièce avant de donner ma réponse. Et puis, comme pour *Les Visiteurs II*, je dis finalement oui à Christophe Duthuron, mais pour de mauvaises raisons. Ce n'est pas un oui à la pièce, mais un oui à Line, parce que je veux son bonheur. Insensiblement, je recommence à m'oublier pour réendosser mon inusable costume de Zorro – je vole au secours de Line, je vais être sa complice dans *Fugueuses*, et peu importe le rôle, l'essentiel est que Line soit heureuse durant cette saison théâtrale.

Fugueuses, c'est l'histoire de deux femmes, l'une de soixante-dix ans, Claude, l'autre de cinquante, Margot, qui se retrouvent une nuit au bord d'une nationale à faire du stop. On ne sait pas trop ce qu'elles fuient au départ, leur vie, elles-mêmes, la vie en général, mais elles fuient et ça démarre mal car laquelle des deux montera dans la première voiture qui se présentera ? Aucune ne veut céder. Elles vont finalement partir ensemble pour une aventure pleine d'enseignements sur l'absurdité de nos combats, de nos rêves, de nos amours, de nos vies.

La première se joue à Bordeaux et, à mon sens, c'est une réussite : la salle a bien accroché, les gens sont manifestement heureux, ils nous rappellent. Line et moi nous sommes parfaitement accordées – en somme, ce petit miracle que doit être chaque création théâtrale semble s'être parfaitement accompli.

Nous avons prévu de dîner tous ensemble à la sortie, et ce devrait être un repas de fête. Anne a fait le déplacement depuis Paris, bien sûr, mais aussi Pierre Palmade qui vient de voir la pièce pour la première fois puisqu'il a choisi de ne pas assister aux répétitions.

Je m'attends à ce qu'il m'embrasse, comme Christophe Duthuron l'a fait, je m'attends à entendre : « C'était super, Mumu ! Vraiment super ! Merci ! Vous faites un duo magnifique avec Line, la pièce va cartonner, j'en suis sûr. » Enfin, ces louanges qu'on dit un soir de première, même si on en rajoute une louche car on sait bien que les comédiens ont besoin d'être regonflés, encouragés, narcissisés, à la veille d'enfiler les cent ou deux cents représentations d'une saison. Je m'attends à ce qu'il me félicite, mais malheureusement les choses ne se passent pas comme ça.

Pierre n'aime pas la façon dont j'ai abordé le rôle, et il me le dit. Pierre a toujours besoin de dire la vérité, mais comment jouer chaque soir dans le plaisir quand vous vous répétez inlassablement ? « Il n'aime pas ce que je fais, il ne trouve pas bien ce que je fais. Cette femme, il ne la voyait pas comme ça, je le déçois. » Pierre ne peut pas deviner combien ses mots font écho en moi : je le déçois, comme je m'imagine avoir déçu ma mère, et cela épuise mes forces, me vide le cœur.

Je n'en continue pas moins à jouer tous les soirs. La pièce attire un large public, les critiques sont élogieuses, personne ne se doute de l'énergie que je dépense pour porter ce rôle qui fait rire tandis qu'à l'intérieur de moi je me sens m'effondrer un peu plus chaque jour.

Vers la fin novembre de cette année 2007, le hasard faisant bien les choses, le théâtre relâche exceptionnellement deux jours, exactement au moment de la cérémonie de remise des Emmy Awards, ce qui me permet de m'envoler avec Anne pour New York afin de recevoir mon prix en présence de Robert De Niro. Je suis vide à l'intérieur, belle, cependant, paraît-il… Laura Mercier, mon amie et grande maquilleuse n'y est évidemment pas pour rien.

Mais déjà ça ne va plus. J'ai conscience d'être là sans y être, d'être devenue insensible à ce qui se déroule sous mes yeux. On vient nous chercher à l'aéroport en limousine, on nous installe dans une suite somptueuse, où m'attendent des courriers, des fleurs et des cadeaux. Je ne ressens rien, je flotte dans une sorte d'hébétude, incapable de manifester le moindre intérêt pour tout cela. Ce petit voyage, qui devrait être une parenthèse délicieuse, vire au cauchemar, en particulier pour Anne qui ne m'a jamais vue dans un tel état. Elle tente de susciter ma curiosité, de s'attirer un sourire, un sourire au moins, en me lisant tel ou tel compliment ou message de bienvenue, et rien, je n'y suis pas, je ne comprends pas ce que je fiche ici. J'acquiesce à tout ce qu'elle me dit, je vois combien elle s'efforce d'être joyeuse, mais ça ne touche plus rien en moi, ça ne fait plus écho, comme si on m'avait retiré mon âme, qu'il n'y avait plus que du vide à la place. Oui, voilà, je me fais l'effet d'être une enveloppe vide, comme on parle d'une armoire vide.

La cérémonie me passe largement au-dessus de la tête. J'entends mon nom, j'entends les applaudissements, et je me rappelle mon étonnement furtif en constatant que je n'éprouve aucune émotion, même pas un petit battement de cœur un peu plus fort que les autres, rien, comme si c'était le clone de Muriel Robin qui s'avançait et montait sur scène, la même femme, mais débranchée, décérébrée. Mon texte de remerciements, très préparé, parvient malgré tout à faire exploser de rire toute la salle, et je regagne ma place à côté d'Anne.

Comment est-ce que je par viens à reprendre *Fugueuses* au théâtre ? Je ne sais pas, par automatisme, comme on renfile machinalement ses vieux chaussons. Mais à la maison, ça ne va plus du tout. Je regarde notre chien Athos et je m'entends demander à Anne : « À quoi ça sert un chien ? – Mais ça donne de l'amour, Muriel ! – De l'amour ? Ah, peut-être. » Tout m'énerve, je ne trouve plus plaisir à rien, même la vie à la maison devient un enfer. Et finalement, je pars m'installer à l'hôtel pour ne pas infliger mon mal-être à mon Anne.

Tout le mois de décembre, et jusqu'aux dernières représentations, au début de janvier 2008, je vais d'hôtel en hôtel. Je n'en peux plus de jouer Margot dans *Fugueuses*, je crois que je n'en peux plus de vivre, tout simplement, et d'ailleurs je me déracine, je romps les liens qui m'attachaient à la vie, je m'installe dans cette errance qui doit précéder la fin, l'ultime rupture.

Chapitre 26

Je suppose que c'est Anne qui a la bonne idée de m'organiser un séjour à La Baule au lendemain de la dernière de *Fugueuses*. J'ai besoin de repos, c'est certain, et nous nous accrochons à l'espoir qu'après quelques jours dans un centre de soins, face à la mer, je vais retrouver tout à la fois mes forces et ma tête.

Je ne suis pas malheureuse à La Baule, je cesse au moins de m'énerver à propos de tout et de rien, mais je ne retrouve pas ma tête, non. Je parviens à me rendre aux soins aux heures prévues, mais à part cette activité, je peux passer mes journées assise devant la télévision sans vraiment chercher à comprendre ce que racontent les images.

Je n'arrive plus à téléphoner, à appeler les gens que j'aime, c'est devenu impossible. Ils traversent mon esprit, je peux penser à eux par moments, mais je me sens si loin… Est-ce qu'ils me sont devenus indifférents ? Oui, sans doute. Du moins, je n'ai plus du tout le désir de leur parler, ni d'avoir de leurs nouvelles. Les mots ne sont plus là non plus, je ne les entends plus en moi, je suis vide de mots, vide de désirs, vide de tout.

Je me rappelle qu'Annie Grégorio m'appelle au moins une fois par jour et qu'elle me trouve « bizarre ». C'est son mot. « Muriel, tu es sûre que ça va ? Je te trouve bizarre. – Non, je t'assure, ça va, je me repose. – Je te trouve très bizarre, de plus en plus bizarre. »

Moi aussi, je me trouve bizarre, ça ne me ressemble pas de passer mes journées plantée sur une chaise devant la télévision ou, le plus souvent, les yeux dans le vague. Est-ce que je devine que ça pourrait mal finir ? Un jour, en tout cas, je parle à Annie, de cette clinique en Allemagne où j'ai déjà fait un long séjour, soignée par Françoise.

— Je me demande si je ne devrais pas y retourner.

— Oui, appelle Françoise, Muriel. C'est une bonne idée, j'y avais pensé.

Mais je n'appelle pas.

Chaque jour, Annie s'inquiète de savoir si j'ai appelé. Et non, je n'y arrive pas.

— Muriel, si tu ne te décides pas à t'occuper de toi, je vais venir te chercher et t'y emmener moi-même dans cette clinique.

— Ne te fais pas de souci, ça va aller.

— Muriel, ne rien faire, c'est de la non-assistance à personne en danger.

Je me souviens de ces mots – « non-assistance à personne en danger » – que je me répète en boucle ce jour-là.

Elle ne m'y emmène pas, cependant, et je rentre à Paris dans le même état comateux qu'en décembre.

Anne est terriblement inquiète. Son souci n'est plus alors notre histoire d'amour, mais de me sauver. Juste me sauver. Je deviens comme folle et ingérable, faisant subir le pire à mon Anne qui finira par appeler Pascal, mon chauffeur et, surtout mon ami, pour qu'il me conduise chez Françoise.

Il passe à mon appartement et semble stupéfait de me découvrir dans cet état. Pour ne rien arranger, j'ai beaucoup bu.

— Muriel ! Mais qu'est-ce qui t'arrive ?

— Ça se voit tant que ça ?

— Tu es malade… Tu ne peux pas rester comme ça.

À ce moment-là, je lève le regard sur lui et je vois qu'il est en larmes.

— Qu'est-ce qu'il y a, Pascal, pourquoi tu pleures ?

— Laisse-moi t'emmener, Muriel. Fais-le pour moi. S'il te plaît.

— Tu sais, j'ai peur…

— Tu n'auras pas à prendre l'avion, pas à te montrer, rien. Tu t'installes à l'arrière de la voiture et je te conduis d'une traite jusqu'à la clinique. Laisse-moi t'emmener…

— Bon, si tu veux. Avec toi, j'aime bien la voiture parce que je sais que je ne suis pas forcée de parler.

— Viens, lève-toi, je vais t'aider à préparer quelques affaires. Où ranges-tu ta valise ?

Françoise m'accueille, me donne une chambre. Elle fait appel à une psychiatre de l'extérieur qui va me suivre, venir me voir chaque jour. Très vite, cette femme met un nom sur ce dont je souffre, et sans doute est-ce la première fois que j'entends prononcer ce terme de *burnout*. C'est idiot, mais c'est rassurant. On se dit que puisque le mal est identifié, il doit être plus facile de le combattre. Je suis sous médicaments, je veux bien, je ne pose pas de questions, j'avale ce qu'on me donne.

Sinon, en dehors de mes rencontres avec cette psychiatre, je passe l'essentiel de mes journées sur un banc, dans le parc, à fumer. Françoise vient parfois s'asseoir à côté de moi et nous échangeons quelques mots. C'est réconfortant de la savoir là. Il nous arrive aussi de faire quelques pas. Puis je remonte dans ma chambre parce que j'ai froid, mais je n'y reste jamais bien longtemps – l'envie de fumer me ramène sur le même banc. Jamais je n'ai tant fumé, peut-être trois paquets par jour.

Le téléphone est coupé, je n'ai plus aucun contact avec les miens, avec ma vie d'avant. Bien plus tard, j'apprendrai qu'Anne est en relation tous les jours avec Françoise. Pour elle, notre histoire est désormais terminée, mais je dois guérir et elle s'entretient avec Françoise des moyens de me sauver. Il faut attendre que les sensations reviennent, que les sentiments se réinstallent, et ça peut être très long. C'est ce que lui explique Françoise, et c'est également ce qu'elle me dit :

— N'aie pas d'inquiétude, Muriel, laisse-toi porter, tu vas voir que petit à petit tu vas éprouver la sensation que l'appétit de vivre te revient.

— Pour le moment, j'aimerais juste qu'on me mette au lit, des draps blancs bien frais, m'endormir et ne plus me réveiller.

— Sois patiente, accorde-toi du temps.

Ma famille et mes amis appellent Anne pour prendre de mes nouvelles.

La psychiatre me fait travailler sur ma famille à l'aide d'un jeu de quilles. Les deux plus grandes, ce sont papa et maman. Puis je place Nydia, Martine et moi – par ordre de taille. Je suis là, à nous contempler tous les cinq, une jolie petite famille, quand je prends soudain conscience qu'il en manque un, notre frère aîné, celui qu'attendait papa avec tellement d'impatience et qui est mort avant de voir le jour. J'ajoute une sixième quille entre maman et Nydia, et cette fois je peux laisser éclater mon chagrin. « Je suis désolée, papa, j'ai essayé de prendre la place du fils que tu n'as pas eu. On s'est donné cette illusion l'un à l'autre : tu as fait de moi une bricoleuse, un garçon manqué, mais aussi une fille manquée, et du coup je n'arrive toujours pas à savoir ce que je suis exactement, c'est une catastrophe. Et toi, maman, j'ai vécu pour toi, j'ai même failli mourir pour toi à deux reprises, avenue Marceau et quand j'ai avalé des médicaments. »

À l'issue de la séance, la psychiatre me demande de me placer devant la porte-fenêtre grande ouverte sur le parc, sur la lumière, sur la vie. « Allez Muriel, fais tes premiers pas, lance-toi ! » Je m'observe au seuil de la vie, et au lieu d'avancer, de me mettre à chanter joyeusement comme une petite fille contente qu'on l'ait mise au monde, j'éclate en sanglots. Je pleure, je pleure, j'ai une peine infinie pour moi. À ce moment-là, en larmes devant ma petite quille, j'oublie que par chance je suis née avec un habit de clown caché dans ma poche revolver et que ce don de faire rire, de faire rire de tout et de rien, y compris de la maladie d'Alzheimer de maman, y compris de nous, les Robin, marchands de chaussures à Saint-Étienne, va me permettre de traverser la vie.

Après un mois, peut-être, je sens pointer comme un désir minuscule. La vie qui revient, me dis-je. Oui, mais un désir de quoi ? Je cherche, j'ai la sensation mais je n'ai pas l'image. Ah voilà ! Un désir de voyage, de liberté. Le souvenir lointain du Mexique et du Guatemala qui me rattrape, le souvenir délicieux de ces kilomètres parcourus assise sur un sac de café à l'arrière d'un pick-up, dans les tourbillons du vent chaud. Je veux retrouver cette sensation-là.

— Je crois que c'est en train de redémarrer là-dedans, dis-je à Françoise, en faisant des tourniquets sur mes tempes avec mes doigts.

— Ah, bonne nouvelle. Et à quoi pensez-vous ? De quoi avez-vous envie ?

— De liberté, de voyage…

— Oui, je comprends. C'est un premier signe, et c'est un très bon signe.

— Françoise, si la vie revient, est-ce que je peux appeler Anne ?

— Ne vous précipitez pas, Muriel. C'est très encourageant, mais vous n'êtes pas guérie.

Trop tard, j'ai averti Anne, et elle est en route pour la clinique.

Le lendemain, nous chargeons la voiture et mettons le cap sur l'Autriche.

J'ai crié victoire trop vite, je ne suis pas guérie. Anne est au bout de ce qu'elle peut me donner, et surtout au bout de ce qu'elle peut supporter tant je suis odieuse et destructrice. Mon Anne, j'aurais tellement voulu ne pas te faire vivre ça…

Elle me laisse de nouveau entre les mains de Françoise pour regagner Paris.

Je retrouve avec soulagement ma psychiatre, ma chambre, ma solitude.

Cependant, Anne me manque. Une envie folle de la retrouver, de lui dire que je l'aime. Mais aura-t-elle tenu le choc ? Elle, et son amour pour moi ? J'ai peur. Je lui écris pour lui dire l'essentiel et, par bonheur, nous sommes dans le même état d'esprit. Cette épreuve nous a montré, à l'une comme à l'autre, la force incroyable de notre amour, de notre attachement.

À la fin du mois de mars 2008, Françoise estime que je peux rentrer chez moi. Je me sens en effet guérie, mais pour la première fois de ma vie extrêmement centrée sur moi-même. Merci Françoise pour tes mots toujours choisis et si réconfortants. Comment aurais-je fait sans toi ? J'ai envie d'une existence que j'imagine très différente de celle que j'ai menée jusqu'à présent : je ne suis plus certaine de vouloir encore être comédienne, en tout cas je ne veux plus de cette violence dans laquelle nous précipite la surexposition. Je veux renouer avec le grand projet de mes vingt ans : voyager, me laisser porter par mon désir de découvertes, de rencontres, de paysages, de lumières, d'animaux sauvages, de silence.

Un soir, alors que je regarde la télévision, je tombe sur une interview d'un ami comédien s'exprimant avec une aisance incroyable devant la caméra. « Quand je pense que j'ai fait ça, me dis-je, quand je pense que j'ai su faire ça ! Mais comment ai-je pu ? Mais comment font-ils ? Cette exposition, ces questions en rafale des journalistes qui ne leur laissent pratiquement jamais le temps de répondre, c'est d'une violence ! Plus jamais je ne me plierai à ça, je ne veux plus. »

« Je ne veux plus. » Je m'entends le dire tout haut, le répéter, et c'est fou comme ça me fait du bien. Si je suis capable de ne plus vouloir, c'est bien que mon « je » recommence à exister.

Il recommence si radicalement que lorsque le téléphone sonne, « je » suis incapable de décrocher, mais « je » ne culpabilise pas pour autant. Le téléphone, non merci, aucune envie. Il me faut quelques jours pour comprendre que je suis en train d'opérer une mutation, de renaître, oui, mais différente de la fille que j'étais. Plus attentive à mes désirs, plus en accord avec moi-même. Avant, quand le téléphone sonnait, je bondissais dessus, incapable de supporter l'attente et la souffrance de l'autre que j'imaginais à l'autre bout. Suppose que ce soit maman, Martine ou

Nydia ? Vite, vite, les secourir. Et tiens, maintenant, je m'en fous… Non, c'est faux, je ne m'en fous pas, je me demande simplement si j'ai vraiment envie de décrocher. En somme, je commence par me consulter avant de laisser les autres entrer dans ma vie comme dans un moulin. On dirait que la culpabilité m'a quittée, voilà, que le muscle s'est atrophié au fil de ces semaines en clinique. Il semble que je ne sois plus ni Josh Randall ni Zorro, que j'ai perdu mon étoile de shérif dans le grand incendie qui m'a dévastée.

Pendant quelques jours, tout de même, je me sonde. On ne rompt pas comme ça avec un demi-siècle de culpabilité, et pour un peu je me sentirais coupable de ne plus me sentir coupable. Mais non, ce muscle est bel et bien atrophié, et la vie me semble subitement beaucoup plus facile, beaucoup plus légère : je vais aller vers mes désirs avant de me préoccuper de ceux des autres, de leurs douleurs, de tous les maux inconsolables qu'ils me collent sur le dos et qui ont fini par me rendre malade.

Anne est rassurée de me retrouver vivante. Elle restera comédienne et je n'abandonnerai pas la scène, sans doute, mais nous avons toutes deux besoin d'une année hors du temps où, pour ma part, je m'appliquerai à demeurer chaque jour au plus près de mon désir. Nous évoquons un tour du monde et les cartes géographiques s'accumulent à la maison. Il me faut cette année, je le sens, pour me « réparer » complètement, apprendre à m'écouter, à m'aimer un peu, enfin. Un *burnout* est un signal d'alarme dont il faut tirer les enseignements, et c'est ce que nous essayons de faire.

Nous sommes dans cette réflexion avec Anne, prêtes à envisager de bouleverser profondément notre vie, quand, à peine quinze jours après mon retour de clinique, une catastrophe vient anéantir tous nos grands rêves : Chantal, la maman d'Anne, est atteinte d'un cancer des voies biliaires.

Le diagnostic n'est pas posé d'emblée, mais l'inquiétude est là, et Anne et moi partons aussitôt pour Bénodet où habitent ses parents. Chantal passe différents examens et nous sommes reçus par le médecin qui est considéré comme le meilleur spécialiste de la ville.

Je ne suis pas près d'oublier ce rendez-vous. La morgue de cet homme commentant les Tepscans de Chantal, devant elle-même et Michel, son mari, sans la moindre marque de sympathie, de simple humanité, comme s'ils étaient transparents. Comment peut-on traiter des patients avec autant d'indifférence ? Anne et moi nous tenons en retrait dans la pièce, de sorte que nous n'existons pas aux yeux de ce médecin. Et, soudain, il change radicalement de ton et de visage parce qu'il m'a reconnue. Son regard a croisé le mien par le plus grand des hasards, il en est demeuré un instant sans voix, et quand il retrouve la parole il n'est plus le même. Tout ce que je déteste, tout ce qui me fait horreur dans la vie.

Je ne veux sûrement pas qu'un tel personnage soigne Chantal, et après avoir consulté toute la famille, j'appelle Line. Je sais qu'elle connaît bien le milieu médical du fait de son engagement pour la recherche contre le sida et c'est elle qui nous dirige vers le professeur David Khayat, à la Pitié-Salpêtrière.

Lui évoque quelque chose de très sévère au foie mais ne prononce pas immédiatement le mot de « cancer ». Je le rappelle un peu plus tard et il ne me cache pas que c'est extrêmement grave et qu'il n'est pas optimiste. Chantal entre en traitement dans son service et Anne et moi prenons alors la décision d'installer ses parents chez nous. Nous sommes à la fin du mois de mai, il ne reste à Chantal que six mois à vivre puisqu'elle va partir le 25 novembre 2008. Quand je songe aujourd'hui à ces six mois où Chantal a vécu entourée des siens, choyée, aimée, une main toujours près de la sienne, je suis heureuse que nous ayons eu l'à-propos de prendre immédiatement cette décision.

Comme notre appartement est un peu petit, nous en louons un plus grand dès le mois de juin pour que Chantal et Michel aient leur propre salle de bains et tout l'espace nécessaire à leur confort. Je ne fais rien d'autre cette année 2008 qu'être auprès d'eux, auprès d'Anne qui est abasourdie de chagrin par moments. Je fais la cuisine, j'entoure tout le monde, et surtout je les fais rire, parce que si on ne rit pas quand on est en plein drame, alors là c'est insoutenable. Chantal et Michel passent une grande partie de leur temps au salon, et moi je fais le clown. Je n'ai aucun mal, ça sort tout seul. Les voir rire, pleurer de rire, alors que de semaine en semaine les résultats médicaux sont de plus en plus affolants, c'est mieux que d'entendre rire tout un Zénith. Je leur fais du bien, je le sais, et par ricochet je soulage un peu la douleur de mon Anne. Je suis à ma place, la seule que je puisse occuper dans un moment aussi grave.

Anne se fait du souci pour moi, elle n'a pas oublié que je sors de clinique, que deux mois plus tôt nous nous apprêtions à nous envoler pour un tour du monde. En fait de me « réparer », d'être au plus près de mon désir, la vie vient de me rattraper : je dois de nouveau m'oublier pour me placer au service des miens. Eh bien oui, mais comment faire autrement ? Je suis incapable de dire quelles seront les conséquences sur mon équilibre de tous ces mois si douloureux, mais je sais de façon certaine que ma place est là et que si je la désertais, ce serait notre fragile équilibre à tous qui en serait détruit.

Chantal est très entourée, Michel et Anne ne la quittent pas. Je me rappelle aussi les après-midi que nous passons à parler cuisine, elle et moi, parce que la cuisine me passionne depuis peu et que Chantal est une excellente cuisinière. Je parviens encore à la faire rire – nous n'avons plus aucun espoir et cependant nous arrivons à nous évader quelques minutes par la simple grâce du rire, cette chose mystérieuse qui n'a pas plus de densité que l'air et qui cependant nous transporte loin, dans une sorte d'apesanteur, comme les personnages de Chagall flottant au-dessus du monde cruel dans une irréalité enfantine.

Puis Chantal entre à l'hôpital. Nous savons que c'est la fin. Elle partira le 25 novembre 2008, dans les bras d'Anne, sous le regard de Michel qui semble ne pas comprendre ce qu'il se passe, ou ne veut pas comprendre.

On garde Michel avec nous. Anne et lui se réconfortent silencieusement. Ce sont des semaines difficiles, traversées de larmes, et dont le rire est absent.

Chantal était brillante, douce, aimante. Elle était ma belle-mère, mais elle était surtout mon amie. Une amie qui me faisait du bien et me manque terriblement.

Anne a déjà perdu son frère dans des circonstances atroces. Maintenant sa mère qu'elle aimait plus que tout et qui était, elle, une vraie maman. Anne aurait le droit de sombrer, mais je sais qu'elle a tenu pour moi, pour nous.

À présent, nous nous interrogeons beaucoup sur l'avenir de son père. Où va-t-il trouver la force de se remettre ? Chantal et lui s'apprêtaient à vivre une retraite joyeuse, ils étaient en train de se faire construire une maison en Bretagne... Que va faire Michel de cette maison ? Aura-t-il seulement l'envie de poursuivre sa vie en Bretagne ?

Et ça y est, un matin, au petit-déjeuner, Michel en sait un peu plus sur ce qu'il va faire :

— Cette maison, je vais la terminer, dit-il.

— Tu retournes donc en Bretagne ?

— Oui, c'est là-bas qu'est ma vie, je crois que je ne me ferai jamais à Paris.

— Tu sais, en tout cas, que tu auras toujours ta place ici.

Il finit la maison, et je crois qu'il est secrètement heureux de vivre dans un endroit choisi par Chantal, qui porte sa marque.

Il est très entouré – ses amis, son bridge, sa gymnastique... Quand il vient à Paris, il me téléphone et nous faisons sa valise ensemble.

— Qu'est-ce que je prends, Muriel ?

Je connais par cœur sa garde-robe.

— Ta chemise blanche et ta veste bleu marine, déjà.

— Et ma chemise à carreaux avec les boutons ?

— Non, celle-ci, tu la laisses en Bretagne. Mais prends ton jean marron et tes chaussures marron. Tu sais, celles qu'on a achetées ensemble, les belles, pas celles qui font papy.

Il rit.

— Et mon blouson ?

— Plutôt un imperméable, il ne fait que pleuvoir.

Quand il débarque, on attrape chaque fois un fou rire.

— D'où ça sort cet imperméable, Michel ? Qu'est-ce que c'est que ce truc ?

— Eh bien, tu m'as dit qu'il pleuvait...

— Écoute-moi bien, Michel, tu n'achètes plus rien, plus rien sans moi, s'il te plaît. Je t'en supplie !

Et il rit de plus belle. Le lendemain, je l'emmène faire les boutiques.

— Dis donc, je lui ai dit la dernière fois, quand je vois des photos de Chantal jeune, je suis tout de même étonnée qu'elle t'ait choisi.

— Ah oui, pourquoi ça ?

— Parce que l'air de rien, avec ton physique de premier de la classe, tu t'étais tout de même emballé Catherine Deneuve.

Il éclate de rire. Nous aussi. Qu'est-ce qu'on pourrait faire de mieux ?

À l'heure où j'écris ces lignes, Michel est hospitalisé pour un cancer du cerveau qui malheureusement va l'emporter. Tu vas me manquer, Michel, mon « Jean d'Ormesson » à moi. Tu es un beau-père de rêve. Mon Dieu, que j'ai aimé te faire rire. Je t'aime très fort. Sois tranquille, je vais prendre soin de ta Anne qui va être dévastée. Anne chérie… Je suis là.

Chapitre 27

Je ne veux pas mourir, je veux vivre.

S'il y a une chose que j'ai apprise de mon *burnout*, c'est bien celle-ci : je veux vivre.

Et, si possible, être heureuse.

Peut-être faut-il avoir approché la mort de tout près pour ressentir avec cette force le désir de vivre.

En septembre 2008, tandis que Chantal lutte contre la maladie, je décide, avec la complicité de Chantal, d'emmener quelques jours Anne en Crète. Ma Anne doit reprendre des forces et je sais que ces quelques jours lui sont indispensables pour affronter l'inéluctable et l'insoutenable malheureusement à venir. Et c'est en Crète que nous prenons ensemble la décision d'arrêter de fumer. La maladie de Chantal pèse sûrement dans notre résolution, mais en ce qui me concerne, la cigarette est associée depuis toujours dans mon esprit à l'idée du refus de la vie, du désir de mourir. Or, pour la première fois depuis tant d'années que je fume, je ne veux plus me tuer à petit feu. Et, dans le même mouvement, ça me devient insupportable de voir la personne que j'aime se ruiner la santé.

— Et si on arrêtait cette saloperie ? propose Anne, le matin du 12 septembre.

— Oh oui, depuis le temps que nous en parlons, arrêtons ! C'est le plus beau cadeau que nous puissions nous faire l'une à l'autre.

Le soir, nous sommes fières d'avoir tenu toute la journée sans allumer une cigarette.

Le lendemain, nous ne cédons pas plus, le surlendemain non plus…

Nous pourrions nous envoler pour notre tour du monde après la disparition de Chantal, et nous ne le faisons pas. Je me suis souvent demandé pourquoi par la suite. Le désir est toujours là, mais l'urgence n'y est plus. Il me semble qu'au contraire nous éprouvons le besoin de nous enraciner, comme si la mort de Chantal nous avait rendues momentanément frileuses.

Nous déménageons (c'est la dix-septième fois pour moi), et il n'est pas anodin de relever que ce qui préside au choix de notre nouvel appartement, ce n'est ni sa luminosité ni son charme, mais sa proximité avec la salle de sport que nous avons repérée. Nous nous enracinons géographiquement, et nous nous enracinons aussi dans la vie, la vie biologique, en nous préoccupant de notre santé.

Je serais bien incapable de dire, à ce moment-là, quelle va être la suite de ma carrière artistique. Nous sommes au début de l'année 2009, mon dernier spectacle remonte à 2005, c'était *Au Secours !* Puis j'ai tourné *Marie*

Besnard l'empoisonneuse pour la télévision, participé au *Bal des actrices*, le film de Maïwenn, alors que je m'enfonçais déjà dans mon *burnout*, et enfin joué *Fugueuses* avec Line Renaud. C'est à peu près tout. Je n'ai aucun projet de one-man-show sur le feu, je continue de rêver que le cinéma s'avisera soudain de mon existence, et je me demande bien ce que j'aurais fait de mon année si je n'avais pas rencontré Josée Dayan.

Nous nous croisons à un dîner. Quelques années plus tôt, dans des circonstances similaires, nous n'avions pas accroché. Mais j'ai changé, et cette fois nous avons de la curiosité l'une pour l'autre. Josée me rappelle quelques jours plus tard et nous nous retrouvons pour déjeuner. Pendant trois heures, nous ne parlons que de cinéma, de cette passion que l'on partage.

Le lendemain, c'est de nouveau Josée au téléphone :

— Muriel, de tout ce que nous nous sommes dit, j'ai retenu Annie Girardot. Et cette nuit, il m'est venu une idée : j'ai envie de refaire *Mourir d'aimer*. Tu serais partante pour reprendre le rôle ?

— Oui. Je crois bien que oui, même si là, tout de suite, ça m'impressionne de mettre mes pas dans ceux d'Annie. André Cayatte avait tourné *Mourir d'aimer* en 1971, avec Annie Girardot dans le rôle de Gabrielle Russier, cette professeur agrégée de Lettres qui va vivre une histoire d'amour passionnelle avec l'un de ses élèves et se suicider, le 1er septembre 1969, après avoir été condamnée pour détournement de mineur (elle avait trente-deux ans, il en avait seize).

J'accepte le rôle, Philippe Besson écrit le scénario, et nous tournons *Mourir d'aimer* pour la télévision. C'est le début d'une belle collaboration puisque Josée va m'offrir des rôles dans sept de ses films – ce sera ensuite *Folie douce*, puis *Ni reprise, ni échangée*, sur des scénarios de Nicolas Bedos (que j'ai présenté à Josée), puis *Le Clan des Lanzac*, de nouveau sur un scénario de Philippe Besson, etc., etc.

Josée Dayan est la seule réalisatrice à tourner pour la télévision avec les mêmes exigences que pour le grand écran, la seule à entraîner dans des téléfilms invariablement singuliers et talentueux des comédiens tels que Gérard Depardieu, Fanny Ardant, Jeanne Moreau ou encore Nathalie Baye. Merci Josée !

Cette même année 2009, je renoue avec le théâtre en jouant *Les Diablogues*, de Roland Dubillard, avec Annie Grégorio. Dubillard, c'est un auteur que nous avons découvert ensemble, Annie et moi, et que nous rêvons d'interpréter depuis des années. C'est d'ailleurs nous qui allons proposer à Jean-Michel Ribes de nous mettre en scène. Annie travaille souvent avec lui, ils se connaissent bien. Ribes est rapidement séduit par le projet et nous nous retrouvons toutes les deux pour la saison sur les planches du Théâtre Marigny. J'ai un grand plaisir à être dirigée par Ribes, homme de théâtre intelligent, subtil et drôle.

Et puis, et puis… Et puis il y a l'échec retentissant du film de Christian Clavier, *On ne choisit pas sa famille*, qui va me mettre par terre et me ramener lentement à moi après une longue année de réflexion.

Quand Christian Clavier vient me chercher pour interpréter cette comédie déjantée aux côtés d'Helena Noguerra, de Jean Reno et de lui-même, je suis convaincue que, cette fois, enfin, ça y est : après plus de vingt années de « je t'aime, moi non plus », le cinéma me fait une vraie déclaration d'amour. J'aime le scénario, Clavier m'a choisie, je me sens élue, portée. Toutes les conditions semblent donc réunies pour que le film soit un succès et – qui sait ? – devienne même un classique, dans la veine des *Bronzés*, du *Dîner de cons*, ou du *Père Noël est une ordure*. « Tu vas être la révélation », me dit-on sans cesse dans les avant-premières.

Mais *On ne choisit pas sa famille* sort au même moment qu'*Intouchables*, qui va devenir un succès planétaire avec vingt millions d'entrées, et il passe pour ainsi dire inaperçu.

Les échecs ont ceci de particulier qu'ils nous placent en vis-à-vis de nous-mêmes, dans une grande solitude. L'élan qui nous permettait d'avancer est momentanément brisé, et nous nous retrouvons face au miroir à nous interroger sur ce que nous espérions, et pourquoi nous l'espérions tellement. À nous demander après quoi nous courons depuis tant et tant d'années. Et, de fil en aiguille, à remonter le temps pour parvenir à comprendre de quoi nous sommes faits, et comment tout cela – je veux parler des innombrables rebondissements d'une vie – a bien pu se produire.

Avec le recul, je crois pouvoir écrire que l'échec d'*On ne choisit pas sa famille* me replace dans l'état de vide et de disponibilité où je me trouvais au lendemain de mon *burnout*. J'allais enfin penser à moi, me pencher sur mon propre chaos, quand la maman d'Anne est tombée malade, de sorte qu'une fois encore j'avais dû m'oublier. Cette fois, rien ne s'oppose à ce retour sur moi-même, près de dix années après la mort de ma mère, et c'est ainsi que germe dans mon esprit l'idée de mettre en mots pour la première fois mon histoire familiale. Quel meilleur moyen de savoir de quoi je suis faite, de comprendre pourquoi j'ai tant de mal à trouver ma place, et pourquoi je balance sans cesse entre rires et sanglots, entre rire et colère, que de revenir à l'origine des miens, à l'origine de ma venue au monde ?

« Pourquoi je balance sans cesse entre rire et sanglots, entre rire et colère ? » Sans doute est-ce à l'instant où je me suis formulé cette phrase que m'est apparu ce double projet : d'un côté, écrire un livre qui tenterait de dire ma vérité, sans chercher le rire, avec toute la sincérité dont je suis capable ; de l'autre, écrire un spectacle qui saurait faire rire des mêmes événements, car si on ne rit pas quand on est en plein drame, comme je l'ai dit un peu plus haut, alors là c'est insoutenable, carrément insoutenable.

Bon, mais je vais commencer par le spectacle, ce que je sais faire de mieux et pour le livre, on verra plus tard si le désir est toujours là. Voilà comment, au printemps 2012, je m'attelle à écrire *Robin revient (tsoin tsoin)* avec une formidable complice, Clara Guipont, comédienne et metteuse en scène. Je la rencontre par hasard, alors qu'elle fait répéter Élie Semoun, et aussitôt je sais que je veux travailler avec elle. Elle est vive, brillante, généreuse, scrupuleuse... tout ce que j'aime, et elle accepte de relever ce défi : m'aider à raconter ma vie en surfant sur le rire.

Pendant six à huit mois, nous travaillons ensemble : j'improvise, je lui balance tout ce qui me vient, et elle note fiévreusement. Elle est mon miroir, mon public à elle toute seule et je cherche son rire. Puis ensemble nous affinons, nous construisons et je me mets à l'écriture. Au fil des semaines, le spectacle prend forme. Il traverse toute ma vie, du magasin de chaussures aux coups de téléphone de mes sœurs dix minutes avant d'entrer en scène, de la mort de papa à l'alzheimer de maman, en passant par la cigarette, la psy, mon tour de taille, etc.

Voilà un peu ce que ça donne :

« Alors, en 1997... C'est là que mon père nous quitte. Vous n'allez pas le croire, mais quand nous sommes allées aux pompes funèbres, rien à foutre du capitonnage, je voulais juste savoir si le bois était collé ou chevillé. Voilà, merci papa, hein ! Merci Antoine !

« Alors ma mère est restée à Saint-Étienne, et c'est là que... j'allais la voir, naturellement, chaque fois que je pouvais, cette fois-ci avec Roger, hein, et c'est là que j'ai vu de très près ce qu'était la perte de la mémoire immédiate.

« Allez mon Roger, ça va aller. Mais non, mais non, ça va très bien se passer.

« Bonjour maman ! Ah oui, c'est vrai qu'on s'embrasse, tu vois, j'ai pas encore l'habitude. Bonjour, meuh ! meuh !

« Comment on est venus ? Écoute, en train, en train, TGV, trois heures, c'était parfait, super.

« Paris ? Ben écoute, Paris, ça va, rien de spécial, tout bien. J'suis en tournée, je te l'ai dit au téléphone, voilà, j'suis en tournée, tout va bien…

« Roger, heu, assieds-toi, si si, je te le conseille, tu vas voir, tout à l'heure tu me diras merci. Tiens, regarde, c'est parti !

« Comment on est venus ? Eh ben on est venus en train, maman. Le train, le train, le basique quoi, tchou-tchou…

« Paris ? Ben moi je dirais toujours à la même place… Hein, Roger, toi aussi, t'as rien su de spécial sur Paris, y a rien de nouveau ? Ça n'a pas trop bougé, hein, rien de particulier.

« Comment maman ? Tu veux que j'appelle papa ? J'vais p't'être m'asseoir aussi, tiens, parce que j'ai un p'tit coup de mou tout d'un coup.

« Je sais, Roger, je sais, papa est mort, c'est gentil, c'est gentil, merci.

« Pardon maman ? En bateau. On est venus en bateau. Eh ben par la Loire, Paris-Saint-Étienne direct. On a mis deux heures. Ben oui, on a été vite. Qu'est-ce que tu dis, Roger ? Pourquoi on est allés si vite ? Parce qu'on n'a pas eu d'écluses ! Voilà, coup de bol. Oui, maman, j'te jure, j'l'appellerai tout à l'heure, papa. On vient juste d'arriver, on n'est pas bien, là, tous les trois ? Et puis, tu sais, j'suis pas sûre d'arriver à le joindre.

« Hein ? Ben écoute mon boulot ça va, ça va bien, j't'ai dit, j'suis en tournée et là… Hein ? Ah oui, mes magasins… de chaussures bien sûr ! De chaussures ! Et moi : quels magasins ? C'est raide, hein, Roger ? C'est raide, c'est raide. Mais tu vas voir, ça va enclencher. Tu sais bien que j'ai plein de magasins, dans le monde entier !

« Ah très bien, ça marche très très bien maman ! En Chine aussi, oui… Enfin, en Chine… Les Chinois, c'est pas facile non plus, parce que le Chinois est quand même très TONG !

« Hein ? Si je gagne ma vie ? Oh ben bien sûr que je gagne ma vie, le mois dernier j'ai fait quoi ? Attends, attends…

« Comment ? Elle est où Muriel ? Elle vient pas te voir assez souvent ? C'est pas gentil ?

« Non, Roger, elle dit que Muriel… Tu vois qui c'est ? Tu la connais ? Qu'est-ce qui y a, Roger, je t'ai paumé toi aussi ? Elle dit que quand elle sera plus là, Muriel elle va le payer. C'est vrai que ça me manquait ce p'tit coup de pelle… »

Etc., etc.

Je crée le spectacle au Théâtre de la Porte Saint-Martin le 17 septembre 2013 et je le joue pour la dernière fois au Châtelet le 22 décembre 2014 après un passage par le Palais des Sports. Partout les salles sont pleines, je pourrais continuer mais j'arrête, je l'ai fait, j'ai fait rire des milliers de personnes avec ce qui m'a déchiré l'âme et le cœur pendant des années, et maintenant j'ai envie de passer à autre chose.

C'est à peu près à ce moment-là que Sébastien Thiéry m'appelle. Il figure à mes yeux parmi les auteurs de théâtre les plus singuliers, les plus brillants, et quand il me propose de jouer dans sa nouvelle pièce, je demande à lire, bien sûr, mais je suis vraiment contente qu'il ait pensé à moi. *Momo,* c'est l'histoire d'un type de trente-cinq ans qui débarque un soir chez un couple, monsieur et madame Prioux, en prétendant être leur fils. Or les Prioux n'ont jamais engendré qui que ce soit, ils sont tout de même bien placés pour le savoir, non ? Certes, mais madame Prioux a un tel désir d'enfant qu'elle ne demande qu'à y croire. La pièce fonctionne formidablement parce qu'elle va vite, et bien qu'incrédule au départ, le spectateur se retrouve malgré lui embarqué dans cette histoire de fous qui nous interroge à la fois sur la maternité et la filiation.

Je me vois bien en madame Prioux, tiens, d'autant plus que je partagerai la scène avec François Berléand – Sébastien Thiéry prenant le rôle de Momo –, et je dis immédiatement oui.

Le 1er septembre 2015, nous ouvrons la saison au Théâtre de Paris et, très vite, nous jouons à guichets fermés. La pièce rencontre un tel succès que j'accepte, moi qui n'aime pas jouer la même œuvre trop longtemps, de la reprendre pour deux mois au printemps 2016. Entre-temps, sollicité par différents producteurs, Sébastien Thiéry s'est mis en tête d'adapter *Momo* au cinéma.

Il va de soi dans mon esprit que si le film se réalise, nous en serons, François Berléand et moi. Et cependant, je suis encore une fois dans l'ambivalence, car si je prends la peine d'y réfléchir, je ne pense pas que *Momo* soit adaptable : l'invraisemblance du récit, qui passe très bien au théâtre parce que les répliques et les scènes s'enchaînent dans l'urgence, ne fonctionnera pas au cinéma, où le spectateur a plus de recul.

Cependant, je me laisse volontiers porter par le succès et cette promesse implicite d'un nouveau tournage. Jusqu'à ce soir de novembre ou décembre 2015 où je me prends l'uppercut cinq minutes avant d'entrer en scène.

Je suis seule dans ma loge quand Sébastien Thiéry passe devant ma porte :

— Ah, au fait, Muriel, le film va se faire ! Avec Catherine Frot et Christian Clavier.

Alors moi, du tac au tac :

— Très bien ! Super !

Comme chaque fois, je réagis en deux temps : d'abord la bonne fille – « Je suis contente pour toi, Sébastien, tu le mérites, et si tu me préfères Catherine Frot, tu as sûrement raison, le cinéma ne m'aime pas, de toute façon » ; puis l'autre, la douloureuse – « Mais pourquoi m'annonce-t-il ça cinq minutes avant le lever de rideau ? Avec cette désinvolture ? Je déteste cette façon de faire, égoïste, blessante, indifférente… »

À ce moment-là, je regrette amèrement d'avoir accepté de reprendre la pièce pour deux mois au printemps, et je me demande comment je vais supporter de me retrouver en face de Sébastien Thiéry.

Eh bien je ne le supporte pas, voilà. Le 29 mai, en pleine représentation, je sens soudain que mes jambes ne me portent plus, que ma voix s'éteint, et j'ai le temps de le souffler à François : « François, je ne suis pas bien, là, je crois que je vais tomber… »

Et je m'effondre, en effet, tandis qu'on baisse précipitamment le rideau.

Il y a un lit dans le décor, on m'allonge dessus. Les pompiers sont en face, ils n'ont qu'à traverser la salle. Brancard, sirène... un quart d'heure plus tard je suis à l'hôpital.

Le lendemain, les journaux reprennent le communiqué que nous leur avons fait passer : « Muriel va bien. C'est juste un coup de fatigue. Il n'y a aucune inquiétude à avoir pour sa santé. »

En fait de « coup de fatigue », j'ai fait une embolie pulmonaire, et si les deux caillots qui ont grippé la machine avaient été un peu plus gros, je partais sans vous dire au revoir. On me garde à l'hôpital et on arrête la pièce. Yes ! Gagné ! Merci l'embolie.

Et maintenant ? J'ai failli mourir, j'ai du vague à l'âme.

Je reprends la cigarette et réintroduis l'alcool un peu trop régulièrement dans ma vie. Mais puisqu'on doit mourir, autant en profiter non ?! Je sens bien que je suis sur une énergie destructrice, mais je n'arrive pas à sortir de cette spirale mortuaire. Jusqu'à ce jour où Anne m'a réveillée en ayant le courage de me dire qu'elle allait me quitter si je ne mettais pas un terme à cette destruction. Je me reprends car je ne veux pas la perdre. Une fois de plus, je découvre la force de l'amour. Et puis Michèle Laroque pense à ce moment-là qu'on devrait fêter les vingt ans de *Ils s'aiment*, spectacle que j'avais mis en scène en 1997. Et revoilà mes vieux amis, mes complices de la première heure, Michèle Laroque et

Pierre Palmade, et cette nouvelle finit par me redonner le sourire.

Bon, pourquoi pas ? Et quel serait le cadeau d'anniversaire ? Eh bien moi, justement ! Je jouerais tantôt avec Michèle, tantôt avec Pierre. Et Michèle et Pierre joueraient ensemble, de sorte qu'on aurait trois couples pour interpréter les mêmes tableaux – « Vive la mariée », « La Réconciliation », « Les parents », etc. – et que les spectateurs seraient libres de choisir pour leur soirée le couple qu'ils ont envie de voir.

Le dispositif m'enthousiasme et nous partons pour la Corse répéter chez moi. Joyeux été 2016 qui me fait un peu oublier la dureté de la vie.

Nous rodons le spectacle au théâtre de Troyes et, du 6 au 17 septembre, nous sommes à l'Olympia avec *Ils s'aiment depuis 20 ans*, avant de remplir les Zéniths au fil d'une tournée à travers la France. La réussite est telle qu'avec Michèle Laroque nous repartirons en 2018 (sans Pierre, cette fois-ci, engagé ailleurs) avec *Elles s'aiment depuis 20 ans* qui nous vaudra beaucoup de fleurs… et pas mal d'applaudissements.

Je ne tourne pas dans *Momo*, mais le chaleureux et talentueux Christophe Honoré me propose d'être Madame Fichini dans une interprétation iconoclaste des *Malheurs de Sophie*. Et bien sûr j'accepte. Une douzaine de jours de tournage qui me laissent un beau souvenir et nous valent de jolies critiques. « Sous sa couverture de la Bibliothèque rose, la Comtesse de Ségur est un temple sacré. S'y engouffrer et y faire un joli chahut, voilà la sympathique idée de cette adaptation », écrit en particulier *Télérama*. Et un peu plus loin : « Christophe Honoré a scellé un pacte avec Sophie et réussit à faire un film en costume comme on se déguise, comme un enfantillage. La France champêtre du Second Empire est recréée avec beaucoup d'entrain, sans respecter les bonnes manières. De bout en bout s'exprime l'envie d'entraîner personnages et spectateurs dans une ronde. Et ça marche : ces *Malheurs de Sophie* ont un air de fête. »

Merci Christophe.

Brutal changement de décor quand, quelques mois plus tard, Yves Rénier m'appelle pour me demander si j'accepterais d'être Jacqueline Sauvage dans le téléfilm qu'il s'apprête à tourner pour TF1. Jacqueline Sauvage est cette femme qui a tué son mari de trois coups de fusil le 10 septembre 2012 parce qu'elle n'en pouvait plus d'être frappée par cet homme depuis quarante-sept ans. Condamnée à dix années de prison, elle a été graciée par François Hollande.

Yves Rénier me confie que Jacqueline serait très heureuse que ce soit moi qui l'incarne et, du coup, je décide d'aller lui rendre visite. Elle habite toujours la maison où elle a pris tant de coups avant d'abattre son tortionnaire sur la terrasse même où nous bavardons. Nous passons du temps ensemble, je l'écoute, je l'observe, et petit à petit j'entrevois dans quel abîme de souffrance je vais devoir m'enfoncer pour incarner cette femme.

Je dis oui à Jacqueline, oui à Yves Rénier, et quelques semaines plus tard nous attaquons le tournage. Je veux saluer ici le travail de ma maquilleuse depuis vingt-deux ans, Bénédicte Goussaud, dont la gentillesse n'a d'égal que le professionnalisme. Avec son talent, elle va me faire passer de quarante à soixante-douze ans, comme par un tour de magie.

Le scénario, inspiré du livre de Jacqueline, *Je voulais juste que ça s'arrête*, ne m'épargne pas, mais il n'épargne pas non plus le spectateur – la violence est là, insoutenable. Mon mari est interprété par Olivier Marchal, que je trouve exceptionnel dès la première scène. Ensemble, nous portons le destin abominable de ce couple. Dans des tournages aussi difficiles, il n'est pas rare que le fou rire prenne toute l'équipe aussitôt lancé le mot « coupez ! ». Mais là, non, ce sont plutôt des visages en larmes qui nous regardent nous relever après chaque prise. Cette violence nous glace le sang, et moi aussi je suis en pleurs.

Me croirez-vous si je vous dis qu'après cinq semaines de tournage, j'ai éprouvé une sorte de soulagement salvateur à abattre cet homme ? Le film a pour titre *C'était lui ou moi*, et j'ai eu parfaitement conscience, en tirant, que je sauvais ma peau. Merci Yves de m'avoir fait confiance pour ce si grand et si beau rôle.

À propos de cinéma, et de l'humanité en général, juste un mot encore car je m'aperçois que je ne vous ai rien dit de mon ami Chanee avec lequel j'ai tourné pour France 3, en 2017, trois épisodes d'une émission baptisée *Sur la terre des...* En l'occurrence, des éléphants, des jaguars, des bonobos. J'ai découvert Chanee – de son vrai nom Aurélien Brulé – il y a une vingtaine d'années peut-être en lisant un article dans *VSD*. Il avait alors seize ans, venait de publier un petit livre sur les gibbons, et disait avoir besoin de trois mille francs pour partir en Indonésie observer les gibbons. Partir, vivre ailleurs : tout ce dont je rêvais, et rêve encore bien souvent. J'appelle son éditeur, je demande son numéro, et je lui téléphone aussitôt. Je tombe sur sa mère. « Muriel Robin veut te parler, lui dit-elle. – Bien sûr, et le pape m'appellera juste derrière », lui répond-il (il m'a raconté la scène). Nous bavardons, je l'aime tout de suite, je partage sa passion pour le voyage, pour les gibbons, pour la beauté, pour la liberté, et à la fin je lui dis : « Je vais te donner deux mille sept cents francs (pas tout, pour qu'il te reste un peu à trouver), parce que je ne veux pas que tu perdes de temps – quand on est passionné comme toi, il ne faut pas perdre un seul jour. Et si tu as besoin de moi, de mon nom pour quoi que ce soit, tu peux t'en servir. »

Il est parti, revenu, nous nous sommes rencontrés et depuis nous sommes restés amis. Depuis, surtout, il est reparti s'installer là-bas pour sauver les gibbons. Il a maintenant une femme, des enfants, il a créé une école, une radio, il a une émission sur la BBC et il donne des conférences un peu partout à travers le monde.

Tout cela pour vous expliquer le plaisir que j'ai eu à tourner avec ce garçon à l'autre bout du monde. Je me dis que tant qu'il y aura des Chanee sur la terre, la vie vaudra le coup d'être vécue.

Merci mon Chanee chéri.

Chapitre 28

Au milieu de l'année 2016, je me mets à écrire ce livre dont vous êtes sur le point d'achever la lecture – après *Robin revient (tsoin tsoin)*, le désir était donc encore là, bien ancré.

J'étais déjà assez avancée, quand l'envie m'est venue, ardente, imparable, de retourner sur les traces des miens à Chalmazel, à Montbrison, à Saint-Étienne. De revoir les lieux où l'enfance de maman s'est brisée, cette scierie qui existait peut-être encore, je ne savais pas, ce village de montagne dont elle avait fréquenté la petite école, puis Montbrison où elle avait fait des ménages avec sa mère, rencontré notre père, Antoine Robin, où ils s'étaient mariés, avaient ouvert leur premier magasin de chaussures, perdu leur premier enfant, le garçon, mis au monde leurs trois filles, avant de s'installer à Saint-Étienne, la grande ville, parce que maman voyait grand, parce que maman avait de l'ambition.

Pourquoi est-ce que je repense si souvent à elle en train de se pomponner, le dimanche matin, avant de partir pour le marché de la place Carnot ? Il fallait voir comme elle se faisait belle, ces matins-là, même Nydia et Martine s'en souviennent. Est-ce qu'inconsciemment nous pressentions quelque chose ? Est-ce qu'inconsciemment *nous savions* ?

C'est maman elle-même qui me donnera la réponse, comme je vous l'ai raconté au début du livre, une année peut-être avant de disparaître, et alors que la maladie d'Alzheimer la rendait plus fragile, plus sensible.

— Je vais te dire une chose, un secret… À toi toute seule. J'ai eu quelqu'un d'autre que ton père.

— Vraiment ? Ça me plaît bien…

— J'ai eu une histoire d'amour avec Jacques Hamalian.

— Jacques Hamalian ! Oh, je comprends maintenant pourquoi tu te faisais si belle le dimanche matin ! Je me rappelle bien de Jacques, place Carnot. Lui vendait des pull-overs… Eh bien, tu sais, ça me fait plaisir pour toi. Papa était formidable, mais Jacques Hamalian… je comprends. Et tu n'as pas quitté papa pour autant…

— Non, je crois que pour rien au monde je n'aurais quitté ton père.

— Mais comment tu faisais ?

— Je mentais, je me débrouillais… On est allés souvent ensemble à Paris.

— Ça alors !

Elle avait ri.

— Et papa l'a su ?

— Oui, il a fini par l'apprendre. Il m'a demandé de choisir, et j'ai choisi ton père.

— Dommage… Si tu étais partie avec Jacques, tu aurais été plus heureuse, et du coup nous aussi on aurait été plus heureuses. Enfin, peut-être… Combien de temps tu l'as aimé, Jacques ?

— Jusqu'à la fin !

— Jusqu'à sa mort, tu veux dire ?

— Oui, jusqu'à sa mort, en 1996. Quand j'ai su qu'il était malade, qu'il allait partir, je suis passée plusieurs fois dans sa rue, sous ses fenêtres. Jamais je n'ai osé monter, mais un jour, enfin, je l'ai vu : il se tenait debout derrière sa fenêtre, il avait écarté le rideau et semblait suivre l'animation de la rue. Je me suis arrêtée et nos regards se sont croisés. Il m'a fait un petit signe de la main auquel j'ai répondu. C'est comme cela que nous nous sommes dit adieu. Il a dû mourir une dizaine de jours plus tard.

Voilà, j'ai ce secret sur le cœur depuis quinze ans quand je m'apprête à entreprendre mon pèlerinage.

Je téléphone, vous le savez, à Juliette avant de me lancer, Juliette de Montbrison, la grande amie de maman, celle qui sait tout d'elle, qui a vu nos parents se fiancer puis se marier, qui nous a vues naître.

— Juliette, je suis en train d'écrire sur ma vie, j'aimerais bien te voir, que tu me racontes ce dont tu te souviens…

— Je me souviens de tout, ma Mumu. De tout. Mais viens vite parce que je suis vieille, tu sais.

— J'aurais voulu que tu me parles de Jacques, également.

— Jacques ? Quel Jacques ?

— Jacques Hamalian, celui qui a été l'amant de maman.

— Qui t'a raconté cette bêtise ?

— Maman elle-même. Peut-être une année avant sa mort, je l'ai interrogée sur Jacques et elle m'a dit qu'ils avaient été amants. Tu n'étais pas au courant ?

— Absolument pas. Et je vais te dire une chose : j'ai du mal à imaginer ta mère te racontant cette ânerie. Elle n'a jamais aimé qu'Antoine.

— Maman m'a même dit que quelques jours avant la mort de Jacques, elle était passée plusieurs fois sous ses fenêtres, sans oser monter, et qu'enfin un jour elle l'avait aperçu et qu'ils avaient échangé un petit signe pour se dire adieu.

— Ah, elle t'a raconté ça… Alors je te crois, excuse-moi, Muriel. En t'entendant, j'ai d'abord pensé que tu prêchais le faux pour savoir le vrai, mais cette histoire de venir le voir sous ses fenêtres, il n'y a que ta mère et moi qui l'avons partagée. Ta mère t'a donc parlé, c'est bien vrai, je te crois. Excuse-moi.

— Tu ne m'aurais rien dit sur Jacques si maman ne l'avait pas fait la première ?

— Rien. C'est un secret qu'elle m'avait demandé de garder, et je l'ai gardé jusqu'à aujourd'hui.

Nous prenons rendez-vous pour déjeuner lors de mon passage à Montbrison.

Et cette fois, je peux partir.

Chalmazel m'impressionne. J'y arrive au milieu d'un après-midi de décembre. Les rues du bourg sont enneigées, il est à peine seize heures mais déjà le soir tombe. Les gens me reconnaissent quand j'entre dans le café, en contrebas de l'église, et je n'ai pas besoin de rappeler que je suis la fille d'Aimée Rimbaud.

— Y a-t-il encore des Rimbaud par ici ?

Mais oui, on en connaît au moins deux, et on m'indique où les trouver. L'un est le fils de Joseph, le frère aîné de maman retrouvé mort un matin au bord de la rivière. Le fils de Joseph, mon cousin germain, en somme, qui m'accueille gentiment. Il est le dernier à avoir tenu la scierie. C'est un homme solide et avenant, de soixante-dix ans peut-être, aux mains larges, qui me reçoit devant le poêle à bois, dans sa cuisine. Trente ans que chaque fois qu'il me voit à la télévision, il pense que je suis sa cousine, que nous devrions nous connaître si nous étions une famille comme les autres, mais que sans doute jamais nous ne nous connaîtrons à cause du drame survenu l'année des neuf ans de maman, à cause de notre grand-père. Plus de quatre-vingts années ont passé depuis la fuite d'Aimée et de sa mère de la scierie, mais nous évitons soigneusement d'évoquer la chose, comme si c'était hier. Notre grand-père couchant avec la femme de son fils Joseph, n'est-ce pas, avec la mère de l'homme qui se tient là, devant moi. Notre grand-père saccageant sa propre famille, ruinant la vie de ses enfants, Joseph qui sombrera dans l'alcool et en mourra, maman qui ne saura jamais être mère, qui toute sa vie cheminera au bord de la folie.

Et puis nous, aujourd'hui, cet homme et moi, les petits-enfants, encore glacés d'effroi.

Nous évitons soigneusement d'évoquer la chose, oui, et nous nous quittons affectueusement, sur des mots sans conséquences.

— Penses-tu que je puisse monter à la scierie, mon cousin ?

Il repousse sa casquette en arrière, s'essuie le front.

— À cette heure ? Dans la nuit ?

— Oui, demain je suis attendue à Montbrison, c'est ce soir ou jamais.

— À cette heure tu ne vas rien voir du tout ! Et puis c'est à l'abandon, tu sais... Y a plus rien qui tienne vraiment debout là-haut.

— J'aimerais tout de même...

— Eh bien vas-y voir !

Dans la nuit, sous ce ciel bas, on devine la maison particulière où est née maman, et puis le hangar. La neige a tout recouvert d'un manteau épais. Il ne faut pas entrer, c'est dangereux, on peut se prendre les pieds dans des bouts de ferraille, tomber dans une fosse ou se ramasser une tuile sur la tête. Je n'entre pas, je voulais seulement voir avant que tout disparaisse.

Le lendemain, vers midi, je passe prendre Juliette chez elle et je l'emmène au restaurant. J'ai appelé pour réserver un salon particulier – je veux que Juliette me parle de Jacques, de la place de Jacques dans le cœur de maman, et les secrets ne se confient pas n'importe où.

Elle me redit aussitôt combien maman l'a aimé.

— C'était un très bel homme, tu sais, et ta mère n'avait connu qu'Antoine. Jacques lui a tourné autour pendant quelques mois, et finalement, elle a cédé.

— Mais quel âge avait-elle quand elle l'a rencontré ?

— Oh, c'est simple, Martine venait de naître. Martine est née en 1949, Jacques et ta maman ont dû se rencontrer en 1950.

— En 1950 ! Mais en 1950, maman n'avait que vingt-quatre ans !

— Exactement. Tu vois comme elle était jeune...

— Et c'est à ce moment-là qu'ils ont eu une liaison ?

— C'est cette année-là qu'ils sont devenus amants, oui. J'ai bien souvent servi d'alibi, tu sais. Ta mère disait à Antoine qu'elle allait prendre un café chez moi, et elle filait retrouver son Jacques.

Je songe à Martine, si mal aimée, et je comprends soudain pourquoi. Maman, encombrée de Martine encore au biberon au moment où elle découvre l'amour. Elle a aimé Antoine, oui, sûrement, mais avec Jacques elle découvre la sensualité, soudain j'en suis certaine.

— Dirais-tu qu'avec Jacques elle découvre la sensualité, Juliette ?

— Oh oui ! Elle aimait Antoine, hein, mais je crois qu'avec Antoine...

— Je comprends mieux pourquoi je ne les ai jamais vus s'embrasser, ni même se dire un mot tendre.

— Non, voilà. Antoine était certainement l'homme qu'il lui fallait pour construire sa vie, elle n'aurait pas pu se passer de lui, il était aussi un père pour elle, tu vois ? Tandis qu'avec Jacques… Antoine était l'homme de sa vie, Jacques fut l'amour de sa vie.

— Mais elle a dû souffrir atrocement.

— Elle a souffert le martyre, je peux te l'assurer. Je l'ai vue pleurer des après-midi entiers.

— Moi aussi, Juliette, je l'ai vue souffrir… Maintenant, je comprends mieux. Mais explique-moi : ils deviennent amants en 1950…

— Ils vont le rester plus de dix ans. À ma connaissance, Antoine ne découvre leur liaison qu'au début des années 1960, et c'est à ce moment-là que ta mère prend la décision de rompre avec Jacques pour ne pas perdre Antoine. En 1963, peut-être.

— L'année de mes huit ans. Oui, ça colle avec mes souvenirs, quand je la vois s'enfuir…

— C'est ça, l'année de tes huit ans.

Il y a un long silence dans notre échange, j'entrevois une chose à laquelle je n'avais jamais pensé. Et Juliette devine ce qui me traverse. Je le remarque à son regard. S'est-elle laissée coincer par le jeu des dates ? Ou a-t-elle, depuis le début, l'intention de tout me dire ? Elle me regarde intensément, mais elle continue de se taire. Peut-être préfère-t-elle que je le dise la première. Ou peut-être cherche-t-elle ses mots, comment me l'annoncer.

— Si ça a duré toute la décennie 1950, Juliette…

— Oui.

— Tu sais bien que je suis née en 1955.

— Oui, ma chérie, oui. Je sais bien que tu es née en 1955. Voilà, il faut que je te dise un secret.

— Je t'écoute.

— Ton père n'est pas Antoine.

— Ah ! Et c'est qui ?

— C'est Jacques. Jacques Hamalian.

C'est étrange, parce que dans l'instant même où je l'apprends, je ne ressens aucune émotion. Je ne fais que penser : c'est le genre d'histoire qui arrive aux autres.

— Ta mère m'avait confié ce secret en me demandant de te l'annoncer plus tard, reprend calmement Juliette, quand je jugerai le moment opportun. Je te l'ai donc écrit dans une lettre qui devait t'être remise après ma mort. Je t'expliquais tout dans cette lettre. Et puis tu m'as appelée pour ton livre, tu es venue, et j'ai pensé que je devais saisir cette occasion pour te l'annoncer.

— Tu as bien fait, je crois que je préfère l'entendre de ta bouche que le lire. Maman t'aimait vraiment, c'est un peu comme si elle me l'annonçait elle-même... Mais dis-moi, il le savait, Jacques, que j'étais sa fille ?

— Oui, il le savait.

— Et Antoine ?

— Je ne sais pas. Nous n'avons jamais évoqué avec ta mère ce que savait Antoine.

Il me semble que Juliette est soulagée. Moi, je ne sais pas bien ce que je vais faire de ça. Un instant, l'idée m'a furtivement traversée que je n'étais plus une Robin, que le magasin de chaussures, tout ça, ce n'était plus mon histoire, mais on ne change pas comme ça de destin. J'aime les miens, mes sœurs, mes parents... Bien sûr que je suis une Robin.

J'embrasse Juliette. Sa fille va venir prendre le café, elle la raccompagnera chez elle. Je peux m'en aller, je la remercie, je m'enfuis.

Sur la route, je prends lentement conscience de l'immensité du chantier qui s'offre à moi désormais : revisiter toute ma vie à la lumière de cette information. Plus que ça encore : revisiter toute l'histoire familiale. Tant de choses s'expliquent soudain : le mal-être de maman, le drôle de couple de nos parents, l'enfance sacrifiée de Martine, celle de Nydia, obligée d'élever ses deux sœurs... Ma place à part dans cette famille... Non, ça, je ne sais pas. Il faut que je réfléchisse, que je refasse tout le chemin, il faut que je l'annonce à Nydia et à Martine, il faut, il faut...

Et en même temps, ma vie est celle que je viens de raconter, ce qui est vécu ne peut plus être changé. Apprendre que Jacques est mon père peut me permettre de comprendre aujourd'hui des événements de mon enfance demeurés obscurs, mais je me suis construite sur cette obscurité et on ne récrit pas sa vie. Quelle que soit l'ampleur du secret que l'on apprend à mon âge, à soixante-trois ans, on ne récrit pas sa vie.

Brusquement, en entrant dans Saint-Étienne sous une pluie mêlée de neige, je suis prise du désir de voir Jacques. Je sais bien qu'il est mort depuis près de vingt ans, mais je veux le voir, et qu'on me parle de lui.

Je me gare en travers d'un trottoir, sous un réverbère, et j'appelle Anne. Il me semble que c'est le plus urgent, qu'Anne partage ce secret avec moi, que je ne sois plus toute seule.

— Anne, tu es assise, là ?

— J'attendais ton appel. Comment ça s'est passé avec Juliette ?

— Bien, très bien. Je suis la fille de Jacques Hamalian, Anne.

— Pardon ?

— Je ne suis pas la fille d'Antoine, je suis la fille de Jacques Hamalian.

Je lui annonce la chose comme une bonne blague. Et d'ailleurs, je ris.

— C'est Juliette ? Raconte-moi.

Je raconte. Ça me fait du bien de reprendre exactement les mots de Juliette. Je suis en train d'ancrer pour toujours son récit dans ma mémoire, de l'y graver. Je sais que désormais, chaque fois que je me formulerai la nouvelle, j'utiliserai exactement les mêmes mots.

Et soudain, quand j'ai fini :

— Si c'est ça, Muriel, tu es une enfant de l'amour. Tiens, c'est vrai, je n'y avais pas pensé.

— Anne, tu ne veux pas regarder si tu trouves des Hamalian à Saint-Étienne ?

— Oui, attends… Tiens, je vois une Paulette Hamalian…

Paulette, ce prénom-là éveille immédiatement en moi un lointain souvenir.

— Oui, donne-moi son numéro s'il te plaît.

Je laisse sonner longtemps, et enfin quelqu'un décroche. Une voix de femme :

— Allô ? Allô ?

— Vous êtes madame Hamalian ?
— C'est moi, oui.
— Je suis Muriel Robin.
— Oh mon Dieu, Mumu ! Mais d'où m'appelles-tu ?
— De Saint-Étienne. Excusez-moi, mais êtes-vous la veuve de Jacques Hamalian ?
— Absolument. Tu peux me tutoyer, tu sais, je t'ai connue toute petite.
— Ah oui, sur les marchés. Je me souviens, je t'aimais beaucoup d'ailleurs... Justement, je suis en train de faire un gros travail sur ma vie, de revenir sur mon enfance. Ça va te paraître un peu bizarre, mais j'aimerais retrouver des photos de Jacques.
— Pourquoi tu ne dis pas des photos de ton père ?
— Qu'est-ce que tu m'as dit, là ?
— Pourquoi tu ne me dis pas que tu veux voir des photos de ton père ?
— Comment ça, mais tu savais ?
— Depuis toujours, Muriel. J'ai toujours su que tu étais la fille de Jacques. Je te donnerai des photos de lui. À quelle heure veux-tu passer ?

Pourquoi est-ce que j'éclate en sanglots ? En sanglots silencieux, parce que je ne veux pas que Paulette... Je ne sais pas. Peut-être est-ce que je pleure qu'on ne m'ait rien dit. De n'avoir pas su à temps pour le connaître, pour l'entendre me dire... Ou de fatigue, d'émotion.
— Tu es toujours là, Muriel ?
— Oui, oui, excuse-moi.
— Alors à quelle heure veux-tu passer ?

— Je viendrai vers deux heures si ça te va.

— Pour le café, c'est parfait. Eh bien à demain, ma grande.

Aussitôt après avoir raccroché, je rappelle Anne.

— Je prends le premier train, dit-elle, je ne veux pas que tu sois toute seule demain à découvrir les photos de cet homme, à écouter ce que va te dire cette dame.

— Oh oui, viens !

C'est un beau dimanche d'hiver. J'ai attendu Anne sur le quai – ce bonheur de la voir descendre du train ! En sortant de la gare, nous marchons à travers les rues silencieuses. Il est tôt, des cloches sonnent quelque part, mais les gens dorment encore. Un vent glacial nous fouette par moments le visage. Anne me fait parler de Juliette, elle veut de nouveau que je lui raconte comment j'ai appris la nouvelle, et aussi, après une nuit, comment je ressens l'événement.

— Je ne sais pas, j'ai hâte de voir les photos…

— As-tu conservé un souvenir de son visage ?

— Oui, le souvenir d'un bel homme… Mais j'avais dix ans, tu sais, est-ce que je vais seulement le reconnaître ?

Nous rions. C'est si insolite… Et revoir Paulette. Malgré moi, je suis émue en songeant au moment où elle va nous ouvrir, nous faire entrer, disposer les photos sous mes yeux…

Puis, comme si ça allait de soi, nos pas nous conduisent vers le marché de la place Carnot.

Et c'est en l'apercevant que je prends soudain conscience de ce qu'ils ont vécu.

— Regarde, Anne, c'est là qu'ils ont continué à se voir tous les dimanches.

— Viens, allons-y, tu vas me montrer exactement où vous vous installiez et où lui se mettait.

Lui, Jacques Hamalian, mon père biologique.

Nous pénétrons entre les étals. L'ambiance est étonnamment joyeuse en dépit du froid, c'est donc bien ici que continue de battre le cœur de la ville chaque dimanche matin. On s'interpelle, on plaisante, on ne fait pas encore la queue pour être servi parce qu'il est tôt, mais les clients sont bien présents et en nombre.

— Nous, c'était ici… Et Jacques… Attends que je me repère… Eh bien Jacques et Paulette c'était sur ce coin de trottoir. Oui, voilà…

Mais alors on me reconnaît, des commerçants m'appellent, des gens s'arrêtent pour me saluer.

— Ça va Muriel ?

— Janine, mets-toi donc à côté d'elle. On peut faire une photo ?

— Mais oui, allez-y !

Je prends la pause avec Janine. Et soudain, mon regard accroche le Café de la Manu.

S'il y a une image dont je me souvienne, une seule image, c'est celle d'Antoine et Jacques buvant un verre de blanc au comptoir du Café de la Manu. Pourquoi m'a-t-elle tant marquée ? Maman avait dû me demander d'aller chercher papa, et j'étais tombée sur les deux hommes en train de rire.

Antoine Robin et Jacques Hamalian.

— Papa, y a maman qui te demande.

— Dis-lui que j'arrive tout de suite.

Qu'ont-ils pu penser en me voyant surgir entre eux ? Je ne le saurai jamais, l'un et l'autre sont partis en emportant leur secret.

Paulette nous a remis des photos de Jacques.

Nous avons pris le café, échangé nos souvenirs.

— Mais toi, Paulette, comment l'as-tu appris, ai-je osé demander à la fin.

Elle a semblé hésiter, puis elle s'est levée, et un instant plus tard elle est revenue avec une lettre qui avait été recollée après avoir été mise en morceaux.

— Tiens, tu peux bien la lire. Je l'ai d'abord déchirée, puis j'ai décidé de la conserver. Elle est de 1960, tu avais cinq ans, n'est-ce pas ?

— Cinq ans, oui.

« Madame,

« Depuis quelques années, sans discontinuer, votre mari couche avec Madame Robin, la marchande de chaussures de Montbrizon. Leur amour est renforcé depuis la naissance de leur fille, car la troisième fille Robin, qui est âgée de cinq ans, est la propre fille de votre mari qui s'en vante lui-même auprès de ses copains. Elle lui ressemble d'ailleurs étrangement. Vous saurez, pour l'avenir, que vos enfants ont une demi-sœur. Ces faits sont rigoureusement exacts, car vous n'êtes pas sans ignorer qu'ils se suivent chaque jour sur chaque marché, Chazelle, Saint-Symphorien où ils dînent en tête à tête, et sur la ville de Saint-Étienne, pendant que vous êtes enfermée dans votre magasin. Que dire de Monsieur Robin qui est la risée des forains ? Pardonnez cette lettre, il n'y avait pas d'autres moyens de vous prévenir.

Un groupe de forains. »

Ce que je pense d'une telle lettre ?

Je vous laisse le deviner.

Voilà, je vous ai tout dit. Je viens de relire ce manuscrit commencé il y a plus de deux ans. Je ne suis plus en colère. Pour la première fois de ma vie, je me sens en paix avec les miens et avec moi-même, à ma place, heureuse de ce que je suis, comme si les mots avaient épuisé le ressentiment, la culpabilité, l'incompréhension, la douleur.

Ces mots que nous n'avions pas appris, que mes parents ignoraient, il m'a fallu des mois pour les formuler, malade certains matins, folle d'excitation à d'autres moments, mais cependant consciente qu'en entreprenant le voyage dans l'autre sens, j'allais finir par découvrir de quoi nous étions faits, nous, les Robin, et pourquoi, dès l'âge de cinq ans, il m'avait semblé si urgent de prendre la place du clown à l'arrière de la voiture.

Pendant des années, des décennies, le rire m'aura ainsi servi de prétexte pour ne pas me retourner, de dérivatif pour échapper aux larmes. Allais-je perdre l'envie de faire rire en remontant le temps à la recherche de mes origines ? J'ai su immédiatement que non, puisque tandis que je creusais le dur sillon de ce livre, je pouvais jouer avec légèreté *Ils s'aiment depuis 20 ans*.

« C'est ça, va faire ton intéressante ! » Passant de ce livre si grave à mon spectacle, j'ai parfois réentendu la voix de maman. Comme si elle était encore là, bien vivante. Eh bien oui, c'est vrai, me suis-je dit, je vais faire mon intéressante. Mais cette fois, je n'ai pas eu envie de me jeter contre un platane, comme trente-cinq années plus tôt avenue Marceau. Non, cette fois j'ai souri, songeant que si maman était encore là, elle rirait, elle aussi. Tout a été dit, il n'y a plus de douleur, plus de drame. Si mes parents m'ont bien lue, de là où ils se trouvent aujourd'hui, si mes sœurs m'ont bien lue, ils savent combien je les aime, combien je tiens à eux, à nous, en dépit de toutes les blessures passées.

Que celles et ceux qui ne sont pas mentionnés
dans ce livre sachent qu'ils sont dans mon cœur.

Merci à Lionel Duroy
qui m'a accompagnée tout au long
de l'écriture de ce livre.

12756

Composition
NORD COMPO

Achevé d'imprimer en Espagne
par CPI *(Barcelone)*
le 9 mars 2021

Dépôt légal : septembre 2019
EAN 9782290213766
OTP L21EPLN002587A004

ÉDITIONS J'AI LU
87, quai Panhard-et-Levassor, 75013 Paris

Diffusion France et étranger : Flammarion